"十三五"国家重点图书出版物出版规划项目
改革开放四十年中国职工状况丛书

中国工人阶级四十年

1978－2018

中华全国总工会研究室◎编著

中国工人出版社

图书在版编目（CIP）数据

中国工人阶级四十年：1978—2018 / 全总研究室编著. —北京：中国工人出版社，2018.10

ISBN 978-7-5008-7078-4

Ⅰ.①中… Ⅱ.①全… Ⅲ.①无产阶级—研究—中国—1978-2018 Ⅳ.①D663.1

中国版本图书馆CIP数据核字（2018）第231179号

中国工人阶级四十年（1978—2018）

出 版 人	王娇萍
责任编辑	王学良
责任校对	孙逦伟
责任印制	栾征宇
出版发行	中国工人出版社
地　　址	北京市东城区鼓楼外大街45号　邮编：100120
网　　址	http://www.wp-china.com
电　　话	（010）62005043（总编室）　（010）62005039（出版物流部） （010）82075935（工会与劳动关系分社）
发行热线	（010）62004002　（010）82081553（传真）
经　　销	各地书店
印　　刷	三河市东方印刷有限公司
开　　本	710毫米×1000毫米　1/16
印　　张	23
字　　数	280千字
版　　次	2018年10月第1版　2021年4月第2次印刷
定　　价	55.00元

目录
CONTENTS

第二编　成长与奋进：世纪之交的工人阶级（1992—2002）

第三编　壮大与创造：新世纪新阶段的工人阶级（2003—2012）

第四编　梦想与辉煌：新时代的工人阶级（2013 年以来）

总 论

以主人翁精神和奋斗者姿态
坚定走在改革开放最前列

时光荏苒，岁月如歌。当时针指向2018年，中国改革开放的历史车轮驶过了40年的光辉历程。这40年，是中国共产党带领全国各族人民在中国特色社会主义道路上书写华彩篇章的40年，也是中国工人阶级在改革开放伟大事业中绽放时代风采的40年。纵观40年历史长河，工人阶级的一次次劳动创造、一幕幕拼搏奉献，都成为改革开放进程中的一帧帧瑰丽底片。改革开放因工人阶级而乘风破浪、行稳致远，徐徐铺展为波澜壮阔的历史画卷；工人阶级因改革开放而浴火重生、淬火成钢，日益展现出改天换地的磅礴力量。改革开放这场中国的第二次革命，不仅深刻改变了中国，也为中国工人阶级注入了崭新的内涵。

时光回溯到1978年，党的十一届三中全会吹起了改革的春风。大潮澎湃，激荡神州。中国这艘巨轮从此驶入中国特色社会主义的正确航道，实现了新中国成立以来党的历史上具有深远意义的伟大转折。40年来，中国共产党团结带领全国各族人民，以一往无前的进取精神和创新实践，艰苦奋斗、顽强拼搏，上下求索、锐意进取，在改革开放中成功开辟了中国特色社会主义道路，我国成功实现了从高度集中的计划经济体制到充满活力的社会主义市场经济体制、从封闭半封闭到全方位开放的伟大历史转折，大大加快了工业化、现代化的步伐，极大地解放和发展了社会生产力，党和国家事业取得历史性成就、发生历史性变革，中华民族真正自立于世界民族之林，中国人民摆脱贫困、封闭和落后，走向富裕、开放和进步，实现了从站起来、富起来到强起来的历史跨越。40 年众志成城，40 年砥砺奋进，40 年春风化雨，中国人民用双手书写了自强不息、顽强奋进的壮丽史诗。“这是人类发展史上最激动人心的例子。”研究不平等问题的前世界银行首席经济学家布兰科·米拉诺维奇这样描述这一“中国奇迹”。实践雄辩地证明，改革开放是决定当代中国命运的关键抉择，是党和人民事业大踏步赶上时代的重要法宝。

工人阶级是当代我国社会中觉悟程度和组织程度最高、掌握现代科学技术知识最多、力量集中而又最强大的阶级。正基于此，坚持全心全意依靠工人阶级，成为我们党的一个突出政治优势和中国特色社会主义的一个鲜明特点，也成为改革开放伟大实践中一道亮丽的风景线。邓小平同志在中国工会九大上的致词中深刻指出，中国工人阶级最重要的特点之一就是同社会化的大生产相联系，能在现时代的经济进步和社会政治进步中起领导作用，会在改革中起大公无私的模范先锋作用，为实现四个现代化作出优异贡献。江泽民同志指出，工人阶级是我们国家的领导阶级，是先进生产力和生产关系的代表，是建设和改革以及维护社会稳定的最基本的力量，我们党所领导的改革开放和经济建设必须全心全意地依靠工人阶级，在任何时候、任何情况下都不能动摇。胡锦涛同志强调，包括知识分子在内的我国工人阶级，始终是推动我国先进生产力发展和社会全面进步的根本力量，是不断发展人民群众根本利益的坚定力量，是维护社会安定团结的中坚力量。党的十八大以来，习近平同志一再重申，工人阶级是我们党最坚实最可靠的阶级基础，是全面建成小康社会、坚持和发展中国特色社会主义的主力军，不论时代怎样变迁，不论社会怎样变化，我们党全心全意依靠工人阶级的方针都不能忘记、不能淡化，我国工人阶级地位和作用都不容动摇、不容忽视，要把全心全意依靠工人阶级方针贯彻到经济、政治、文化、社会、生态文明建设以及党的建设各方面，落实到党和国家制定政策、推进工作全过程，体现到企业生产经营各环节。这些重要论述掷地有声、铿锵有力，充分彰显了党中央对工人阶级的真挚情怀、真诚信赖和真心嘱托，为工人阶级肩负使命、发挥作用提供了坚强领导和光辉指引。

信念历久弥新，力量穿越时空。在改革开放的奋斗历程中，中国工人阶级在自己的先锋队——中国共产党的带领下，坚定地走在时代发展的前列，历史性地担负起领导阶级的使命，发挥了主力军的作用，成为党和国家事业发展的坚强脊梁。从改革之初的城市经济体制改革，到建立社会主义市场经济体制和逐步深化国有企业改革，进入新世纪新阶段完善社会主义市场经济体制、全面建成小康社会等各个时期，亿万职工始终以高度的主人翁精神和伟大的创造力量，为不断深化改革、促进国民经济跨越式发展和社会全面进步、维护社会大局稳定，作出了不可磨灭的巨大贡献。特别是在深刻而复杂的国有企业改革中，从推行承包经营到建立现代企业制度，从劳动用工制度改革到企业破产兼并、减员增效等一系列改革中，广大职工识大体、顾大局，勇于拼搏、甘于奉献，保证了改革的顺利推进。面对时代大考，中国工人阶级以始终不懈的奋斗足迹和彪炳史册的骄人业绩，向党和人民交上一份合格的答卷，构成了 40 年改革开放伟大实践的主旋律。实践充分证明，中国工人阶级不愧是先进生产力和生产关系的代表，不愧是中国共产党最坚实最可靠的阶级基础，不愧是社会主义中国的领导阶级，不愧是改革开放和发展中国特色社会主义的主力军。在改革开放的历史长卷中，永远镌刻着他们的无上荣光。

在推进改革开放的同时，我国工人阶级也历经锻造、千锤百炼，面貌焕然一新。我国工人阶级队伍进一步壮大。随着我国经济结构战略性调整，工业化、信息化、城镇化、农业现代化进程加快，非公有制经济飞跃发展，大批乡镇企业职工、进城农民工、非公有制企业职工和战略性新兴产业职工源源不断加入，包括知识分子在内的工人阶级队伍日益壮大。40年间职工人数由0.95亿人增加到3.91亿人，增加近3亿人。截至2017年底，全国农民工总量达到2.87亿人，成为工人阶级队伍的重要组成部分。我国工人阶级素质进一步提高。广大职工受教育程度不断提升，思想政治素质、文化知识水平和劳动技术技能稳步提高，竞争能力、创新能力和创业能力不断增强，工人阶级作为现代化建设主力军地位和作用更加凸显。特别是在改革开放和现代化建设中先后涌现出来的“抓斗大王”包起帆、“中国航空发动机之父”吴大观、“杂交水稻之父”袁隆平、“新时期铁人”王启民、“马班邮路”王顺友、“白衣圣人”吴登云、“蓝领专家”孔祥瑞、“工人专家”李斌、“金牌工人”许振超、“当代雷锋”郭明义、“知识工人”邓建军、“火箭心脏焊接人”高凤林、“高铁焊接大师”李万君、“航空手艺人”胡双钱等一大批闪亮的劳动模范，他们干一行、爱一行，钻一行、精一行，奏响了劳动光荣、知识崇高，人才宝贵、创造伟大的时代强音。我国工人阶级利益得到进一步实现。广大职工群众劳动经济权益得到有效落实，民主政治权利得到有序实现，精神文化权益得到有力发展。特别是以习近平同志为核心的党中央坚持以人民为中心的发展思想，贯彻落实共享发展理念，加大保障和改善民生力度，先后推出一系列制度安排，出台一系列重要举措，推进一系列重大工作，使发展成果更多更公平惠及包括工人阶级在内的全体人民，绘就了一幅幅动人的“民生画卷”。

随着我国改革发展进入关键时期，经济体制深刻变革，社会结构深刻变动，利益格局深刻调整，思想观念深刻变化，我国工人阶级的内部结构和所处地位出现了许多新变化。从内部结构来看，与过去"大一统"的利益格局相比，出现了多元化、异质化、离散化的趋向，在就业状况、收入分配、产权和财富状况等方面存在差异，在不同地区、不同来源、不同行业、不同所有制、不同岗位和不同工种职工之间出现较为明显的群体分化，形成不同的利益群体。从所处地位来看，新形势下工人阶级的地位呈现出整体地位没有变、局部地位有变化，制度地位没有变、现实地位有变化，绝对地位没有变、相对地位有变化，客观地位没有变、主观地位有变化等特征。当然，工人阶级队伍的这些变化，与我国仍处于并将长期处于社会主义初级阶段这一最大国情密切相关，属于前进中遇到的问题，需要用改革发展的办法来加以解决。

改革没有穷期，历史一往无前。随着改革开放的不断深入，党和国家事业发生了历史性变革，我国发展站到了新的历史起点上。党的十九大作出了"中国特色社会主义进入新时代"的重大政治判断，擘画了决胜全面建成小康社会、夺取新时代中国特色社会主义伟大胜利的宏伟蓝图，指明了中华航船驶向伟大复兴胜利彼岸的前进方向。新时代坚持和发展中国特色社会主义，根本动力仍然是全面深化改革。围绕党和国家事业发展新要求，党的十九大和十九届三中全会对继续推进新时代改革开放伟大事业作出新部署、提出新要求，全面深化改革迈上新征程。

社会主义是干出来的，新时代也是干出来的。把改革蓝图变成生动实践，是全党全国人民的共同任务，更是工人阶级的庄严使命。这一使命，既为工人阶级更好地发挥主力军作用提供了广阔舞台，也对工人阶级提出了新的更高要求。在改革开放的新征程上，我国工人阶级将团结一心、砥砺前行，更加自觉地投身改革创新潮流，旗帜鲜明地支持改革，心无旁骛参与改革，全力以赴推动改革，以实际行动做改革的促进派和排头兵，推进全面深化改革在新起点上实现新突破，为决胜全面建成小康社会、夺取新时代中国特色社会主义伟大胜利、实现中华民族伟大复兴中国梦作出新的更大贡献。

——坚定信念，永葆工人阶级政治本色。紧跟党的步伐、听从党的指挥，是我国工人阶级的鲜明政治立场。我国工人阶级要自觉用习近平新时代中国特色社会主义思想武装头脑，不断增强政治认同、思想认同、理论认同、情感认同，坚决维护习近平同志党中央的核心、全党的核心地位，坚决维护党中央权威和集中统一领导，在思想上政治上行动上同以习近平同志为核心的党中央保持高度一致，成为党执政的坚实依靠力量、强大支持力量、深厚社会基础。要牢固树立中国特色社会主义理想信念，把个人理想、家庭幸福与国家富强、民族复兴紧紧联系在一起，不断增强中国特色社会主义道路自信、理论自信、制度自信、文化自信，坚定不移听党话，矢志不移跟党走。

——奋发有为，焕发工人阶级时代风采。新时代是属于我们民族、国家的伟大时代，也是属于我们每个家庭、每个人的伟大时代。工人阶级是新时代的见证者、开创者、建设者。要认真贯彻创新、协调、绿色、开放、共享的发展理念，围绕稳中求进工作总基调，把握高质量发展这个根本要求，积极参加“当好主人翁、建功新时代”劳动和技能竞赛，把新时代工人阶级的精气神充分激发出来，把主人翁的干劲、闯劲、钻劲充分展现出来，争做新时代的奋斗者。要服务“一带一路”建设、京津冀协同发展、长江经济带发展等国家发展战略，踊跃投身大众创业、万众创新的时代洪流，以实际行动在打赢防范化解重大风险、精准脱贫、污染防治三大攻坚战中彰显价值，在振兴实体经济、建设现代化经济体系、推动高质量发展、推进生态文明建设中大展身手。

——引领风尚，展示工人阶级良好形象。习近平同志深刻阐述了中华民族的伟大创造精神、奋斗精神、团结精神、梦想精神。长期以来，我国工人阶级历经淬炼洗礼，锻造了爱岗敬业、争创一流，艰苦奋斗、勇于创新，淡泊名利、甘于奉献的劳模精神，积淀了刻苦钻研、精益求精、追求卓越、创造一流的职业素养，生动诠释了创造、奋斗、团结、梦想的伟大民族精神，是我国极为宝贵的精神财富。工人阶级要发扬优良作风，自觉培育和践行社会主义核心价值观，加强以职业道德为重点的“四德”建设，踊跃参加“中国梦·劳动美”等群众性精神文明建设活动，大力弘扬劳模精神、劳动精神、工匠精神，勤于创造、勇于奋斗、善于团结、敢于梦想，争当伟大民族精神的传承者、弘扬者和良好社会风尚的培育者、引领者，用先进思想、模范行动影响和带动全社会。要以民族复兴为己任，增强开拓意识，培育首创精神，密切关注行业、产业前沿知识和技术进展，及时掌握新的科学文化知识和专业技术知识，在不断学习中提高本领，在生产实践中增长才干，做到有理想守信念、懂技术会创新、敢担当讲奉献，努力成为知识型、技能型、创新型劳动者，始终保持我国工人阶级的先进性。

——胸怀全局，彰显工人阶级铁肩宽膀。团结就是力量，团结才能前进，我国取得的令世人瞩目的发展成就，是各族人民同心同德、同心同向努力的结果。工人阶级作为维护社会和谐稳定的中坚力量，要做维护大局的榜样，正确对待改革发展特别是供给侧结构性改革中利益关系的调整，依法理性有序表达利益诉求，用实际行动维护社会大局和谐稳定。要做团结进步的榜样，发扬团结协作、互助友爱的光荣传统，加强职工队伍的团结，加强同其他劳动群众的团结，加强同社会各阶层的团结，坚决向一切不利于职工队伍团结统一的行为亮剑发声，同一切危害民族团结、社会稳定和国家安全的现象进行斗争，不断增强中华民族的凝聚力、向心力。

在改革开放40周年之际，我们组织撰写《中国工人阶级四十年（1978—2018）》一书，围绕“探索与新生”“成长与奋进”“壮大与创造”“梦想与辉煌”等4个篇章，深情回眸改革开放发展进程，悉心刻画工人阶级时代肖像，力求体现工人阶级与改革开放的伟大历程和共同命运，使之具有现实意义和文献价值。千秋伟业，正值芳华。我们坚信，在以习近平同志为核心的党中央坚强领导下，高擎改革开放伟大旗帜，接力刻写改革新年轮，乘风击楫、破浪前行，工人阶级必将汇聚起更加磅礴的奋进伟力，中华民族伟大复兴必将迎来更加辉煌的光明前景。

第一编

探索与新生：
改革开放初期的工人阶级
（1978—1991）

1978年12月召开的党的十一届三中全会，作出把党的工作中心转移到经济建设上来、实行改革开放的历史性决策，开启了我国改革开放和社会主义现代化建设新时期。在此前召开的中国工会九大上，邓小平同志的致词高度评价了我国工人阶级在社会主义革命和建设中的重要贡献，深刻指明了工人阶级在新时期面临的新的历史使命。由此，我国工人阶级自“文化大革命”以来内心积压已久的阴霾一扫而空，精神振奋、团结一心，以崭新的面貌屹立于历史舞台中央，我国工人运动进入了改革开放新时期。

置身于改革开放时代洪流中的工人阶级，勇于肩负起新的历史使命，沿着建设有中国特色的社会主义道路阔步前行。在物质文明建设方面，工人阶级广泛开展增产节约、劳动竞赛、合理化建议、技术革新和技术协作活动，以鲜明态度支持和拥护党中央关于改革开放的决策部署，以实际行动参与和推动各项改革举措，在国民经济的恢复、发展和调整中发挥了主力军作用。在精神文明建设方面，工人阶级以弘扬先进思想为主旋律，以自身的模范行为带动影响全社会，成为社会主义精神文明建设的推动者和引领者。同时，在这一过程中，工人阶级以高尚的政治品格、激越的劳动热情、无私的奉献精神，承受住了改革所带来的利益调整的阵痛，经受住了国际工运形势的风云突变和国内政治风波的严峻考验，凸显了中流砥柱的作用。

通过改革开放的考验和锤炼，我国工人阶级壮大了队伍、增长了知识、增添了本领、锻炼了意志，先进性得到不断发展，日益成长为一支有理想、有道德、有文化、有纪律的优秀队伍。

第一章
改革开放大幕开启

1978年，对中华民族来说是一个非凡的年份：这一年，结束了“文化大革命”运动已经两年但尚处在徘徊状态的中国共产党，通过一次历史性会议毅然确定了自己前行的方向，中华民族的整体命运由此发生了根本性的转折。这次会议就是具有历史意义的党的十一届三中全会。从此，中国历史上前所未有的一场社会变革工程启动了。改革开放——一个崭新的词汇，迅速成为激荡古老华夏大地的最强音，成为一个民族全体成员的共同识见和行动意志，成为一种不断更新着的时代理性和不断进取着的行动力量。改革开放的开启，使我国工人阶级所处的时代背景发生了历史性巨变，标志着工人运动进入了新时期。

第一节　党的十一届三中全会实现伟大历史转折

党的十一届三中全会决定把全党的工作重点和全国人民的注意力转移到社会主义现代化建设上来。党的十一届三中全会后，党中央有步骤地端正指导思想，调整各方面社会关系，推动经济体制改革，扩大对外开放，社会主义中国面貌焕然一新，我国工人阶级生产积极性和主人翁责任感得到极大调动。

一、指导思想的拨乱反正

为了顺利地把工作重点转移到社会主义现代化建设上来，党对经济建设和阶级斗争问题上“左”的错误思想进行了认真清理。在果断停止使用“以阶级斗争为纲”的口号之后，党中央重新对社会主义社会的主要矛盾作出正确阐述。1979 年 3 月，邓小平同志指出，我们的生产力发展水平很低，远远不能满足人民和国家的需要，这就是我们目前时期的主要矛盾，解决这个主要矛盾就是我们的中心任务。在此基础上，党中央进一步清理了作为“文化大革命”基本指导思想的“无产阶级专政下继续革命”理论。

在拨乱反正、解放思想过程中，针对当时社会上出现的对党的十一届三中全会以来的路线方针政策表现出某种程度的不理解甚至抵触情绪和否定党的领导、否定社会主义制度、否定毛泽东和毛泽东思想的两种错误倾向，1979 年 1 月 18 日至 4 月 3 日，党中央召开党的理论工作务虚会，邓小平同志发表题为《坚持四项基本原则》的讲话，充分肯定党的十一届三中全会的重大意义，并从关系党和国家前途命运全局的高度，深刻阐述了在中国为什么必须坚持四项基本原则这个根本性的思想政治问题。他旗帜鲜明地指出，要在中国实现四个现代化，必须在思想上政治上坚持社会主义道路、坚持无产阶级专政即人民民主专政、坚持共产党的领导、坚持马列主义毛泽东思想这四项基本原则，这是实现四个现代化的根本前提。这为指导思想的拨乱反正奠定了坚实基础。

1981 年 6 月，党的十一届六中全会一致通过《关于建国以来党的若干历史问题的决议》。《决议》总结新中国成立以来正反两方面经验，总结改革开放和社会主义现代化建设的新鲜经验，对党的十一届三中全会开创新道路的主要点作出初步概括，为党和国家事业发展指明了方向。《决议》既对多年来的“左”倾错误和毛泽东晚年的错误作了科学分析和深刻批评，又坚决维护了党在长期斗争中形成的优良传统，维护了毛泽东的历史地位和毛泽东思想的科学体系，从而分清了是非，纠正了当时存在的“左”的和右的错误观点，统一了全党全国人民的思想，标志着党在指导思想上的拨乱反正胜利完成。

二、落实知识分子政策

党的十一届三中全会后，从中央到地方都按照实事求是、有错必纠的原则加快平反冤假错案的步伐，先后为“文化大革命”中的各种冤假错案平反。同时，也对“文化大革命”以前的重大案件进行了清理和纠正。

新中国成立以来，各个领域涌现出的先进人物、劳动模范在社会主义建设中起到了带头作用，作出了突出贡献，但在“文革”中受到打击和迫害，造成严重恶果。粉碎“四人帮”后，各级工会开始做老劳模、老工人的平反和恢复名誉工作。全国总工会就劳动模范受迫害的情况向中央作了专题报告，半数以上省、自治区、直辖市总工会对劳动模范情况进行了普查，市、县工会和基层工会对受迫害的劳动模范逐个查清、逐个作出复查结论，予以平反昭雪，并重新安排了工作。许多省、自治区、直辖市总工会还给老劳模颁发了荣誉证书，使老劳模倍感尊重。天津市总工会在天津市委的领导和支持下，从 1978 年 6 月起，就开始从调查研究入手，狠抓老劳模、老工人政策的落实。他们与天津市委组织部共同制定了《关于认真为老劳模、老工人落实政策的几点意见》，对全市在“文革”中受到重点审查和残酷迫害的 736 名老劳动模范，逐个作出复查结论。其中，有 614 人在职工大会上进行了公开平反，为被迫害致死的 15 名劳模召开了追悼会并举行了骨灰安放仪式，为 632 名劳模重新安排了工作，为 381 名劳模恢复原职务技术职称，为3100多名劳模颁发了《劳动模范荣誉纪念状》，同时还为全市在“文革”中受审查的8300多名老工人落实政策。上述这些措施，伸张了正义，恢复了传统，清除了“文革”的污垢，使先进生产工作者和劳模受到全社会的尊重，大大弘扬了职工中的正气。

1979年6月，全国总工会会同国家商业部、全国供销合作总社联合批复广东省总工会、商业局、供销合作总社《关于在合作商店建立工会组织的请示报告》，同意在合作商店建立工会组织，并吸收合作商店职工，包括原来的小商小贩入会。1979年9月，全国总工会会同中央统战部、中央组织部、国家经委党组、国家劳动总局，向中共中央报送《关于对原有工商业者的若干具体政策的规定的报告》，建议在原工商业者中，不具体划分谁是自食其力的劳动者，谁是拥护社会主义的爱国者；原工商业者原来的成分仍是资本家或资本家代理人的，从1979年7月起，其成分一律改为干部或工人。各地工会组织认真执行对原工商业者在政治上与其他干部、工人一视同仁的方针，按照工会章程规定的程序，陆续吸收在职原工商业者参加工会。仅1980年1—10月的统计，北京市在职原工商业者900余人中，已有80%的人加入了工会。上海市已经加入工会的原工商业者有600余人。天津市、广州市的原工商业者已分别有9596人和7096人加入工会。

党中央高度重视落实知识分子政策问题。1978年3月，邓小平同志在全国科学大会上指出，我国知识分子绝大多数已经是工人阶级和劳动人民自己的知识分子，因此也可以说，已经是工人阶级自己的一部分。1979年3月，中共中央发出文件，推翻了“两个基本估计”，破除了扣在知识分子心头上的精神枷锁。1982年1月，《中共中央关于检查一次知识分子工作的通知》指出，广大知识分子是热爱祖国、热爱党、热爱社会主义的，他们同工人、农民一道在革命和建设中发挥了巨大作用，是社会主义现代化建设事业中不可缺少的重要依靠力量。1983 年 3 月，中共中央总书记胡耀邦在中共中央纪念马克思逝世 100 周年大会上强调，要反对把知识分子同工人阶级割裂开来、对立起来，看成“异己力量”的错误倾向，确立知识分子是工人阶级一部分的正确观念，百倍地加强工人、农民和知识分子的团结。

围绕“尊重知识、尊重人才”的基本方针，党和政府制定了尊重知识分子的劳动和劳动成果、提高知识分子的物质生活水平、逐步落实知识分子政策等一系列新的知识分子政策，广大知识分子的积极性得到极大调动、作用得到充分发挥。各级工会在工运领域积极落实党的知识分子政策，协助各级党委抓紧平反知识分子中的冤假错案，恢复名誉，选拔优秀知识分子担任各级工会的领导职务，发挥知识分子在企事业参与管理和经济技术工作中的作用，努力解决知识分子的待遇问题，创造必要的生活和工作条件，同时宣传、表彰知识分子中的先进人物、先进事迹，号召知识分子和广大职工群众向他们学习，并在职工中宣传尊重知识、尊重知识分子的思想，努力创造一种学知识、学文化的好风气，增进工人阶级内部的团结。

三、国民经济的调整和经济体制的逐步展开

1979 年 4 月，党中央召开工作会议，正式确立了对国民经济实行“调整、改革、整顿、提高”的方针。贯彻新“八字方针”，不但是调整经济关系的重要步骤，也是推进改革开放的过程。随着国民经济调整的深入进行，改革开放的步伐也大大加快。

改革的突破，首先是在农村。安徽省凤阳县小岗村首先在我国实行“大包干”，推动了家庭联产承包责任制在全国农村的推广，改变了“三级所有，队为基础”的人民公社管理体制。同时，调整了农产品的收购和价格政策等。应该说，这是中国自农村合作化以来最大的一次改革，改革的直接效果是极大地调动了农民的生产积极性，农业

出现了全面和持续的增产。农村经济开始在社会主义的轨道上实现由自给自足的自然经济向商品经济的历史性转变，推动了全国农民不断走上富裕的道路。

农村改革的成功，对城市经济体制改革产生了巨大影响，它一方面催发了进行城市经济改革的迫切性，要求与之相适应；另一方面又为城市经济体制改革的展开准备了条件和积累了经验。更为重要的是，它逐步澄清了人们对改革的认识误区和冲破了僵化的思想观念，加之改革同职工群众的切身利益紧密相连，因而使广大职工群众对城市经济体制改革既积极支持、充满期望，又人心思改、积极参改，并发展成为不可阻挡的时代潮流。

党的十一届三中全会前，城市经济体制改革在局部地区进行试点。党的十一届三中全会后，在对改革试点经验进行初步总结的基础上，开始对城市经济体制改革进行探索。1979 年 4 月，中央工作会议确定城市改革只在局部领域进行，侧重于扩大企业自主权，增强企业活力。1980 年 6 月，全国试点企业发展到 6600 个，约占全国预算内工业企业的 16%。1980 年 12 月，中央工作会议提出，扩大企业自主权改革试点主要在 6600 个企业中继续进行。此后，在总结经验的基础上，从中央到地方逐步把改革推向经济责任制和财政体制方面。

从 1981 年春季开始，经济责任制改革首先由山东省在企业中试行。主要内容是通过承包划分国家同企业之间、企业同职工之间的责权利关系，贯彻按劳分配的原则，进一步调动企业和职工的积极性。10 月，国务院批转国家经委、国务院体制改革办公室《关于试行工业生产经济责任制若干问题的意见》，要求在各工业企业中研究执行。此后，经济责任制很快推行到全国 3.6 万个工业企业。经济责任制改革把企业和职工的经济利益同他们所承担的责任和实现的经济效益联系起来，使广大职工以主人翁的态度，用最小的人力物力消耗取得最大的经济效益。

所有制结构的局部改革也在进行。从1979年起，党中央、国务院果断采取支持城镇集体经济和个体经济发展的方针，允许多种经济形式同时并存。1980年8月，中央召开全国劳动就业工作会议，会后转发了《进一步做好城镇劳动就业工作》，明确提出解决城镇就业问题，必须实行劳动部门介绍就业、自愿组织起来就业和自谋职业相结合的方针。为此，必须大力扶持兴办各种类型的自负盈亏的合作经济，鼓励和扶持城镇个体经济的发展。到1980年底，通过兴办各种类型的集体经济，包括街道办集体企业和民办集体企业，吸收了全国城镇651万人就业。1981年10月，党中央、国务院印发《关于广开门路，搞活经济，解决城镇就业问题的若干决定》，指出在社会主义公有制经济占优势的根本前提下，实行多种经济形式和多种经营方式长期并存，是我们党的一项战略决策。这一新的概括，提出了我国经济结构应是公有制为主体、多种经济形式长期并存的宏观构想和基本政策思想。在新的政策思想指引下，集体经济、个体经济又有新的大发展，还出现全民、集体和个体联营的经济形式，中外合资、中外合作和外资独营的经济形式在广东、福建也涌现出来。

我国第一张个体工商户营业执照

1980年12月11日，温州市21岁的章华妹领取了我国第一张个体工商户营业执照，成为改革开放后第一个合法的个体户，证书编号为10101，见证了改革开放后对个体工商业政策的转变。1981年7月，国务院出台《关于城镇非农业个体经济若干政策性规定》，为个体户正了名。1982年9月，党的十二大报告明确指出："在农村和城市，都要鼓励劳动者个体经济在国家规定的范围内和工商行政管理下适当发展，作为公有制经济的必要的、有益的补充。”

1982 年 9 月召开的党的十二大，明确提出建设有中国特色的社会主义的重大命题和“小康”战略目标，改革开放由此全面展开，社会主义现代化建设出现新的局面。党的十二大以后，经济体制改革全面展开，改革的重点逐步转向城市，城市经济体制改革由试点发展到全面铺开，其他领域也随之迈出改革步伐。1984 年 10 月，党的十二届三中全会通过《关于经济体制改革的决定》，初步提出和阐明了经济体制改革的一系列重大理论和实践问题，就增强企业活力、发展社会主义商品经济、重视经济杠杆作用、实行政企职责分开、扩大经济技术交流等一系列重大问题作出部署。此后，以城市为重点的经济体制改革全面展开。党的十二届三中全会为工人阶级在全面改革中发挥重大作用开拓了广阔的领域。

1987 年 10 月召开的党的十三大，系统阐述了社会主义初级阶段的理论，明确概括了党在社会主义初级阶段的基本路线是领导和团结全国各族人民，以经济建设为中心，坚持四项基本原则，坚持改革开放，自力更生，艰苦创业，为把我国建设成为富强民主文明和谐的社会主义现代化国家而奋斗。1988 年 2 月，国务院批准国家体改委制定的 1988 年深化经济体制改革的总体方案，提出以深化企业经营机制改革为重点的改革任务。同月，国务院颁布《全民所有制企业承包经营责任制暂行条例》，开始按照所有权和经营权分离的原则，以承包经营合同形式，确定国家与企业的责权利关系。4 月，七届全国人大一次会议通过《中华人民共和国全民所有制工业企业法》，对“两权分离”的改革原则作了更为明确的规定，将企业的责权利以法律形式确定下来，为企业承包经营责任制改革提供了法律保障。

四、对外开放的实行与扩大

吸引和利用外资、兴办中外合资经营企业和中外合作经营企业（或项目）是实行对外开放具有开拓性的方式和步骤。1978 年 10 月，邓小平同志在一份简报上批示："合资经营可以办。"1979 年 7 月，五届全国人大二次会议通过《中华人民共和国中外合资经营企业法》。10 月，邓小平同志在全国各省、市、自治区第一书记座谈会上再次强调中外合资经营的好处，明确表示利用外资主要的方式是合营。1980 年 7 月，国务院印发《中外合资经营企业登记管理办法》《中外合资经营企业劳动管理规定》《关于中外合营企业建设用地的暂行规定》。9 月，五届全国人大三次会议通过《中华人民共和国中外合资经营企业所得税法》。随着这些法律法规的出台，合资经营开始在我国从无到有地发展起来。为发挥工会在中外合资、合作和外商独资企业中的作用，全总印发《关于中外合资、合作企业和外商独资企业工会暂行条例》。

创办经济特区是实行对外开放的一个伟大创举。早在 1978 年 4 月，国家计委、外贸部派遣的经济贸易考察组赴香港、澳门进行实地考察后，向中央建议，把靠近港澳的广东宝安、珠海划为出口基地，在内地建设具有相当水平的对外生产基地、加工基地和吸引港澳同胞的游览区。1979 年 1 月，广东省和交通部共同起草《关于我驻香港招商局在广东宝安建立工业区的报告》，提出将深圳南头半岛的 50 平方公里土地交招商局建立广东宝安工业区（后实际确定为 9 平方公里）。7 月，中共中央、国务院批转广东省委《关于发挥广东优势条件，扩大对外贸易，加快经济发展的报告》和福建省委《关于利用侨资、外资，发展对外贸易，加快福建社会主义建设的请示报告》，确认两省对外经济活动实行特殊政策和灵活措施。1980 年 5 月，党中央、国务院正式决定将“出口特区”定名为“经济特区”。8 月，五届全国人大常委会第十五次会议作出决定，批准广东、福建两省在深圳、珠海、汕头、厦门设置经济特区，并通过了《广东省经济特区条例》。

党的十二大以后，对外开放迈出新步伐，对外经济技术交流的规模和水平大幅提升，对外开放的地域和领域不断扩大。1984 年 1 月 22 日至 2 月 17 日，邓小平视察深圳、珠海、厦门等经济特区和广州、上海。随后在同几位中央负责同志谈话时提到，除现在的特区之外，可以考虑再开放几个港口城市，实行特区的某些政策。同年 5 月，中共中央、国务院批转《沿海部分城市座谈会纪要》，正式确定开放 14 个沿海港口城市，即大连、秦皇岛、天津、烟台、青岛、连云港、南通、上海、宁波、温州、福州、广州、湛江、北海。1985 年 2 月，中共中央、国务院发出通知，批准将长江三角洲、珠江三角洲、闽南厦漳泉三角地区划为沿海经济开放区。1985 年 1 月，全总第一次在深圳市召开经济特区、沿海开放城市中外合资企业工会工作座谈会，提出合资企业工会工作指导思想和任务要求。1985 年 5 月，广东省颁布我国经济特区第一个工会规章——《广东省经济特区企业工会规定》，全总转发了这一文件。

从总体上来看，随着党的十一届三中全会后党和国家工作中心的转移，党中央先后开展端正指导思想、调整各方面社会关系、调整国民经济比例关系、推动经济体制改革、实行和扩大对外开放等工作，社会主义新中国焕然一新，我国工人阶级所处的时代背景也随之发生了巨大变化。在这一过程中，我国工人阶级在思想上廓清了迷雾、坚定了立场，衷心支持并贯彻落实党的十一届三中全会以来的理论和路线方针政策，以高度的主人翁责任感和极大的生产热情投身改革开放与社会主义现代化建设。同时，随着农村改革的不断深入和城市经济体制改革的全面展开，各种类型企业蓬勃发展，对我国职工队伍产生了十分深远的影响，职工队伍规模逐步壮大，内部结构也在不断调整，以农民工为代表的新群体逐渐成为我国职工队伍的新鲜血液和新生力量，工人阶级日益以崭新面貌重回历史舞台。

第二节　党中央对全心全意依靠工人阶级方针的重申和落实

全心全意依靠工人阶级是我们党一贯坚持的一项指导方针。党的七届二中全会作出了将党的工作重心由乡村转移到城市的重大决策，提出了以恢复和发展生产为中心、全心全意依靠工人阶级的城市工作方针。从 1949 年新中国成立到 1956 年基本完成社会主义改造，中国共产党坚持全心全意依靠工人阶级，把广大职工群众动员和组织起来，大力提高职工队伍素质，与党同心同德，奋力建设自己的新国家，在巩固新生的人民政权和建立社会主义的基本制度，在恢复国民经济和努力实现第一个五年计划建设任务中都作出了重大贡献。但在“文化大革命”时期，全心全意依靠工人阶级的方针逐渐偏离了以恢复和发展生产为中心的主线，而成为“四人帮”宣传、开展无产阶级和资产阶级两个阶级、社会主义和资本主义两条道路、马克思主义和修正主义两条路线斗争的口号和手段。随着党的十一届三中全会提出党的工作重心转移到现代化建设上来，党中央一再重申全心全意依靠工人阶级的方针，不断健全完善贯彻落实这一方针的制度安排。

一、党中央对工人阶级的高度重视和中国工会九大的召开

1978 年 10 月 11 日至 21 日，中国工会第九次全国代表大会在北京隆重举行。这是在党和国家及中国工人运动和工会工作行将发生历史性转变的关键时刻召开的一次重要会议，也是距 1957 年 12 月召开

的中国工会第八次全国代表大会21年后首次召开的工会全国代表大会。邓小平同志代表中共中央、国务院向工会九大致词，倪志福同志代表全总八届执委会向大会作题为《中国工人阶级新的伟大历史使命》的工作报告。中国工会九大的召开对中国工人运动和工会工作具有重要意义。

邓小平同志在致词中深刻指出，实现现代化是一场根本改变我国经济和技术落后面貌，进一步巩固无产阶级专政的伟大革命，这场革命既要大幅度地改变目前落后的生产力，就必然要多方面地改变生产关系，改变上层建筑，改变工农业企业的管理方式和国家对工农业企业的管理方式，使之适应于现代化大经济的需要。

邓小平同志之所以要在全国工会代表大会上提出这场新的伟大革命任务，是因为他寄希望于工人阶级。他从工人阶级的先进性出发，高度评价了我国工人阶级在社会主义革命和建设中的重要贡献，指出工人阶级最重要的特点之一就是同社会化的大生产相联系，因此它的觉悟最高，纪律性最强，能在现时代的经济进步和社会政治进步中起领导作用，一定会在改革中起大公无私的模范先锋作用；号召工人阶级要用最大的努力来掌握现代化的技术知识和现代化的管理知识，为实现四个现代化作出优异的贡献。致词明确要在改革开放和社会主义现代化建设中充分发挥工人阶级的模范先锋作用，为坚持和发展党的全心全意依靠工人阶级方针提供了理论基础。

在1981年10月召开的全国总工会九届三次执委扩大会议上，中共中央书记处书记、国务院副总理万里到会讲话，指出全心全意依靠工人阶级这个思想必须树得牢牢的，否则，我们社会主义的优越性就发挥不了，我们所以敢和资本主义比赛，就是因为我们的企业能够全心全意依靠工人阶级，充分发扬民主。

实行企业民主管理是贯彻落实全心全意依靠工人阶级方针的关

键。邓小平同志在中国工会九大上强调:“工会要教育全体会员积极参加企业的管理。为了实现四个现代化,我们所有的企业必须毫无例外地实行民主管理,使集中领导和民主管理结合起来”,“企业的重大问题要经过职工代表大会或职工大会讨论”。邓小平同志关于企业民主管理的论述,构成党的十一届三中全会后党中央确定企业民主管理法律和政策的重要依据。1980 年 8 月,五届全国人大三次会议明确指出,职工代表大会或职工代表会议作为权力机构,有权讨论和决定自己职权范围内的重大问题,有权选举、罢免或建议任命、建议罢免本单位的行政领导人员。

1981 年 5 月,全国总工会会同中央组织部、国家经委召开全国第一次企业民主管理座谈会,制定了《国营工业企业职工代表大会暂行条例(草案)》。《暂行条例(草案)》规定,根据宪法的规定,所有企业必须建立和健全党委领导下的职工代表大会制,发扬职工群众的主人翁责任感,保障职工群众当家作主管理企业的民主权利。万里、宋任穷同志分别就《暂行条例(草案)》和企业民主管理问题作重要讲话。同年 7 月 16 日,中共中央、国务院正式批准转发了该《暂行条例(草案)》(中发〔1981〕24 号文件)。中央在转发《通知》中指出:推广和完善职工代表大会制,关键在于加强和改善党的领导。企业党委要积极领导和支持职工当家作主,保障职工代表大会行使规定的权力。各级工会要把搞好职工代表大会制作为自己工作的重点,协助党委做深入细致的群众工作。为了使企业基层工会能够很好地承担起职工代表大会工作机构的职责,要选调相当于企业党委副书记、副厂长一级的干部担任企业基层工会主席。《通知》强调,推行职工代表大会制度是党的一项重要政策,各地区、各部门的党委(党组)要统一部署,组织各方面的力量通力合作,采取切实可行的办法,指导和督促所属企业贯彻实施《暂行条例》。中央《通知》和《暂行条例》的颁布，使职工代表大会作为企业管理的一项根本制度，首次用具有法规性的文件加以确认，成为企业管理必须遵循的规范。这标志着我国以职工代表大会制为核心的企业民主管理开始纳入法治建设的轨道，从此进入新阶段。

1982年12月，五届全国人大五次会议通过的《宪法》第十六条规定："国营企业依照法律规定，通过职工代表大会和其他形式，实行民主管理。"这是职工代表大会第一次写入国家宪法。1985年7月，全国总工会召开了十届六次主席团（扩大）会议，要求各级工会全面行使工会和职代会在审议企业重大决策、监督行政领导和维护职工合法权益等方面的权力，真正体现劳动者在企业中的主人翁地位；把民主管理的重点放在改善经营管理，促进技术进步，充分调动职工群众的积极性、智慧和创造力，增强企业活力，提高经济效益上；进一步健全以职代会为基本形式的民主管理体系，建立完善的工作制度，使民主管理真正做到经常化、制度化；本着党政工三加强的要求，理顺工会、职代会同企业党、政的关系。1986年9月，中共中央、国务院颁发了《全民所有制工业企业厂长工作条例》《中国共产党全民所有制工业企业基层组织工作条例》和《全民所有制工业企业职工代表大会条例》，推动了职代会职权的进一步落实。1988年《全民所有制工业企业法》的出台，首次将职工代表大会纳入了国家的基本法律规范中，这为推动职工代表大会制度建设、贯彻落实全心全意依靠工人阶级方针提供了重要的法治依据。

为全面掌握改革开放新时期我国工人阶级的组织构成、文化程度、技术水平、生活水平、政治觉悟等状况，从1982年3月开始，中央书记处研究室会同全总就工人阶级状况进行了一次规模较大和较为系统的调查。6月，中央书记处研究室向党中央报送《关于当前我国工人阶级状况的调查报告》。《调查报告》对当时社会上出现的一些关于工人阶级的错误认识进行了批驳，提出了重视工人阶级地位、发挥工人阶级作用的政策性建议。内容主要包括：第一，在资产阶级在中国被基本消灭以后工人阶级是否还存在的问题上，批驳了那种作为剥削阶级的资产阶级消灭之后，其对立面工人阶级也不复存在的错误观点，指出资产阶级虽然基本消灭了，但工人阶级仍然存在，并且将长期作为强大的先进阶级而存在，对其他阶级阶层产生有力影响。第二，在正确估计工人阶级新一代问题上，批驳了那种认为新一代工人已经丧失了工人阶级阶级性的错误看法，指出正确估计工人阶级新一代，是在工人阶级中进行一切工作和活动的基本出发点。年轻工人中好的和比较好的占大多数，其中不少人已经继承了工人阶级的优良品质和光荣传统，成为企业政治工作和生产建设的骨干。鉴于当前工人阶级队伍构成的重大变化，在依靠老工人和中年工人的同时，必须把对工人阶级工作的重点转到以青年工人为主上来。第三，在重新向工人阶级灌输共产主义思想问题上，指出了相当长一个时期以来，这方面工作有明显削弱，在工人阶级中有部分人政治热情下降，理想信念缺失，受资产阶级思想影响严重，完全有必要把重新向工人阶级灌输共产主义思想的任务提到全党面前，采取各种有力措施，使这项工作卓有成效地开展起来，并使这种教育逐步规范化、系统化，形成一种体系。第四，在积极而慎重地吸收生产工人参加中国共产党的问题上，认为生产工人中党员的多少，是关系到共产党的阶级性质和党的群众基础的大问题，必须迅速改变管理部门党员相对集中，而生产一线党员奇缺，越是艰苦的劳动岗位党员越少的极不正常的状况，必须从各单位的实际出发，在继续抓紧吸收合乎条件的工程技术人员入党的同时，积极而慎重地接受大批合乎条件的生产工人参加中国共产党。

1982年我国工人阶级状况调查

这次调查是由中央书记处研究室牵头、会同全总就工人阶级状况进行的第一次调查。参加调查的有原冶金部、第一机械工业部、第四机械工业部、第六机械工业部、纺织工业部、煤炭部、石油部、铁道部、交通部、建筑工程总局、商业部等11个部局，分别选择了鞍山钢铁公司等11个企业作为重点调查对象，组成12个调查组，参加调查工作人员近千人，涉及职工约27万人，其中以座谈会、个别谈话、无记名的书面调查和家庭访问等方式，直接或间接接触到的工人有4万人，整理了各种调查资料50多万字。可以说，这是新中国成立以来就工人阶级状况所作的一次规模较大和较为系统的调查。

这次调查的背景是全党全国工作重心开始转移到以经济建设为中心的现代化建设上来。调查分6个专题：1. 我国工人阶级队伍的组织构成状况；2. 目前我国工人阶级的文化程度、技术水平状况；3. 目前我国工人阶级的生活状况（包括工资收入、住宅、健康等），党的十一届三中全会以来，各部分工人（包括工程技术人员）的实际生活水平各有哪些变化；4. 目前我国工人阶级的觉悟程度，整个工人阶级队伍的政治素质和五十、六十年代相比有些什么变化；5. 目前我们党和本阶级一般成员之间联系的渠道、形式有哪些，党群关系方面的状况；6. 当前工人的政治思想教育工作的状况，存在什么问题。

调查提出了带有理论性和政策性的7个问题：1. 关于资产阶级作为剥削阶级消灭以后的工人阶级；2. 关于对我国工人阶级新一代的基本估计；3. 关于重新向工人阶级灌输共产主义思想；4. 关于认真实行职工代表大会制度；5. 关于在工人阶级中严格实行按劳分配的社会主义原则；6. 关于更大规模地开展先进生产者运动；7. 关于提高党

员的政治质量和积极而慎重地吸收优秀青年生产工人入党。通过调查，得出了在新的历史条件下，工人阶级作为一个阶级不仅依然存在，而且将在向以经济建设为中心的战略转移中发挥主力军作用的重大结论。

二、党的十三届四中全会后全心全意依靠工人阶级方针的贯彻落实

1989 年 6 月，党的十三届四中全会分析了国内发生政治风波的性质和原因，明确了当前和今后一个时期党的方针和任务，强调要继续坚决执行党的十一届三中全会以来的路线、方针和政策，继续坚决执行党的十三大确定的“一个中心、两个基本点”的基本路线，全心全意依靠工人阶级。

在党的十三届四中全会上，中共中央总书记江泽民同志重申了党的全心全意依靠工人阶级指导方针。党的十三届四中全会后，以江泽民同志为核心的党中央把依靠工人阶级置于更加突出位置。1989 年 7 月 26 日，江泽民同志在中南海怀仁堂与出席全国总工会十一届三次主席团（扩大）会议的全体人员座谈时指出，我国宪法明确规定，中华人民共和国是工人阶级领导的、以工农联盟为基础的人民民主专政的社会主义国家。因此，我们必须全心全意依靠工人阶级。这一讲话，深刻阐明了新形势下依靠工人阶级的方针原则，对于扫除在改革中忽视工人阶级地位作用甚至把职工当成改革对象的各种错误认识和行为，具有重要指导作用，指明了改革深化后工人运动和工会工作的方向。1989 年 12 月 21 日至 25 日，全国总工会十一届二次执委会议在北京举行。中共中央对这次会议高度重视。在会议开幕的当天晚上，江泽民、李鹏、乔石、姚依林、宋平、李瑞环、丁关根等中央领导人在

人民大会堂亲切接见了参加会议的全体代表，江泽民、李鹏、宋平同志发表了重要讲话，强调工人阶级是社会主义革命和建设的主力军，在当前治理整顿和深化改革中，同样要全心全意依靠工人阶级。

在这一过程中，党中央先后采取了一系列措施，确保把全心全意依靠工人阶级方针落到实处。1989 年 9 月 28 日，中共中央、国务院在北京人民大会堂隆重召开全国劳动模范和先进工作者表彰大会，这是时隔 30 年后，全国各路群英欢聚一堂的又一次盛会，也是对国家 10 年改革和建设成果的一次检阅。会议期间，江泽民等中央领导人亲切会见与会代表，并和大家一起合影留念。全国劳动模范和先进工作者表彰大会的召开，充分体现了党中央全心全意依靠工人阶级，相信依靠人民群众，充分肯定和发挥先进模范人物作用的思想。这次大会的召开，对全国工人阶级和广大人民群众是一个巨大的鼓舞，激励他们为推进改革和四化建设而努力奋斗。

1989 年全国劳动模范和先进工作者表彰大会

1989 年 9 月 28 日至 10 月 2 日，全国劳动模范和先进工作者表彰大会在北京举行，与会代表 3065 人。邓小平在人民大会堂接见全国劳模，江泽民、李鹏、杨尚昆、万里等出席。全国人大常委会副委员长、中华全国总工会主席倪志福主持开幕式，李鹏代表中共中央、国务院讲话，党和国家领导人向先进模范代表授奖。大会表彰了来自全国 51 个系统或行业的 2790 名全国劳动模范和先进工作者。这是改革开放以来召开的第一次全国劳动模范和先进工作者表彰大会。

1989 年 12 月，党中央发出《关于加强和改善党对工会、共青团、妇联工作领导的通知》（中发〔1989〕12号），深刻阐述了社会主义条件下工会等群众组织的性质、地位、作用，以及党对工会领导的正确原则、方针、政策。这是新中国成立以来第一个专门论述加强和改善党对工会等群众组织领导、充分发挥工会等群众组织作用的纲领性文件。《关于加强和改善党对工会、共青团、妇联工作领导的通知》的出台，有力地推动了全心全意依靠工人阶级方针的贯彻落实。1990年4月，全总在吉林省吉林市召开十一届六次主席团会议，原则通过《全国总工会贯彻执行〈中共中央关于加强和改善党对工会、共青团、妇联工作领导的通知〉的意见》。

针对社会上产生的片面强调精英治厂，忽视工人阶级、淡化工人阶级作用的倾向，1991年5月，全总在上钢三厂召开工人阶级问题理论研讨会。6月，党中央召开工青妇工作座谈会，强调必须树立全心全意依靠工人阶级的思想，充分发挥工人阶级主力军作用。同月，中共中央办公厅批转了全国总工会党组《关于进一步发挥工人阶级主力军作用需要解决的几个问题的报告》，再次强调要发挥职工群众参与管理国家和社会事务的作用；提出各级政府和政府部门，在制定国家与地方的经济和社会发展计划、经济和政治体制改革方案，以及有关社会主义精神文明建设、廉政建设、社会分配等重大方针政策时，要广泛听取职工群众的意见；并建议在提名、选举各级人民代表大会的代表时，适当增加产业工人的名额，在人民政协委员中，也需适当增加产业工人名额。报告还指出，要切实保障职工群众在企事业单位中的主人翁地位和权利，认真落实职代会职权，重视从优秀工人中发展党员、选拔干部，加强对工人阶级历史地位和主力军作用的宣传，组织职工深入开展社会主义劳动竞赛，认真解决分配方面存在的问题，进一步完善社会保障制度、劳动保护制度，抓好涉及职工切身利益的有关法律、法规的完善和实施工作，提高职工队伍的整体素质。报告提出的这些措施，使落实党的全心全意依靠工人阶级方针方向更加明确、路径更加清晰，更具可操作性。

总体来看，中国工会九大上邓小平同志的致词，为在改革开放中坚持全心全意依靠工人阶级方针奠定了坚实理论基础。此后，党中央、国务院逐步恢复和发展企业民主管理，为推动全心全意依靠工人阶级方针的落实制定了一系列政策。党的十三届四中全会以来，以江泽民同志为核心的党中央新的领导集体，采取了一系列重大措施，恢复和发扬党的优良传统，加强和改善党对各方面工作的领导。这些重大决策，都贯穿着一个基本指导思想，就是全心全意依靠工人阶级和人民群众，保持和发展党同人民群众的血肉联系。

第三节　改革开放初期工运方针的确立和发展

随着改革开放进入新时期，全党工作重点转移到社会主义现代化建设上来，我国工人运动和工会工作也发生了历史性转折。工会如何适应新的形势任务，方针政策的重新确立是首要问题。对此，中国工会给予高度重视，并从中国工会九大起作出不懈努力，最终使改革开放新时期的正确工运方针得以确立，并随着形势任务的变化而不断发展，为开辟工人运动和工会工作新道路奠定了基础。

一、中国工会九大提出新时期工会工作的基本方针

中国工会九大上邓小平同志的致词，在深刻总结新中国成立以来工人运动和工会工作历史经验的基础上，正确阐明了新时期中国工人运动和工会工作发展的客观规律与前进方向，是指导工人运动和工会工作的纲领性文件。倪志福同志代表全国总工会八届执委会，向大会作题为《中国工人阶级新的伟大历史使命》的报告，提出了新时期工

会工作的基本方针：在中国共产党的领导下，遵循党的十一大路线，团结、教育、吸引广大职工不断提高政治觉悟，掌握现代科学技术，积极参加管理，广泛开展社会主义劳动竞赛，努力提高劳动生产率，并在发展生产的基础上逐步改善职工群众的物质文化生活，为实现新时期的总任务而奋斗。

新时期工会工作的基本方针主要包括以下几个方面。

第一，加强对工人群众的政治教育和文化技术教育。工会是广大工人群众学习共产主义的学校，这个学校要吸引工人学理论、学政治、学经济、学管理、学科学、学技术、学文化，把工人队伍建设成高度革命化的，掌握现代科学技术的产业大军；大力抓好对工人群众的政治教育，经常开展阶级教育、革命传统教育和时事政治教育，依靠老工人和先进工人，用先进带动落后，进行深入细致的思想政治工作；为了掌握现代化建设的本领，工会应当把组织广大职工学习科学技术摆在突出的位置，加强岗位练兵，帮助职工系统地提高科学技术水平，掌握先进技术的操作技能。

第二，吸引工人参加管理，保障工人当家作主的民主权利。要吸引广大工人群众行使国家主人的权利，参加管理自己的国家，管理自己的企业，管理自己的一切事业；企业的各级领导干部，应当全心全意依靠工人阶级，充分发扬民主；党委领导下的职工代表大会制，是吸引职工参加管理、发扬企业民主、监督干部的好形式，企业的重大问题都要经职工代表大会或职工大会讨论。

第三，把社会主义劳动竞赛提高到一个新的水平。工会工作要坚持以生产为中心，发动和组织广大职工开展社会主义劳动竞赛，努力做到优质、高产、低消耗，全面完成和超额完成国家计划，不断提高劳动生产率；在劳动竞赛中要广泛开展比、学、赶、帮、超活动，开展合理化建议和群众技术协作、技术交流活动，大力推广先进经验，把少数先进企业、先进职工的先进水平迅速变成全行业、全社会的水平。

第四，关心群众生活，保护工人利益。工会应当成为保护工人利益的堡垒。工会关心职工生活，绝不是什么“福利工会”“福利主义”。唯有那种放弃阶级的整体利益和长远利益，只顾个人的局部的眼前的利益的思想和行为，才是危害工人阶级根本利益的福利主义；各尽所能、按劳分配体现了整体利益和个人利益的统一，要坚决贯彻执行这个社会主义原则，实行多劳多得、少劳少得、不劳不得，把精神鼓励与物质鼓励结合起来，奖励先进，纠正干与不干、干多干少、干好干坏都一个样的现象。

第五，把各级工会组织切实整顿好、建设好。工会的整顿，首要的是思想整顿；其次要抓好组织整顿，其关键是整顿好领导班子；工会举办的各种事业，也要在整顿工会组织的过程中，进行必要的整顿；还应当认真整顿作风，贯彻群众路线，密切联系群众，工会最大最严重的危险之一，就是脱离群众；工会干部必须充分认识对党负责和对群众负责的一致性，密切同广大工人群众的联系，做工人群众的贴心人，使工会成为党和工人群众之间有效的“传动装置”，成为受到群众拥护和信任的“工人之家”。

二、党的十一届三中全会为新时期工人运动指明方向

党的十一届三中全会的召开，对中国工人运动和工会工作的发展产生了根本性影响，开创了我国工人运动和工会工作的新局面。首先，它指引中国工人运动和工会工作端正了方向，明确了中心。按照党的十一届三中全会解放思想、实事求是的原则，在不断清除“左”的错误思想束缚的基础上，根据中国社会的客观实际，正确认识阶级斗争虽然在一定范围内仍将在中国长期存在，但已不是主要矛盾，主

要矛盾是人民日益增长的物质文化需要同落后的社会生产之间的矛盾。因此，工人阶级和全国各族人民必须集中力量，一心一意进行社会主义现代化建设，发展社会生产力。其次，三中全会使工人阶级和广大工会干部从发展生产力、实现四化的高度认识到，多方面地改变同生产力发展不适应的生产关系和上层建筑，改变一切不适应的管理方式、活动方式和思想方式，也就是改革的必要性和重要性，从而激励工人群众和工会干部支持改革、投身改革、锐意改革，在改革中发挥主力军作用。

党的十一届三中全会和中国工会九大之后，党中央对新时期的工人运动和工会工作十分重视，邓小平、叶剑英等中央领导同志先后对工会问题作过多次指示和谈话。这些指示和谈话，集中反映了党对工会工作指导思想的转变，其基本精神是：第一，肯定全国工会组织在党的领导下，做了许多很好的工作，对全国社会主义革命和建设的胜利发展起了重大作用。第二，工会要以四化建设为中心，并为实现经济战线技术上、制度上和组织上的重大改革作出贡献。第三，工会是职工群众的重要代表者，一定要维护国家和集体利益，同时，一定要坚决维护职工群众的具体利益。第四，工会要教育全体会员认识实现四化的伟大意义，努力提高自己，发扬工人阶级的光荣传统。第五，工会要不断加强工人阶级的内部团结，加强工人阶级同其他劳动者、爱国者，首先是8亿农民的团结。第六，工会要密切联系群众，使广大职工都能感到工会确实是职工自己的组织，是职工信得过、能替职工说话、替职工办事的组织。第七，工会必须接受党的领导，当好党的助手，积极主动地发挥作用。党中央和中央领导人的上述思想，正确地反映了社会主义时期工会工作发展的客观规律，是党在工会问题上认识的进一步深化，为工运领域拨乱反正，分清历史是非和理论是非提供了理论依据，进一步阐明中国工会的性质、地位、作用和任务，为新时期工人运动和工会工作的健康发展指明了方向。

为了深入学习贯彻党中央对工会工作的一系列指示精神，把工会工作指导思想的拨乱反正引向深入并尽快地实现转变，全国总工会于1979 年 10 月 31 日至 11 月 7 日在北京召开了九届二次执委扩大会议。这次会议澄清了新中国成立以来工运历史上的重大理论和路线是非问题，并在总结正反两方面经验的基础上，提出了新时期做好工会工作、发挥工会应有作用的基本原则。会议强调，在新时期做好工会工作、发挥工会作用，必须自觉地接受和服从党的统一领导，坚决贯彻党的路线方针政策，围绕党的中心任务进行工作；但同时也要根据工会自己的特点，针对工会所联系和服务的职工群众的各种各样的需要与要求，独立负责地、积极主动地开展各项活动；必须善于在工作中把职工的长远利益和眼前利益、根本利益和切身利益结合起来，在维护好国家集体利益的同时，切实维护好自己所代表群众的利益；必须要维护企业行政的集中领导，支持行政的一切正常的生产指挥，教育群众自觉地增强组织性、纪律性；同时又要组织群众实行民主管理，发挥群众监督作用，敢于代表群众讲话，大胆地维护职工的政治经济权益；必须既要自上而下地宣传贯彻党和国家的方针政策，教育和发动群众自觉自愿地去执行和落实，又要自下而上地向党反映群众的动态、愿望和要求，努力做群众的贴心人。上述这些新认识、新要求表明，经过拨乱反正，工会在这些重大理论问题上取得了新进展。

为了贯彻党的十一届六中全会精神，进一步研究新时期的工会工作，部署下一阶段工会工作的主要任务，全国总工会于 1981 年 10 月 7 日至 12 日在北京召开了九届三次执委扩大会议。倪志福同志代表全国总工会常委作了题为《贯彻党的六中全会精神，充分发挥广大职工当家作主的积极性，为把国民经济搞上去而奋斗》的工作报告，指出，三年来工会组织遵循党的十一届三中全会以来的路线、方针、政策，围绕着把我国逐步建设成为现代化的、高度民主、高度文明的社会主义强国这个中心目标，不断清除“左”的错误思想影响，进行了思想上、组织上的整顿和建设，各项工作不仅得到恢复，而且有了新的发展。全国总工会九届三次执委扩大会议的召开，进一步统一了广大工会工作者的认识，明确了工人运动和工会工作的长远目标和当前任务，标志着工会工作指导思想拨乱反正的历史任务基本完成，一个以经济建设为中心，以推进企业民主管理为重点，坚持代表和维护职工的民主权利和切身利益，不断加强职工队伍建设和工会组织建设的工会工作新局面开始形成。

三、改革开放的全面展开和工会工作新方针的确立

1982 年 9 月召开的党的十二大提出建设有中国特色的社会主义，对开创社会主义现代化建设新局面作出全面部署。

1983 年 3 月 14 日，中共中央书记处举行第 47 次会议，讨论工会十大工作报告的提纲和十届执委会主席团（常委）组成的初步设想，并对工会问题作出重要指示（简称“3·14”指示）。中央书记处指出：工会的性质和任务应当是在党的领导下，代表工人阶级利益，为工人阶级办事的群众性组织。新中国成立以后，在“左”的思想指导下，工会工作受到了很大的干扰，长期强调党的领导（这是应当的），但忽视了工会是工人阶级群众组织的特点，在一定程度上，工会变成了行政机关，脱离了工人群众，这种状况必须改变。今后工会工作一定要从自己是党领导下的群众组织这个特点出发，切切实实地为职工办事，办些具体的好事，把职工的积极性调动起来，一定要维护职工的根本利益，勇敢地扶持正气，压制邪气，在社会和国家生活中起积极作用，一定要面向工厂、面向工人，密切联系群众，反映职工的呼声和要求，真正成为“职工之家”“工人之友”。中央书记处还指出：

目前工会工作面临着开创新局面的伟大任务，要认真研究如何改革，包括体制改革、制度改革、工作方法和工作作风的改革。关于组织问题，中央书记处指出：各级工会组织机构的变化不宜过大，主要是新班子人员的组成方面应该有一个显著的变化，要解放思想，拓宽视野，按照德才兼备的原则，经过充分的群众路线，把一批年富力强、有文化知识，同工人群众有密切联系的中青年干部提拔到领导岗位上来。

中央书记处的“3·14”指示，体现了党的十二大精神，进一步明确了工会的性质和任务，确定了新时期工会工作的方针，并对工会十大准备工作提出了具体要求，从而为这次大会的召开作了最重要、最直接的准备。

1983 年 10 月 18 日至 29 日，中国工会第十次全国代表大会在北京隆重举行。中共中央政治局常委、国家主席李先念代表中共中央、国务院向大会致词。他深刻阐述了新时期中国工人运动的根本任务和工会的重要职责，指出：我国工人运动已进入了一个新的发展阶段。实现党的十二大确定的宏伟目标，在不断提高社会效益的前提下，力争到本世纪末使全国工农业总产值翻两番，把我国建设成为现代化的，高度文明、高度民主的社会主义国家，是全国人民共同的历史使命，也是新时期工人运动的根本任务。为适应这个根本任务的要求，工会必须把提高广大职工的思想政治素质和科学文化素质，在两个文明建设中发扬工人阶级的主人翁精神当作自己的首要职责。

倪志福同志代表全国总工会九届执委会向大会作了题为《在社会主义物质文明和精神文明建设中发扬工人阶级的主人翁精神》的报告。报告回顾了工会九大以来，在党中央的领导和亲切关怀下，我国工人运动和工会工作所取得的成绩，肯定了广大职工群众和工会工作者在四化建设中所作出的巨大贡献，提出新时期工会工作的方针应当是：以四化建设为中心，为职工说话、办事，维护职工的合法权益，加强对职工的思想政治教育和文化技术教育，建设一支有理想、有道德、有文化、守纪律的职工队伍，充分发挥工人阶级在社会主义物质文明和精神文明建设中的主力军作用。

这次大会的胜利召开和它所确立的新时期工人运动和工会工作的方针、任务，是党的十二大精神在工运领域发挥积极作用的具体体现，标志着中国工人运动和工会工作进入了一个新的发展阶段。1984年5月，全国总工会下发《关于整顿工会基层组织，开展建设“职工之家”活动的决定》，要求从1984年下半年开始，争取用3年左右时间，对全国43万个基层工会普遍进行一次整顿。

1984年10月召开的党的十二届三中全会，通过了《中共中央关于经济体制改革的决定》，强调改革的任务是为了建立充满生机的社会主义经济体制，促进社会生产力的发展，增强企业活力是整个经济体制改革的中心环节。

为了贯彻党的十二届三中全会精神，迎接以城市为重点的全面经济体制改革的新形势，做好改革形势下的工会工作，1984年12月，全国总工会在北京召开了十届二次执委会议。会议的中心议题是如何充分发挥工会组织在经济体制改革中的重要作用，确定改革形势下做好工会工作的指导思想。中共中央书记处候补书记郝建秀到会讲话。她肯定了工会十大以来工会各项工作取得的成绩，转达了党中央、书记处对在经济体制改革中发挥群团组织作用问题的重视，并就如何发挥工会组织的重要作用问题，提出了要求和希望。要求工会加强自身的改革和建设，走出一条有中国特色的工会工作新路子。会议提出“解放思想、锐意改革，努力探索中国工会工作的新路子”，强调工会和工人阶级要站在改革这个时代潮流的前列，担负起推动改革、促进社会生产力发展的历史责任；要进一步把工会工作的指导思想落实到以四化建设为中心，推进经济体制改革上来，正确处理全局和局部的关系，在改革的全局中找到和主动摆上自己的位置，注意在重大决策中发挥作用；工会要正确解决好发展生产、发展经济与维护职工利益的关系，在改革中注意维护职工利益。

全国总工会十届二次执委会议明确具体地解决了工会在经济体制改革中的方针、任务、措施和工作方法等一系列问题，特别是它正确提出的以经济建设为中心，把发展生产力同维护职工利益统一起来的指导思想，进一步统一了工会干部的认识，使工会十大的正确方针在改革开放的新形势下得到落实。

党的十三大强调指出，工会组织在深化改革中应积极推进组织制度的改革，转变活动方式，积极参与社会协商对话、民主管理和民主监督，把工作重点放在基层，克服“官”气和行政化倾向，赢得群众特别是基层群众的信任。为贯彻落实党的十三大精神，1987 年 12 月，全总十届五次执委会议重点讨论了工会改革问题。1988 年 9 月，全总十届六次执委会议审议通过《工会改革的基本设想》，确定了工会改革的基本框架，为开好中国工会十一大作了理论准备。

《工会改革的基本设想》

《工会改革的基本设想》是对过去工会改革实际经验的总结，是进一步推进工会改革的指导，是中国工会改革史上一个阶段性的成果。它主要有 10 个方面的内容。

第一，明确了工会的性质，指出中国工会是中国共产党领导的工人阶级最广泛的群众组织，是国家政治体制中重要的社会政治团体。

第二，规定了新时期工会的社会职能和工作方针，指出工会要在维护全国人民总体利益的同时，更好地表达和维护职工群众的具体利益，充分履行自己的维护职能、建设职能、参与职能和教育职能。

第三，明确了工会改革的目标是遵循党的纲领和路线，强调把中国工会建设成为中国共产党领导的，独立自主、充分民主、职工信赖的工人阶级的群众组织，在国家和社会生活中发挥重要作用的社会政治团体。

第四，规定了理顺工会和党的关系的原则是明确两者职能，使工会在党的领导下依照法律和章程独立自主地履行自己的社会职能，党对工会的领导是政治领导。

第五，规定了理顺工会与政府关系的原则是工会维护国家的政令统一，贯彻执行政府的政策法令，政府尊重工会的地位和法律赋予的权利，发挥工会民主参与和社会监督作用，使工会成为政府的亲密合作者和坚强的社会支柱。

第六，提出了增强基层工会活力的各项措施，指出工会要以群众的要求和意愿作为自己一切工作和活动的出发点，把工会建设成为职工信赖的“职工之家”。

第七，对改革工会的组织体制和活动方式作出了原则规定，提出工会组织制度要向联合制、代表制逐步过渡，工会的组织原则是产业和地方相结合，工会领导机关要转变活动方式，为基层、为职工服务。

第八，为工会干部人事制度改革指明了方向，即由党委主管、工会协管的体制，逐步过渡到工会按自己的章程和条例自行管理干部。

第九，规定了工会应当利用自身的优势，运用自筹资金和组织群众集资，举办为职工服务、为社会服务的各种经济事业。

第十，建议尽快修改《工会法》，有关法律法规应明确工会的权利和义务，以利于工会依法维护职工的合法权益。

1988年10月22日至28日，中国工会第十一次全国代表大会在北京人民大会堂隆重举行。中央领导同志在祝词中强调，工人阶级是我国的领导阶级，是推动社会发展和进步的强大力量；高度评价我国工人阶级在改革开放和社会主义建设中的巨大贡献和重要作用；充分肯定我国工会在团结广大职工投身改革和建设事业，促进国家经济繁荣和维护社会安定团结中的重要作用。祝词阐明了工会改革的原则和任务，指出在社会主义条件下，职工群众既有同其他社会成员共同的利益，即国家总体利益，也有自己的具体利益。强调要按照党的十三大精神，把以经济建设为中心，在维护全国人民总体利益的同时，更好地表达和维护职工群众的具体利益，作为我国工人运动和工会工作的一项基本指导原则，使工会更好地履行自己的社会职能。

倪志福同志代表全国总工会十届执委会向大会作题为《推进工会改革，团结亿万职工在全面深化改革中发挥主力军作用》的报告，提出了工会在全面深化改革中的方针和任务，即以经济建设为中心，立足改革全局，把发展生产力和维护职工利益结合起来，增强基层工会活力，实现工会的群众化、民主化，团结广大职工为建设有中国特色的社会主义而奋斗。为贯彻实施这一方针，要着重做好四项工作：一是发挥职工群众积极性，提高企业经济效益。二是参与协调社会矛盾，促进全面深化改革。三是推进民主政治建设，维护社会安定团结。四是加强精神文明建设，提高职工队伍素质。

第二章

工人阶级重获新生

改革开放以来，随着产业结构、所有制结构和社会分配关系的调整，国有企业转换企业经营机制和各项改革的深化，从计划经济体制向社会主义市场经济体制转变的步伐加快，我国社会发生了历史性巨变，这种变化广泛表现在经济生活、政治生活、社会生活的各个方面，包括从产品经济向市场经济的转化、从农业社会向工业社会的转化、从乡村社会向城市社会的转化、从封闭半封闭社会向开放社会的转化、从单一同质社会向多元化社会的转化、从伦理社会向法理社会的转化。与此同时，我国工人阶级队伍也发生了一系列新的深刻变化，在人数上迅速发展壮大，在工人阶级的内部结构、利益诉求上也发生了许多变化。

第一节　工人阶级队伍迅速发展壮大

在新的历史条件下，我国工人阶级作为一个阶级不仅依然存在，而且迅速发展壮大，形成了一支以中年职工为骨干、青年职工为主体的新一代工人阶级队伍。截至 1992 年底，我国工人阶级队伍的总人数已达 2 亿人左右，比 1978 年增长 1 倍以上。与此同时，我国工人阶级队伍内部差异不断扩大，主要表现在以下几个方面。

一是从企业所有制来看。全国城镇职工总数已达 14790 万人，在国有企事业、机关团体和城镇集体企事业单位，依然聚集着我国职工队伍的主要部分。其中，国有企事业和机关团体职工，约占全国职工总数的62%；城镇集体企事业职工约占全国职工总数的21%。

20世纪80年代后，随着家庭联产承包责任制的推行，一大批农村劳动力从土地上解放出来，从事工业、商业和服务业，使农村中集体的、个体的及私营的企业如雨后春笋般成长起来，在促进农村经济发展、农民收入增加、农民观念更新的同时，也为我国工人阶级队伍输送了大量新鲜血液。到1991年底，全国乡镇企业职工已达9600万人，比1978年的2800万人增长3.4倍。他们以货币工资为主要生活来源，基本脱离传统农业生产劳动，主要劳动时间集中在企业，从事具有一定规模的生产生活，已经基本上实现了工人阶级化。

随着我国经济体制改革的深入推进，个体经济和私营经济得到不断发展，1989年，国家工商行政管理局根据宪法和《私营企业暂行条例》，开始对私营企业的登记注册工作，当年共登记私营企业90581户，到1992年已发展到约14万户。伴随对外开放步伐的进一步加大，中外合资经营企业、中外合作经营企业、外商独资经营企业得到迅速发展，从1979年底到1992年底，我国已累计批准建立三资企业9万家，到工商局注册登记的全国实有外商企业84371户，仅1992年在各级工商行政管理部门登记注册的外商投资企业就有47891户，是1991年的3倍，实际使用外资为575亿美元。三资企业和私营企业的迅速发展，直接推动了其从业人员的产生和不断增长。到1992年，全国三资企业就业的职工人数约为500万人。特别是在改革开放步伐较大、市场作用发挥比较充分的东部地区，乡镇企业和私营企业发展最快，这一地区的乡镇和私营企业职工人数约占全国同类企业职工总数的一半。

乡镇企业的蓬勃发展

1984 年 3 月 1 日，中共中央、国务院转发农牧渔业部《关于开创社队企业新局面的报告》并发出通知，同意正式将社队企业名称改为乡镇企业的建议，规定乡镇企业应是乡办、村办、联户办和户办四个轮子一起转，并提出了发展乡镇企业的若干政策，以促进乡镇企业的迅速发展。1984 年到 1988 年是乡镇企业发展的黄金时期，乡镇企业开始走向世界，出口创汇逐渐成为乡镇企业发展的一个方向。也由于乡镇企业的快速发展和整个社会经济的急剧变化，这一时期还出现了一些典型的乡镇企业发展模式。

二是从职工产业和职业分布来看。职工队伍产业分布开始发生明显变化，第三产业职工增长幅度逐步提升，第一产业和第二产业职工增长幅度相对下降。

1992 年，城镇职工中从事第一产业的为 5.7%，从事第二产业的为 52.2%，第一、二产业职工所占比重分别比 1978 年下降了 3.6 和 0.4 个百分点；第三产业职工则由 1978 年的 38.1% 上升到 42.1%，提高了 4 个百分点。职工队伍职业分布以产业工人、技术人员和管理人员为主。根据 1992 年全国工人阶级队伍状况调查显示，由各类企事业单位和机关团体中的直接生产工人、辅助生产工人及从事服务性工作的体力劳动者组成的产业工人，是社会物质财富的直接生产者和主要创造者，约占全国职工总人数的 58%，仍是我国工人阶级队伍的主体部分。由各级各类部门中的科技人员、专业工作人员及其他中低层管理人员组成的专业技术人员，是工人阶级队伍中掌握科学文化知识较多、主要从事专业技术性活动和一般管理性活动的脑力劳动者部分，约占全国职工总人数的40%。专业技术人员当中，在企业工作的约占41.9%；在文化、教育、卫生、科研等事业单位工作的约占53%；在机关团体工作的约占5.2%。由企事业单位中的高级负责人员组成的管理人员，是企事业经济活动和其他行为的组织者、指挥者，掌握着企事业单位的经营决策权和生产指挥权，社会政治地位较高，其人数不足全国职工总数的2%。

三是从企业用工形式来看。改革开放初期，我国实行的仍是以固定工为主的用工制度。但随着改革开放进程中我国劳动用工制度、劳动工资制度和劳动保险制度等改革不断深化，用工和收入分配正由国家行为转变为企业行为。

20世纪80年代中期，我国开始探索实施劳动合同制。1983年2月，劳动人事部门下发了《关于积极试行劳动合同制的通知》，对劳动合同制进行试点，初步确定了劳动合同制的形式，并明确了用人单位和劳动者的权利及义务。1986年，国务院颁布了四项规章制度，完善了劳动合同制本身、雇佣程序、劳动保险、劳动纪律和管理者权利等方面的法律规定。同年10月1日，劳动合同制开始在全国范围内实施推广。用工制度改革，打破了我国劳动用工的单一固定制度，劳动就业市场逐步建立，企业自主用工、双向选择的格局正在逐步形成。1992年全国工人阶级队伍状况调查显示，合同制职工已占职工总数的16.6%。其中，在全民所有制企业，合同制职工占15.8%；在城镇集体企业，合同制职工占14.8%；在三资企业，合同制职工占47.9%。

同时，为了解决知识青年返城就业问题，逐渐出现“大集体用工”“小集体用工”“临时工”等用工形式。大集体是县和县以上部门举办的城镇集体所有制企业、事业单位，包括手工业合作工厂、大中城市、区和县属工厂等。这种企事业单位的生产资料和产品归市、县工业局、科管辖范围内的集体单位所有。小集体是街道办事处、劳动服务公司、全民所有制企业、事业单位举办的集体和群众自己组织的企业、事业单位，是城镇集体所有制单位的一种形式。政府允许大集体、小集体性质的企事业单位有权在国家计划指导和许可的范围内公开招工。“临时工”群体在改革开放初期开始出现，他们协助公安民警、城管执法人员，负责治安维护、交通管理、市容市貌维护等，但在这个时期“临时工”群体的规模很小。

第二节　工人阶级队伍文化技术素质不断提升

随着经济的发展和社会的进步，科学技术和劳动者的作用越来越突出。党中央高度重视发展职工教育，提高职工文化素质。1980 年，中央书记处多次讨论职工教育工作，提出要大力发展成人教育，并决定成立全国职工教育管理委员会，管理全国职工教育工作。1981 年 2 月，中共中央、国务院作出《关于加强职工教育工作的决定》，提出了新时期职工教育的方针政策、任务目标及一系列重大措施。1981 年 3 月，国务院在北京召开全国职工教育工作会议。

为了贯彻落实中共中央、国务院关于发展职工教育的一系列指示精神，恢复发展职工教育，1981 年 4 月，全国总工会召开全国工会系统职工教育工作会议。1983 年 4 月，全总在上海召开职工读书活动经验交流会。5 月，全国总工会向党中央报送《关于在职工中开展读书活动的报告》，向各级工会发出《关于在全国职工中开展读书活动的决定》。6 月，中央书记处批转全总报告。7 月，全总召开全国工会职工教育工作会议。各级工会坚决贯彻落实中央决定和全国总工会要求，大力发展职工教育，广泛开展了以青年职工为重点的业余文化技术培训，以“振兴中华”为宗旨的读书成才活动在全国蓬勃展开。职工教育的发展，使上千万职工在文化、技术等方面得到不同程度的提高，为四化建设事业培养了一大批生产业务骨干和技术人才。

一是文化水平提高幅度较大。1992 年全国工人阶级队伍状况调查显示，我国职工队伍中具有大专和大专以上文化程度的职工达 20. 1%，具有高中、中技、中专文化程度的职工达 40. 1%，具有初中文化程度的职工达 33. 7%，小学和小学文化程度以下的为 6%。与 1982 年和 1986 年调查时相比，大专和大专以上文化程度的职工所占比重分别提高了 15. 3 和 10. 4 个百分点；小学和小学以下文化程度的职工所占比重则分别下降了 17. 4 和 8. 1 个百分点。

从年龄来看，中年职工的整体文化程度要低于青年和老年职工。在 35 岁及以下的青年职工中，小学及以下文化程度的占 2. 1%，初中至中专文化程度的占 77. 6%，大专及以上文化程度的占 20. 3%，平均接受教育时间为 11. 86 年；在 36—50 岁的中年职工中，小学及以下文化程度的占 9. 9%，初中至中专文化程度的占 72. 7%，大专及以上文化程度的占 17. 4%，平均接受教育时间为 10. 83 年；在 51 岁及以上的老年职工中，小学及以下文化程度的占 12. 1%，初中至中专文化程度的占 56. 4%，大专及以上文化程度的占 31. 4%，平均接受教育时间为 11. 94 年。

按单位分类，在企业、事业、机关团体三类单位中，事业、机关团体中的职工文化程度明显高于企业单位职工。在企业单位所属职工中，小学及以下文化程度的占 7. 0%，初中至中专文化程度的占 82. 0%，大专及以上文化程度的占 11. 0%，平均接受教育时间为 10. 77 年；在事业单位所属职工中，小学及以下文化程度的占 3. 1%，初中至中专文化程度的占 54. 6%，大专及以上文化程度的占 42. 3%，平均接受教育时间为 13. 28 年；在机关团体单位所属职工中，小学及以下文化程度的占 1. 5%，初中至中专文化程度的占 42. 8%，大专及以上文化程度的占 55. 7%，平均接受教育时间为 13. 81 年。

从职业分布来看，在工人、技术人员、管理人员中，技术人员的平均文化程度最高。50.4%的技术人员文化程度在大专及其以上的水平，初中至中专文化程度的占48.5%，小学及以下文化程度的仅占1.1%，平均接受教育时间为13.98年，略低于大专文化程度所应有的接受教育时间。工人的平均接受教育时间为10.07年，文化程度大部分都集中在初中至中专这一水平上，占88.1%；近十分之一的人员还处于小学及小学以下文化程度，占9.2%；接受高等教育的人员比例还很低，仅占2.7%。管理人员的文化程度相对要比技术人员低一些，但明显要比工人的文化程度高，其小学及以下文化程度的占2.3%，初中至中专文化程度的占61.9%，大专及以上文化程度的占35.8%，平均接受教育时间为12.67年。

二是技术素质有较大提高。职工的技术等级和技术职称是衡量职工文化技术素质的一个重要尺度。企业改革以来，过去基本统一实行的"八级工"制度被逐步打破，许多企业自行制定了考核工人技术等级的标准。

八级工资制

八级工资制是企业工人实行的一种工资等级制度。由"工资等级表"、"工资标准"（工资率）、"技术标准"3部分组成。主要内容是：按照生产劳动的复杂程度和技术的熟练程度将工资分为八个等级。为了区别复杂劳动和简单劳动，不同工种按技术上的差别，分成若干种等级线，最高等级可以到八级；另一些技术比较简单的工种，最高的只能到四级或者五级。苏联从1926年起开始实行八级工资制。我国东北地区从1950年开始实行八级工资制，1956年全国企业工人都实行八级工资制。1985 年，我国开始在一部分国营大中型企业试行职工工资总额同企业经济效益按比例浮动的办法，各企业不统一实行八级工资制，而是根据情况确定自己的工资制度。

1992 年全国工人阶级队伍状况调查将工人大体分为技术工人和非技术工人两大类，调查显示，其中试用工（学徒工）占 4.4%，技术工人占 58.4%，非技术工人占 35.9%，技师占 1.3%。总体上讲，职工队伍中的技术工人占多数，技术素质较高，但非技术工人也还有一定的比例。技术人员和管理人员基本都具有相应的技术职称，其中技术人员中有初级职称的占 53.6%，有中级职称的占 29.5%，有高级职称的占 8.4%，未评定职称的占 8.1%，单位不评职称的占 0.4%。管理人员中有初级职称的占 42.7%，有中级职称的占 16.9%，有高级职称的占 2.1%，未评定职称的占 24.9%，单位不评职称的占 13.4%。

在调查中也发现技术人员、管理人员的技术职称评定中还存在一些问题，比如有些单位论资排辈，限制评定职称的名额，还有一些单位干脆不评职称，等等。这显然不利于调动技术人员、管理人员的积极性，不利于提高职工队伍的文化技术素质。

三是职工文化技术素质总体适应生产工作需要。我国工人阶级作为先进生产力的代表、社会主义现代化建设的主力军，以饱满的工作热情和主人翁精神在我国改革和建设中发挥了重要的作用。

以 1992 年为例，国民生产总值 70% 以上、国家财政收入 90% 以上，来自全国职工的劳动创造。我国经济建设和社会发展所取得的成就证明，职工队伍的文化技术素质是适应本职工作需要的。1992 年全国工人阶级队伍状况调查显示，认为自身文化技术素质与其所从事工作完全适应的职工占 20.3%，基本适应的占 61.2%，另有 6.7% 的职工认为自己的文化技术素质已经超过了本职工作的要求。

从不同的文化技术素质水平来看，文化程度、技术等级或技术职称越高，其适应生产工作需要的程度也就越高。从职工队伍内部构成来看，工人、技术人员、管理人员三种中基本适应、完全适应和超过工作要求的人员在各自总体中分别占85.5%、92.7%、90.5%，这种适应程度与三类人员各自具有的文化技术水平基本上是一致的。从企业、事业和机关团体三类三维的分组来看，职工基本适应、完全适应和超过工作要求的人员在各自总体中分别占86.8%、91.6%、92.9%，企业职工适应工作程度分别比事业单位、机关团体的职工低4.8个百分点和6.1个百分点。

但不可否认的是，职工队伍的文化技术素质与生产工作要求也有不适应的方面。在这次调查的总体职工中，认为自己的文化技术与本职工作不太适应的职工占9.5%，很不适应的占2.3%。职工的文化技术素质不能适应本职工作的原因主要有两个方面，一是职工本身的文化技术素质不高，二是劳动组织管理不够科学、合理，不能做到“人尽其才、物尽其用”。

四是职工学习文化技术的积极性普遍较高。1983年，中国科学院青少年研究所等单位对全国青年工人调查了解到，有44.5%的青年工人对“自己的知识太少了”感到非常苦恼，45.5%的青年工人表示非常迫切希望改善自己的文化学习状况。

上海市总工会1992年调查也表明，职工对学习技术有积极性或积极性很高的达到80.7%，无所谓和无兴趣等只有19.3%。根据1992年全国工人阶级队伍状况调查显示，对学习有积极性和积极性很高的占80.3%，无所谓的占11.5%，没兴趣和不太积极的占8.3%。

职工有较高的学习积极性，一方面印证了职工学习的实际状况是可信的，有一定现实依据。另一方面，这也说明广大职工能够适应形势的发展，适应改革开放的需要，在提高自身素质特别是文化技术素质方面有着较强的紧迫感和压力感。

在进行总体分析的同时，也应该看到职工学习存在不平衡的特点。从文化程度上看，文化程度较高的，学习积极性也相对较高，一般来说，职工文化程度与学习积极性呈正比关系。从职业上看，工人学习状况相对较差，参加技术业务培训的工人为46%，而技术人员为57.8%，管理人员为61.3%。从职工就业身份上看，在固定工、原固定工转为合同制工、合同职工、临时工和其他身份等不同就业身份职工之间，其学习状况表现出一定的差异，参加学习的职工的比例由高到低的排序是：其他身份、合同制工、固定工、原固定工转合同制工、临时工。从年龄上看，职工的年龄与学习状况成反比，即年纪越轻，学习状况越好。

第三节　工人阶级精神面貌积极向上

改革开放和发展商品经济的客观环境，迫切要求加强精神文明建设。1981年6月，党的十一届六中全会通过《关于建国以来党的若干历史问题的决议》，强调社会主义必须有高度的精神文明。党的十二大进一步把建设高度的社会主义精神文明确定为我国社会主义现代化建设的一个战略方针。1986年9月，党的十二届六中全会作出《关于社会主义精神文明建设指导方针的决议》，阐述了社会主义精神文明建设的战略地位和根本任务，强调要培育有理想、有道德、有文化、有纪律的社会主义公民。党的十三届四中全会以后，党中央多次作出加强思想政治工作的指示。在党中央的重视和领导下，思想政治工作得到有力加强，精神文明建设活动广泛开展起来。

加强职工思想政治工作，不断提高职工队伍政治素质，培养和造就一支有理想、有道德、有文化、有纪律的新型职工队伍，是新时期中国工会面临的一项重要任务。

1981 年 10 月，倪志福在全国总工会九届三次执委扩大会议上强调，要把加强思想政治工作贯彻于工会一切活动的始终，围绕建设社会主义现代化强国这个总任务，坚持不懈地进行四项基本原则的教育，建设一支为四化奋斗的，思想先进、技术熟练、纪律严明、团结协作的职工队伍；工会要教育和帮助职工树立马克思主义的世界观和共产主义的道德，把目前开展的“五讲四美”活动结合生产、结合本职工作不断推向深入。1982 年 4 月，全国总工会制定《全国职工守则》，号召全国职工将其作为共同遵守的道德规范和行为准则。7 月，党中央正式批转《国营企业职工思想政治工作纲要（试行）》。

五讲四美三热爱

1981 年 2 月，全国总工会、共青团中央、全国妇联等 9 个单位联合发出《关于开展文明礼貌活动的倡议》，向全国人民特别是青少年提出，开展以讲文明、讲礼貌、讲卫生、讲秩序、讲道德和心灵美、语言美、行为美、环境美为内容的“五讲四美”活动。中宣部、教育部、文化部、卫生部、公安部联合发出《关于开展文明礼貌活动的通知》，要求各有关部门支持全国总工会等 9 团体倡议，开展文明礼貌活动，把它作为当前建设社会主义精神文明的一件大事认真抓好。此后，这项活动又和热爱祖国、热爱社会主义、热爱中国共产党的“三热爱”活动紧密结合，形成了“五讲四美三热爱”活动。1983 年 2 月，党中央、国务院决定在中央和各省、自治区、直辖市成立“五讲四美三热爱”活动委员会。“五讲四美三热爱”活动的开展，对促进党风和社会风气好转起到了积极作用。

1983 年 1 月，全总会同中宣部、中组部、中央书记处研究室、国家经委等单位，在北京召开了新中国成立以来首次全国职工思想政治工作会议。会议广泛交流了思想政治工作的经验，根据改革精神，围绕思想政治工作如何为经济工作服务，新时期职工思想政治工作的内容、原则、办法，加强党对职工思想政治工作的领导和政治工作干部的培训等问题进行了认真深入的讨论。会议还讨论和修改了《全国职工思想政治工作纲要（试行)》。这是新中国成立以来，第一个比较全面系统地阐述企业职工思想政治工作的文件，它充分肯定了新时期职工思想政治工作的地位与作用。《纲要（试行)》的贯彻，加强了企业职工的思想政治工作，提高了职工的政治素质。

1985 年 11 月，全国总工会十届三次执委会议通过《关于在经济体制改革中加强城市工会工作的意见》，强调工会要抓好城市的社会主义精神文明建设。会议通过《团结奋斗，改革创新，为实现“七五”计划建功立业的决议》，号召工人阶级要有最远大的理想，成为有坚定的共产主义信念，脚踏实地地追求理想目标的先锋；有高尚的道德风尚，成为遵守社会公德，全心全意为人民服务的模范；掌握现代科学文化，成为尊重知识，学习知识，掌握和运用知识的表率；有严明的纪律，成为遵纪守法，维护良好的社会风气和社会秩序的中坚，以工人阶级的精神风貌去影响和改造整个社会，为实现社会风气的根本好转，保证改革的成功和四化建设的胜利作出历史贡献。

1990 年 1 月，全国总工会召开全国工会职工思想政治工作会议，交流工会职工思想政治工作的经验，研究讨论 1990 年及今后工会职工思想政治工作的任务，明确提出工会职工思想政治教育的内容体系，把工会职工思想政治教育的内容大体分为基础教育和形势政策教育、日常思想政治工作两个系列。2 月，中宣部、国家计委、全国总工会联合发出《关于在企业职工中进行基本国情与基本路线教育的通知》。

此后，“双基”教育由点到面，在全国逐步推开。1990 年 10 月上旬和 11 月下旬，中央宣传部先后在辽宁省沈阳市和广西柳州铁路局召开了北方片和南方片全国企业基本国情与基本路线教育座谈会，把“双基”教育工作推向一个新的阶段。

随着社会主义精神文明建设的开展，职工思想政治工作的加强，我国职工不断提高觉悟，坚定信念，精神面貌发生了明显变化，成为建设社会主义精神文明的主导力量。广大职工冲破“两个凡是”的束缚，逐步澄清十年内乱造成的思想混乱，加深了对党的路线、方针、政策的理解，对党的领导和祖国的前途更加充满信心，具有坚定的社会主义信念和高度的主人翁责任感、使命感。正如职工群众说的，回顾变化看路线越看越正确，回顾变化看中央越看越英明，回顾变化看四化越看越有希望。广大职工自觉地为振兴中华而读书求知，踊跃参加“五讲四美三热爱”活动，认真遵守《职工守则》，争当新时期的“合格工人”，从而增强了爱国主义精神、民族自豪感，提高了社会主义觉悟。

根据 1992 年全国工人阶级队伍状况调查显示，绝大多数职工对社会主义的认识，已经开始了从旧的传统模式逐步转到建设有中国特色社会主义理论上来，改革开放和社会主义建设事业必须有共产党的领导已经成为大多数职工的共识。广大职工在改革开放和社会主义现代化建设中，不断增强职业责任感，努力提高职业道德，学习掌握现代科学文化知识；积极参与社会生活管理和社会治安综合治理，自觉抵制腐朽思想和腐朽生活方式的侵蚀，勇敢投身扫除社会丑恶现象和消极腐败现象的斗争，涌现出许多讲究社会公德、助人为乐、见义勇为的生动事迹。

工人阶级的先进思想和时代风貌，对全社会的精神文明建设产生了广泛影响，起到了带头作用。特别是新一代工人阶级注重国家、社会和公众利益，崇尚爱国主义和集体主义，继承并发扬了我国工人阶级顾全大局、艰苦奋斗等优良传统。调查显示，在如何对待国家、社会、集体和个人利益之间的关系问题上，28.9%的职工表示应“以国家、社会、集体利益为重”，52.5%的职工希望“四者利益兼顾”，17%的职工提出“看具体情况而定”，只有1.9%的人明确表示要“以个人利益为重”。在如何对待某种危及国家、社会和公众利益的天灾人祸的问题上，有将近90%的职工表示可以尽自己的努力参与救助。当工作岗位急需、付出超额劳动而不增加荣誉和报酬时，90%以上的职工表示可以从大局出发，服从工作需要，其中近40%的职工表示“只要工作需要，不考虑个人利益”。

同时也要看到，改革开放特别是向社会主义市场经济转化的实践及外来文化的影响和冲击，使我国职工的价值观念发生许多新的变化，主要表现在以下几个方面：一是绝大多数职工的平等竞争意识初步形成，适应市场经济的要求，自觉增强生存、发展和参与竞争的能力，已经成为职工一种新的价值观。二是职工的经济利益价值取向明显增强，绝大多数职工越来越看重经济方面的利益。调查中，60%以上的职工表示，自己参加工作和从事劳动的主要目的是“干活挣钱”，“主观为自己，客观为社会”。三是职工的自我意识和追求自我实现的观念趋于强化，不少职工把自我价值的实现和个人致富直接联系起来，感到“真正依靠自己的能力、本领去追求富足的时代已经来临”。必须承认的是，职工群众追求经济利益和要求实现自我价值有它的积极意义。同时在变化中存在的一些消极因素，也并不影响新一代工人阶级积极向上的本质。

第四节　工人阶级切身利益进一步实现

邓小平同志在中国工会九大的致词中指出，工会是职工群众的重要代表者，要在维护国家和集体利益的同时，坚决维护职工群众的具体利益。这一思想为我国工人阶级切身利益的发展和维护提供了根本遵循。随着经济社会的发展，我国工人阶级生活总体水平明显提高，多数职工家庭生活有较大改善。1992 年全国工人阶级队伍状况调查显示，职工每月人均收入为 234. 2 元，职工家庭每月人均收入 148. 5 元，剔除价格因素，职工月平均收入比 1979 年增长了 1. 89 倍。工会组织在这一过程中，开展了大量工作，取得了明显成效。

一是积极参加分配制度和福利制度的改革，开拓引导职工勤劳致富的新领域。

“文化大革命”后，有些企业发生亏损使职工生活遇到困难，有些企业实行承包后忽视职工福利待遇。党中央要求工会要努力保障工人的福利。1979 年 7 月，全国总工会在北京召开全国工会职工生活工作经验交流会。1980 年 10 月，全国总工会发出《关于进行职工生活大检查的通知》，要求各级工会密切会同有关部门和企业行政，对职工生活工作认真地进行一次检查。1983 年 6 月，全国总工会向党中央报送《关于保证职工基本生活不受物价上涨影响的报告》。1984 年 4 月，全国总工会在天津召开全国小企事业单位生活福利工作经验交流会，积极解决小企业事业单位职工的生活福利问题，改善职工劳动和生活条件。各级工会带头贯彻党的富民政策，支持帮助职工落实各种形式的责任制，积极参加企业分配制度、福利制度的改革，调动职工的积极性，引导职工走勤劳致富的道路，同时也使工会工作从一般的关心群众生活，朝着引导职工逐步富裕起来的方向转变。工会在引导职工勤劳致富过程中，以多种形式帮助生活有困难的职工脱贫致富，同时还积极协助行政安排富余职工，努力使全体职工走上共同富裕的道路。

在积极参加分配制度和福利制度的改革中，各级工会都把寻求兴办职工集体福利新路，改善职工生活条件作为一项重要任务。根据中央领导同志关于工会要围绕着经济建设这个中心，多为企业和职工以及整个社会办好事、办实事，大力兴办为职工服务的第三产业的指示精神，1985 年以来，全总就工会兴办企事业问题开展调研。1985 年 1 月，全国工会财务工作会议提出，要兴办社会需要和能为职工解决实际困难的经营性服务事业和经济实体；10 月，全总会同国家经委等 5 个单位联合发出《关于工会兴办为职工服务的第三产业的通知》，就工会兴办第三产业的性质、范围及有关政策作出明确规定。1988 年，作为探索工会改革的一部分，全总成立课题组，围绕兴办经济事业开展调研，6 月印发《关于兴办工会企事业的意见》《关于县以上工会事业单位承包责任制的若干规定》，10 月印发的《工会改革的基本设想》强调“兴办经济事业”。1992 年 7 月，全总与国家工商局等联合印发《关于工会兴办企业若干问题的规定的通知》，8 月在上海召开第十一届十五次主席团会议，提出要积极兴办第三产业和其他企事业。

同时，积极组织职工开展生活互助活动，帮助职工解决实际生活困难。改革开放后，随着人民生活水平的提高，职工生活互助活动也呈现出一些新特点，即在广泛开展的基础上，有些单位已由分散活动向专业定点发展，由解决生活困难向美化生活发展；在经济互助上，由小互助会向大互助会，向发展互助经济事业方向发展，生活互助队伍也在不断扩大。

二是参加工资制度、劳动制度改革，维护职工切身利益。

各级工会大力宣传工资改革的意义、方针和政策，就企业内部分配方案向群众交底，参加工资改革的领导工作，参与工资改革方案的制定和实施。全国总工会还组织力量，对企业工资制度改革情况进行调查研究，对企业工资改革总体方案提出了建议，对解决工资方面的突出问题提出了意见。

在劳动制度改革中，重点是实行好劳动合同制。1986 年，全总开展调研，向党中央、国务院报送《关于企业工资制度改革的若干建议》。同年，工会参加《国营企业实行劳动合同制暂行规定》《国营企业招用工人暂行规定》《国营企业辞退违纪职工暂行规定》《国营企业职工待业保险暂行规定》等文件制定和实施的调研，与中宣部等部委联合印发《劳动制度改革宣传提纲》，12 月发出《关于工会积极推进劳动制度改革工作的意见》。为了使职工基本生活在物价上涨情况下不降低，1987 年，全国总工会经过调查研究，向中共中央、国务院提出《关于实行基本生活费用与相应的价格指数挂钩的建议》，受到中共中央、国务院领导的重视。

各级工会运用宣传阵地，采取多种形式，宣传劳动制度改革的重大意义和有关政策，消除职工的思想顾虑；举办培训班，为工会更好地参与劳动制度改革培养了一大批懂政策、懂业务的干部；参加调查研究，协助有关部门研究制定有关劳动制度改革的法规和实施办法，了解和解决劳动制度改革中出现的新情况和新问题，参加同级劳动争议仲裁委员会，做好劳动争议调解和仲裁工作。一些地方工会在基层建立了劳动争议调解委员会，主任由工会主席担任，在职工代表大会监督下进行工作。

三是加强工会劳动保护工作，保障职工身体健康和人身安全。

改革开放之初，十年动乱造成的企业管理混乱状态还比较严重，职工伤亡事故和职业病屡屡发生。为扭转这种状况，1978 年 10 月，党中央发出《关于认真做好劳动保护工作的通知》。1979 年 1 月，全国总工会发出《关于贯彻执行〈中共中央关于认真做好劳动保护工作的通知〉的通知》，重新颁发了《基层工会和车间工会劳动保护工作委员会工作条例（试行草案）》《工会小组劳动保护检查员工作条例（试行草案）》。9 月，制定《关于做好当前劳动保护工作的意见》，10 月与国家劳动总局等发出《关于调查女工劳动保护情况的联合通知》。1979 年 11—12 月，吉林省和天津市接连发生通化矿务局松树镇煤矿瓦斯爆炸、海洋石油勘探局“渤海二号”钻井船翻沉、煤气公司液化气罐爆炸等三起恶性事故，全总与吉林省总工会、天津市总工会积极参与调查处理工作。1980 年 4 月，全总与国家经委等 10 个部门联合发出《关于开展“安全月”活动的通知》，决定建立“安全月”制度。6 月，全总召开第三次全国工会群众劳动保护工作会议，这是“文化大革命”后工会为恢复劳动保护工作召开的第一次会议。中央书记处书记、国务院副总理万里到会讲话，要求迅速改变劳动保护问题多的局面，把安全生产、劳动保护工作恢复到历史最好水平。这次会议的召开，进一步明确了当前工会劳动保护工作的任务，推动工会劳保工作更全面、更迅速地恢复和发展。

“渤海二号”钻井船翻沉重大事故

1979 年 11 月 25 日，石油部海洋石油勘探局的“渤海二号”钻井船，在渤海湾迁往新井位的拖航作业中翻沉，死亡 72 人，直接经济损失达 3700 多万元。这是天津市、石油系统自新中国成立以来最重大的死亡事故。

事故发生后，天津市革委会组成调查组，对“渤海 2 号”钻井船翻沉事故进行了调查，全国总工会、国家经委、国家劳动总局等部门参与调查。1980 年 4 月 29 日，全国总工会、国家劳动总局向中共中央、国务院、最高检察院、中纪委报送《关于渤海二号钻井船翻船事故的处理报告》。《报告》指出，“渤海二号”事故是一起由于海洋石油勘探局的主要领导干部玩忽职守、不负责任、违章指挥造成的重大责任事故，必须严肃处理。

职业病防治工作也陆续得到恢复和发展。1985 年 2 月，全国总工会召开各省、自治区、直辖市总工会劳动保护部部长会议，讨论修改了《工会劳动保护监督检查条例》《工会小组劳动保护检查员工作条例》《基层（车间）工会劳动保护监督检查委员会工作条例》等3 个文件，并于同年 5 月印发。3 个《条例》的制定和颁布实施是我国劳动保护事业的一件大事，是工会劳动保护工作的一项基本建设，为在劳动保护工作中实行群众监督提供了依据。

四是加强工会劳动保险工作，解除职工的后顾之忧。

1980 年 4 月，全国总工会召开劳动保险工作会议，强调要根据国家有关政策法规，整顿和加强基层劳动保险工作；认真贯彻执行国家的劳动保险政策、法令，建立健全机构和制度；加强劳动保险的群众工作，加强对退休、退职职工的管理教育；继续做好职工疗养事业的恢复整顿工作。会议的召开，加快了恢复劳动保险工作的步伐，各行各业的劳动保险工作大为改观，各项制度基本得到恢复，有效地稳定了职工情绪，充分调动了广大职工的生产积极性，推动了工业生产的健康发展。

1985 年 4 月 6 日至 12 日，全国总工会在京召开生活保险工作会议，要求调动各方面积极性，多层次、多渠道地兴办多种形式的职工福利事业。在治理整顿中，各级工会把改革和完善社会保险作为稳定职工队伍、稳定大局的重要一环来抓，切实维护职工的切身利益。积极推动成立有权威的社会保险领导机构，统一研究制定政策，协调各方行动，推进各项保险经费的统筹工作，积极参与社会保险的立法和管理，监督法规的实施。

各级工会还组织职工发展群众性补充社会保险。据统计，1990 年全国基层工会劳动（生活）保险委员会有 6.3 万个，其中由工会主管劳动保险工作的有 5.6 万个，1.5 万名干部从事劳动保险工作，举办了 2.6 万期劳动保险干部培训班，培训 57.8 万人次。这些单位还开展了群众性补充保险工作，有 3.9 万个群众性补充保险组织、528 万人参加。在群众性补充保险组织中，死亡丧葬互助保险组织 1.4 万个，医疗互助保险组织 0.2 万个，退休养老互助保险和其他保险组织分别为 0.7 万个和 1.5 万个。

在劳动保险工作整顿的同时，工会所属的职工疗养事业也得到恢复和发展。全国建立职工疗养院、休养所 1221 个，有 12.2 万张床位，专职工作人员 3.6 万人，全年接待了 130 万名职工。工会劳动保险工作的发展，解除了职工的后顾之忧，保障了他们的切身利益。

第三章

工人阶级走向改革开放的舞台中央

在改革开放和现代化建设的伟大历史进程中，工人阶级意气风发地走向历史舞台中央，开拓进取、团结奋斗，为推进社会主义物质文明和精神文明建设、维护社会政治稳定作出了重大贡献。1993 年 10 月，中共中央政治局常委、书记处书记胡锦涛在中国工会十二大上指出，我国工人阶级不愧是同社会化大生产相联系的觉悟最高、纪律性最强的阶级，不愧是国家的领导阶级，不愧是推动社会进步的中坚力量，不愧是革命和建设的主力军。这一论述，高度评价了改革开放 15 年来我国工人阶级的历史地位和作用。

第一节　坚定支持、积极参加改革开放

改革开放是新时期最鲜明的特征，是国家走向富强、人民走向富裕的必由之路。在改革开放平稳起步、全面展开和有序推进阶段，我国工人阶级始终对改革开放表现出极大的热情和认同感，坚决支持改革，积极参加改革，适应并推动着改革开放不断迈上新征程，这是工人阶级最鲜明的特点，是阶级觉悟和阶级品格最集中的体现。

一、工人阶级高度认同，推动改革开放平稳起步

党的十一届三中全会之后，广大职工坚持学习党的十一届三中、

六中全会和党的十二大精神，联系我国在政治、经济、文化等各个领域取得重大胜利的实际，冲破“两个凡是”的束缚，逐步澄清十年内乱造成的思想混乱，加深了对党的路线、方针、政策的理解，对党的领导和祖国的前途更加充满了信心。

1982 年我国工人阶级状况调查显示，在鞍钢，赞成实行全党工作重点转移的占 90% 以上，赞成企业实行经济责任制的占 85% 以上，赞成实行对外开放政策的占 80% 左右，职工普遍反映党的十一届三中全会以来，党采取的路线、方针、政策实事求是、合乎规律、符合国情、顺应民意、效果显著。在一汽，绝大部分工人拥护党的十一届三中全会以来党的方针政策，要求改革，迫切希望国家强大，实现“四化”。

在解放思想的同时，全国工人阶级以高昂的热情，团结奋斗，努力发挥自己的聪明才智，在国民经济遭遇困难面前，广大职工以“国家有困难、我们来承担”的主人翁态度，坚决贯彻执行调整、改革、整顿、提高的方针，积极参加企业的整顿和经济体制的改革，广泛深入地开展社会主义劳动竞赛。

工交战线的职工，认真按照国家计划增产、限产或者转产，努力降低消耗，广开生产门路，发展花色品种，增产优质产品，提高劳动生产率，使许多企业转亏为盈，不少产品赶上了国际先进水平。基建战线特别是从事重点建设的职工，以“为四化献身，为人民造福”的创业精神，迎艰难，战险阻，使许多重点工程又快又好又省地建成投产，为 90 年代的经济振兴创造条件。财贸战线的职工以文明经商、创最佳服务为目标，在利民便民、促进城乡物资交流、保障供应、繁荣经济方面作出了新成绩。教育、科学、文化、卫生、体育战线的职工，在为四化建设培育人才，活跃群众文化生活，提高人民健康水平，增强人民体质，攀登现代科学技术高峰等方面，作出了显著成绩。广大退休职工，继续发挥作用，传授技能，热心公益，为四化建设作出了新贡献。“改变面貌，为国争光，从我做起，从本职工作做起”，正成为越来越多职工的自觉行动。

职工群众学习文化、科学、技术知识的积极性日益提高，群众性的合理化建议和技术革新、技术协作活动蓬勃兴起。从 1980 年到 1982 年，全国职工提出合理化建议 433 万件，攻破技术难关 1.6 万项。广大职工为恢复和发展国民经济、维护安定团结的政治局面和促进社会风气的好转作出了卓越的贡献。

二、工人阶级热情高涨，推动改革开放全面展开

党的十二大以后，以城市为重点的经济体制改革全面展开。在城市经济体制改革这场空前广泛而深刻的社会变革中，我国工人阶级的思想观念发生了很大的变化，对各项改革政策的心理承受能力有很大增强，对改革的认识层次比较高，是改革最热忱、最积极、最坚定的支持者。

1986 年中国职工队伍状况调查显示，广大职工中从理论上和实践上认为“改革符合马列主义理论，是一条具有中国特色的社会主义道路”和“强国富民的必由之路”的占 67%；从实践上认为改革是好的，但认识模糊，如认为“改革是社会主义原则，资本主义模式”和“经济效益好，但性质不清楚”的占 28%，可以看出，坚定拥护和基本上拥护改革的共占 95%。广大职工对改革的几项主要政策的评价也比较高。坚决拥护和基本上拥护开放政策的共占 93%；认为扩大企业自主权“可以增强企业活力”，“有利于搞活经济”的占 82%；认为改革企业的招工制度，实行合同制度是“有利于打破铁饭碗，促进技术进步”，“有利于加强企业管理，提高劳动生产率”的占 77%；认为允许和鼓励一部分人先富起来的政策是“先富带后富，有利于社会

进步，共同富裕”，“给勤劳守法致富提供了良好条件”的占60%；认为工资改革应当“贯彻按劳分配原则，纠正分配上的平均主义”，“赞成拉开档次，但不宜过大”的占68%。

1986年中国职工队伍状况调查

这是全国总工会第一次独立开展的工人阶级状况调查。这次调查是在我国城市经济体制改革全面展开的背景下进行的，主要是为了了解处在伟大变革中的工人阶级基本状况，为发挥工人阶级在改革和“两个文明”建设中的主力军作用，加强职工队伍建设和工会工作提供依据。

这次调查涉及全国519个企事业单位、80多万职工，是对全国职工队伍的状况进行了一次比较系统、全面的调查。根据调查所整理出来的文字资料，包括调查报告和谈话记录，共有5000余份，1000多万字，围绕改革以来职工队伍的思想观念、精神状态、生活方式发生的新变化、特点和规律，探讨如何进一步提高职工队伍素质，充分发挥工人阶级在两个文明建设中的主人翁精神和主力军作用这个主题。

调查分为8个专题：1. 改革与职工社会心理；2. 变革中的职工人生观状况；3. 职工的民主意识与企业的民主管理；4. 职工对党风和人际关系的评价；5. 职工物质、精神生活状况及发展趋向；6. 当代职工文化技术素质特点；7. 改革的新形势对职工思想的影响；8. 职工对工会的评价与期望。

调查着重探讨带有方针、政策性的10个问题：1. 工人阶级是改革的主力，坚定地拥护和支持改革，对改革必胜充满信心；2. 发展商品经济的新形势，给职工思想政治工作提出的新课题；3. 理想教育是造就工人阶级新一代的必修课；4. 贯彻按劳分配原则，调整好社会利益分配；5. 发展社会主义民主，尊重职工主人翁地位，保障职工的合法权益；6. 正确处理工人阶级内部矛盾，建立社会主义的新型人际关系；7. 树立具有时代特色的工人阶级形象，激励职工的积极性，发挥群体优势；8. 提高职工科学文化素质是两个文明建设的一项重要任务；9. 引导职工逐步建立文明健康科学的生活方式；10. 正视职工对工会工作的评价和要求。通过调查，得出了我国工人阶级坚定地拥护和支持改革，工人阶级是改革的重要力量，改革必须依靠工人阶级来推进的重大结论。

这一时期，我国工人阶级坚定地拥护和支持改革，首先是因为他们看到了党的政策使我国的政治、经济形势和社会生活充满生机和活力。广大职工面对 7 年来的现实，对新中国 30 年来在社会主义建设中“左”的错误造成的危害进行了反思，认识到党的工作重点转移到经济建设上来是英明正确的。有的职工形象地说道，“解放初期是银子时代，‘文革’时期是破铜烂铁时代，现在是黄金时代”。调查中职工普遍认为形势好的标志：一是政治形势好。现在是领导愿意听真话，群众敢讲真话，这是形势大好的重要标志。二是经济形势好。生产发展，市场繁荣，物质丰富，人民群众感到由衷的高兴。调查显示，认为形势总的是好的共占 97%。

其次是因为改革给职工带来了实惠，生活得到了明显改善和提高。调查显示，认为自己家庭生活与 1979 年相比“提高很多”“有所提高”的占 83%。从职工家庭人均收入来看，家庭人均月收入在 25 元以下的困难户由 1979 年的 37% 下降到现在的 9%；50 元至 70 元的由 8% 上升到 29%；60 元以上的由 4% 上升到 21%。城乡改革给职工生活带来的变化，极大地激发了职工群众对改革的热情，对党的深情，对实现四化的信心。

广大职工坚定地拥护和支持改革是本质和主流，同时，调查也显示部分职工对改革认识还存在模糊性和不确定性，集中反映在对改革各项政策认识的不平衡上。如认为改革是“资本主义的模式”和“性质不清楚”的占28%，对允许和鼓励一部分人先富起来持否定态度的达38%。部分职工对改革认识的模糊性和不确定性，反映出改革的复杂性和艰巨性。解决部分职工对改革的模糊认识，提高其自觉性，一方面，要靠改革的实践，使改革的政策和措施不断完善，使改革的成果对消除职工的思想疑虑和旧的观念具有雄辩的说服力。另一方面，要紧密结合改革的实践，对广大职工系统地进行关于建设具有中国特色社会主义的基本理论、基本政策的教育。

三、工人阶级识大体、顾大局，推动改革开放有序推进

党的十三大确定的党在社会主义初级阶段的基本路线和方针政策，推动改革开放事业继续前进。我国工人阶级对建设有中国特色的社会主义保持积极态度，对贫穷落后的“社会主义”已经厌弃，普遍拥护我国改革开放基本国策。

1992年全国工人阶级队伍状况调查显示，90%以上的职工对我国十几年改革开放的成果作出了“很好”和“比较好”的评价，其中，认为十几年来改革开放“很好”的占21. 1%，认为“比较好”的占69. 5%。对于进一步加大改革力度，扩大对外开放，使国民经济再上一个新台阶的战略思想，85%以上的职工表示赞成或比较赞成。对于“通过一部分先富起来，最后达到共同富裕”，“一切方针政策和法律法规，都应为发展经济和改革开放开绿灯”，“只要有利于发展经济，各种所有制都可以存在”，“学习外国一切先进的技术、管理、文化、科技，为发展生产力服务”等一系列改革开放的政策、措施，表示了

较大程度的认同。

随着分配制度、福利制度、工资制度、劳动制度改革的不断推进，在极大地调动工人阶级积极性的同时，也对一部分职工群众的利益造成了影响。调查显示，我国大多数职工已经提高了对于改革的适应度和心理承受能力，能够从大局出发，承担改革大潮可能给个人带来的暂时经济损失，甚至可以为改革作出必要的牺牲。特别是一些亏损企业和停产半停产企业职工，承受新旧体制交替过程造成的后果，付出了很大代价。即使如此，职工群众仍然表现出了识大体、顾大局的可贵精神，经历和经受了改革中利益调整的考验。职工在回答“如果一些改革措施触及个人既得利益你采取什么态度”这一问题时，43.2%的职工表示“只要对改革大局有利就支持”；32.7%的职工表示“只要经济上能承受就支持”。大部分亏损、停产半停产的企业职工坚信：坚持改革开放，加快改革开放步伐，一定会给职工群众带来更大、更久远的利益。

市场经济发育程度不同地区的职工，以及不同年龄段、不同文化程度和不同职务的职工，对改革开放的支持率、适应度和心理承受能力有所不同。调查发现，广东省职工比陕西省职工对十几年改革开放的肯定性评价高出11个百分点；对“加大改革力度，扩大改革开放，把国民经济推上一个新台阶”的肯定性评价高出13.4个百分点。一般来说，改革开放经历时间长、力度大，人民从改革开放中得到的实惠相对较多地区的职工，对改革触及个人既得利益时所持的积极态度，也优于其他地区职工。中年职工和青年职工比较注重改革带来的实际利益和物质实惠，老年职工则比较多地表示了对长远利益的关注。职工的文化程度同他们对十几年改革开放的肯定性评价呈正相关关系。如果将职工的职业身份按“工人—专业技术人员—管理人员”排序，那么各部分职工对改革开放的肯定性评价也呈循序上升的趋势。

综合来看，我国工人阶级作为中国社会中力量最集中、觉悟和组织程度最高、掌握现代化科学文化知识较多的阶级，是推动改革开放的强大动力。他们对改革开放表现出极大的热情，坚信四项基本原则是立国之本，改革开放是强国之路。他们解放思想，勇于开拓，始终站在改革开放的前列，正确认识改革开放中出现的各种新事物、新问题，迎着困难前进，保证了改革开放的顺利进行。在他们身上，既继承了工人阶级的优良传统，又注入了新的品格，体现着鲜明的时代特征。这种变化，总体上是与改革开放潮流相适应的，充满着蓬勃的时代气息和社会进步意义。我国工人阶级在推进改革、扩大开放中的功绩，已经永载史册。

第二节　促进社会主义现代化建设

党的十一届三中全会以来，在党的基本路线指引下，我国工人阶级以高度的主人翁精神和历史责任感，艰苦奋斗、忘我劳动，积极投身“为四化立功”和“双增双节”等各种形式的社会主义劳动竞赛，广泛开展合理化建议、发明创造、技术革新和技术协作活动，为国民经济发展、社会主义现代化建设事业作出了重大贡献。倪志福同志在中国工会十一大上的报告中指出，国民生产总值的70%以上，国家财政收入的90%以上，来自全国职工的劳动创造。

一、广泛开展增产节约运动

党的十一届三中全会后，为了紧跟全党全国工作重心的战略转移，全国总工会于1979年2月召开第九届第二次常委（扩大）会议，作出了《加强安定团结，广泛深入地开展增产节约运动的决议》。10

月，全国总工会九届二次执委扩大会议总结前 8 个月增产节约运动开展的情况和经验，提出要进一步开展以高产、多品种、低消耗和安全生产为主要内容的增产节约劳动竞赛，形成一个人人为四化争作贡献的热潮。

各级工会积极响应号召，以多种行之有效的形式组织职工开展增产节约运动。一是开展形式多样的劳动竞赛，主要有小指标百分赛，短程的、单项指标的竞赛，同行业、同产品、同工种的厂际竞赛等，取得了很好的效果。二是广泛开展技术协作和技术表演交流活动，提高职工的技术操作水平，解决生产技术关键问题。三是开展质量月和群众性质量管理小组活动，提高职工的质量意识，推动产品质量、工程质量和服务质量水平的提高。四是加强班组建设、开展创先进班组活动。多种活动形式的运用，增强了增产节约运动的吸引力、活力和创新力，并取得显著成效。

广大职工以高度的主人翁责任感和极大的热情投身于增产节约运动，努力为四化建设献计出力。电力系统广大职工继承50 年代的优良传统，在中国水电工会的号召和组织下，围绕增产节约，广泛开展了小指标劳动竞赛活动；轻工系统自行车行业的广大职工，恢复传统，在轻工业工会全国委员会和国家轻工业部联合组织下，上海、天津、青岛、沈阳、广州、无锡等 6 市 8 个类型相同、设备相仿、产品相近的自行车厂开展以质量为重点，以产量、质量、品种、成本和利润 5 项指标为基本内容的厂际竞赛，力争实现全国全年总产量达到 1000 万辆的目标；全国机械行业的职工，以提高产品质量、降低消耗、增加盈利为主要内容，广泛开展“百条龙”同行业厂际竞赛，据统计，仅 1979 年上半年，组织起来竞赛的就有 63 个行业，649 家工厂，此外还在同行业厂重点部门的同工种之间开展竞赛，广泛开展了学习大庆、赶马恒昌小组、创产品质量信得过班组活动；在全国总工会和国家建委的倡导下，基建系统的职工广泛开展了创造“全优工程”和实行“全优综合超额奖”竞赛活动。上述这些广泛开展的增产节约和劳动竞赛活动，调动了各个行业广大职工的生产积极性和创造性，大大提高了这些行业的产量、质量、品种和效益，降低了原材料消耗，节约了成本，为国家经济的恢复发展起到了积极促进作用。

从1979年底起，在湖南、四川等地的职工中兴起了以增产节约为中心内容的立功竞赛活动。1980年4月，全国总工会在北京召开了九届常委第四次（扩大）会议，认真分析了上述形势，高度评价了职工群众的首创精神，并深入研究了开展为四化立功活动问题，作出了《动员职工为四化立功，深入开展增产节约运动，迎接党的十二大召开的决议》。会议要求，各级工会组织要坚决支持职工群众开展为四化立功活动，动员全国职工掀起一个人人为四化立功、争当先进的热潮，进一步推动增产节约运动的深入发展。不久，中共中央办公厅根据中央书记处的指示，将全国总工会九届四次常委（扩大）会议的《决议》转发各地，要求各地党委指导所属工会组织和职工群众，结合本地区、本部门、本单位的具体情况切实执行。这为增产节约运动的发展进一步指明了方向，注入了新的活力，使增产节约运动进入为四化立功运动的新阶段。

湖南省广大职工积极响应全国总工会号召，广泛开展为四化立功的增产节约运动。较短时间内，全省就有64%左右的企业开展了这项运动。其中株洲、湘潭等市则达80%以上。重庆市的工交、基建和国防工业系统广泛开展了立功创模活动。重庆长安机械厂结合生产、技术和管理实际订立立功创模标准，把物质奖励和功臣荣誉结合起来，调动了广大职工为四化立功的积极性。1980年，全厂8000多名职工中，有1126人立功受奖，其中282人立功两次以上，有51个班组荣立了集体三等功。立功创模活动的开展，使这个连续亏损5年的企业，第一次有了盈利。在辽宁省，开展了岗位立功、攻关立功、质量安全立功、悬赏立功、节约竞赛立功、将帅立功、帮教立功等多种形式立功竞赛活动，充分调动了广大职工群众的积极性和创造性。天津市百万职工发扬主人翁精神，开展“每人多贡献一千元”活动，取得显著成果。这项活动是由天津轧钢一厂职工发起的。在轧钢一厂带动下，冶金局系统6万多职工积极投入这一运动，1981年1月至9月，其实现利润19000多万元，完成年计划的82%。

在增产节约、为四化立功运动中，职工的合理化建议和技术协作活动也十分活跃。哈尔滨市广大职工从1979年起，广泛开展了年内提10万件合理化建议、完成5万项技术革新、推广1000项先进技术经验的活动。1980年，全国各地开始把提合理化建议、革新和推广新技术作为立功的主要内容，开展群众活动。吉林四平地区7个市县在立功活动中，共提出有重要价值的合理化建议45042项，实现技术革新1584项，新工艺59项，改造设备75台，有力地推动了企业的技术改造。

据1981年的统计，全国广大职工共提出合理化建议130.9万多件，其中被采纳的有79.6万多件，取得效益的有64.9万多件。全国已建立起各级职工技术协作组织17600个，技术交流站（馆）157个，专业交流队11000多个，拥有队员105700多人，全年推广先进技术2800多项，攻破技术关键5900多项。实践证明，职工合理化建议和技术协作活动的开展，不仅广开了生产门路，提高了经济效益和产品竞争能力，而且促进了技术革新和技术革命。

增产节约和为四化立功运动的广泛开展，使各行各业涌现出大批先进人物。为表彰先进，推广经验，1979年9月和12月，国务院先后两次举行授奖仪式，表彰了工业、交通、基本建设战线的全国先进企业和全国劳动模范，表彰了财贸、教育、卫生、科研战线全国先进单位和劳动模范。1981 年，全国共评选出先进生产（工作）者 977.9 万多人，评选出先进集体 110.8 万个，其中先进班组 82.1 万个。这是社会主义劳动竞赛结出的丰硕成果。

“新时期铁人”王启民

王启民，1937 年 9 月出生，浙江湖州人。1961 年 8 月毕业于北京石油学院，大学文化。20 世纪 60 年代，他提出的“高效注水开采方法”，打破了当时国内外普遍采用的“温和注水”开采方式，开创出中低含水阶段油田稳产的新路子。20 世纪 70 年代，他主持进行的“分层开采、接替稳产”开发试验，使水驱采收率提高了 10% 至 15%。20 世纪 90 年代，他组织实施的“大庆油田高含水期稳油控水系统工程”结构调整技术，创立了油田高含水后期“控液稳产”的新模式。王启民参加并组织了 40 多项科研攻关课题和大庆油田“七五”“八五”“九五”开发规划编制研究等工作，多次获得国家科技进步奖，为大庆油田创造了巨大的经济效益。

“宁可把心血熬干，也要让油田稳产再高产”，“只要有油，我姓啥都行”，“肥的瘦的都吃没了就剩骨头了，怎么办？我们就千方百计把它做成排骨，成道好菜”，“老铁人是艰苦创业，我们科技工作者要艰苦创新”……这些人们耳熟能详的话都出自王启民口中，体现的是新时期石油科技工作者的精神风貌，展现了工人阶级的优秀品质。1997 年 1 月，他被中国石油天然气总公司党组授予“新时期铁人”荣誉称号。2009 年 9 月，他被评为“100 位为新中国成立作出突出贡献的英雄模范人物和 100 位新中国成立以来感动中国人物”。

国民经济的调整和增产节约运动的开展，使我国国民经济出现了前所未有的好势头。1980 年，在能源生产下降 2.6% 的情况下，工业总产值仍增长 8.4%，其中轻工业增长 17.4%，大大超过重工业增长 1.6% 的速度。100 种主要工业产品有 83 种完成和超额完成了计划，其中 42 种产品增长 8% 以上。我国工业生产在调整中实现了稳步增长。这是我国工人阶级和广大工会工作者在增产节约和为四化立功运动中所作出的重要贡献。

二、深入开展劳动竞赛、技术协作、技术革新和合理化建议活动

工会十大以来，各级工会坚持以经济建设为中心，把发展生产力同维护职工利益结合起来，围绕改革和建设，动员和组织广大职工广泛深入开展劳动竞赛、技术协作、技术革新和合理化建议活动，并适应改革的要求，不断探索创新，使其具有鲜明的时代特色。

第一，劳动竞赛逐步从传统型向现代型转变。面对新形势，各级工会对劳动竞赛进行改革，推动竞赛由传统型向现代型转变，表现出以下明显特征：一是普遍把提高经济效益作为竞赛的目标和内容，广泛开展了扭亏增盈、创最佳效益的劳动竞赛活动；二是普遍把促进企业技术进步、改善经营管理作为竞赛重点；三是劳动竞赛与承包经营责任制相结合，推动生产发展；四是劳动竞赛体现了物质文明与精神文明相统一，提出了“两个文明一起赛，两个成果一起拿”的口号，使劳动竞赛出现了新的好势头；五是劳动竞赛引入了先进的科学管理方法，提高竞赛的效益；六是竞赛奖励体现物质鼓励与精神鼓励相结合的原则，既使先进人物在政治上光荣，又保证他们在物质上多劳多得；七是评选先进重实绩、讲贡献。

第二，职工技协从无偿的传经送宝，向适应技术商品化、开拓技

术市场的要求转变。1982 年成立中华全国职工技术协作委员会，推动职工技协活动向更广阔领域、更高层次发展。1985 年 3 月，全国职工技协一届三次会议提出技协活动由无偿服务变为有偿服务后，职工技协组织发展更为迅速。全国各级技协组织围绕提高经济效益，大力开展技术攻关、技术交流、技术培训活动，成效显著。据统计，1983 年，全国技协组织攻克技术关键 1.5 万项，推广新技术 1.1 万项。1984 年至 1987 年，全国总工会根据中央指示精神，组织能工巧匠、工程技术人员和有专长的退休职工，有计划地开展地区间的技术交流活动。

第三，职工合理化建议和技术革新从窄领域、分散型向宽领域、集中针对型转变。1985 年“五一”国际劳动节期间，参加“五一劳动奖章”授奖大会的代表向全国职工发出《广泛开展合理化建议、技术革新活动》的倡议书，得到全国职工的热烈响应。据全国总工会有关部门统计，1985 年全国 29 个省（区、市），职工共提出合理化建议和技术革新 975 万件，比 1984 年的 494 万件增长近 1 倍；采纳件数由 1984 年的 229 万件增加到 453 万件，这些革新建议的实施创造了显著的经济效益。据北京、天津、上海等 40 个城市的统计，1985 年共提出合理化建议和技术革新 358 万多件，采纳 152 万多件，实施 103 万多件，能直接计算的节约和创造价值 41 亿余元。职工合理化建议和技术革新活动，不仅给企业、国家带来了巨大的经济效益和社会效益，而且对改善经营管理、增强企业活力、促进两个文明建设起到重要作用，体现了广大职工当家作主的主人翁责任感和致力于四化建设的献身精神。

三、为实现“七五”计划建功立业

1985 年 9 月，党的全国代表会议通过了《中共中央关于制定国民经济和社会发展第七个五年计划的建议》，确定“七五”期间争取基本上奠定有中国特色的新型社会主义经济体制的基础，大力促进科学技术进步和智力开发，不断提高经济效益，使1990年的工农业总产值和国民生产总值比1980年翻一番或者更多一些，使城乡居民的人均实际消费水平每年递增4%—5%，使人民的生活质量、生活环境和居住条件都有进一步改善。“七五”计划建议的提出，为我国今后5年国民经济和社会发展规划了宏伟的蓝图，为我国工人阶级和全国人民指明了奋斗方向。

为了贯彻落实党的全国代表会议精神，全国总工会于1985年11月9日至14日在北京召开了十届三次执委会，通过了《团结奋斗，改革创新，为实现“七五”计划建功立业》的决议。决议要求，全国职工一定要站在改革的前列，为改革创造良好的经济环境和社会环境，使改革顺利展开，为基本奠定新的经济体制的基础作出重大贡献；一定要为加强重点建设、技术改革和智力开发，在物质技术条件方面为90年代经济和社会的继续发展准备必要的后续能力进行勇敢拼搏；一定要尽职尽责，积极发展生产，为使人民生活继续有所改善，使全体社会成员逐步走上共同富裕的道路而努力工作。在全国总工会和各级工会的号召和组织下，广大职工迅速掀起为实现“七五”计划建功立业的热潮。

一是劳动竞赛高潮迭起。湖南省总工会组织全省工交系统130万职工开展声势浩大的献计策、搞革新、出大力、创水平活动，实现年产值300亿元立功大竞赛。江苏省在开展为“七五”计划建功立业活动中，围绕国家在本省的13项重点工程项目高质量、高效率地完成了“确保重点项目建设”13条横向协作立功竞赛活动，取得了可喜成果。机械、水电行业的职工也开展了大规模的联合立功竞赛活动。电力建设是“七五”计划的重点建设项目，处于能源建设的首位。1986年，为了确保年内500万千瓦发电机组的安装投产和600万千瓦发电机组制造任务的完成，在全国总工会的主持下，中国机械冶金工会、水利电力工会与机械工业、水电两部于同年5月13日开展了确保电站建设联合立功竞赛，发动机械、水电两个系统的广大职工、工程技术人员、干部投入到以保质量、保工期、比效率、比协作为主要内容的立功竞赛活动之中。为了保证工程进度，广大职工夜以继日地奋战在工地，有的工人放弃了70多个休假日没有休息；有的厂方代表舍家忘我，常年坚守在工地岗位上，保证设备安装的顺利进行，问题得到及时解决。广泛开展的立功竞赛活动取得丰硕成果。仅据江苏省1986年的统计，全省职工在竞赛中增创经济效益达13亿多元，有23万人立了功。竞赛活动创出了我国“七五”计划第一年工业生产的开门红。1986年全国全年工业生产比上年增长8.7%，超过党中央、国务院提出的“保七争八”的奋斗目标。其中，轻工业增长9%，重工业增长7.7%，轻重工业比例协调。特别是能源产量不断增长，电力发电量增长达9.5%，超过其他产值增长幅度。

二是“双增双节”持续深化。1987年2月，全国总工会发出通知，要求各地工会、产业工会动员广大职工广泛开展“双增双节”运动，做到与加强职工思想、政治工作相结合，同深化改革相结合，与兑现《合理化建议奖励条例》相结合，与加强企业管理相结合，与关心职工生活相结合。仅据河北、黑龙江、吉林、山西、山东5省1987年的统计，通过劳动竞赛形式实创“双增双节”价值达58亿多元。另据22个省、自治区、直辖市26万个单位的统计，围绕“双增双节”开展合理化建议活动，能直接计算的年节约或创价值达160亿元，比上年增加25亿元，增长18.5%。

三是班组建设大大加强。在广泛开展为“七五”计划建功立业和“双增双节”运动中，各级工会都十分重视加强企业班组建设，努力使企业的“细胞”具有强大的生命力，把班组建设提高到新水平。1985 年 9 月，全国总工会发出《关于加强企业班组建设的通知》，要求各级工会充分发挥在班组建设中的作用，切实把班组整顿好、建设好，促进企业改革的深入发展，加速社会主义四化建设。1986 年 4 月，全国总工会再次发出通知，要求各级工会组织企业班组广泛开展创合格班组、信得过班组、先进班组升级竞赛，把全国班组建设提高到一个新的水平。1986 年 9 月，全国总工会、国家经委联合召开新中国成立以来首次全国班组工作会议及表彰大会，表彰了 296 个全国先进班组和 119 名先进班组长。会后，全国总工会、国家经委等单位联合发出了《关于加强工业企业班组建设的意见》和《关于加强企业班组长培训工作的意见》，标志着我国班组建设工作进入了一个新阶段。1987 年 8 月，全国总工会、国家经委等单位在北京举行全国首次班组建设优秀成果发布会，检阅了在为实现“七五”计划建功立业和“双增双节”运动中班组建设的新成果。在这次评选中，全国有 65 个班组的优秀成果当选，其中有 36 个班组代表应邀在会上发布了自己的班组建设成果，显示了巨大社会效应，引起了强烈反响。

四是工会技术扶贫工作开新篇。在广泛开展为“七五”计划建功立业和“双增双节”运动的同时，全国总工会从扶贫工作的重要战略意义出发，组织各级工会和广大技协人员，发扬工人阶级勇于改变祖国落后面貌和助人为乐的高尚风格，到边远贫困地区去，开展了技术扶贫工作。从 1985 年起，全国总工会就组织力量先后到贵州、云南、广西、宁夏、内蒙古等地区做贫困县调查研究工作。1986 年 9 月向各省、自治区、直辖市总工会下发了《关于向贫困地区支援能工巧匠若干问题的通知》，同时于同年 7 月和 1987 年 3 月分别在贵阳、银川两次召开技术扶贫工作会议。1988 年“五一”节前夕，全国总工会通报表扬了在开展技术扶贫工作中作出突出贡献的江苏、浙江、黑龙江、湖北、湖南、福建和上海等省市总工会。

1989 年下半年以来，各级工会和广大职工群众认真学习贯彻中央精神，落实全国总工会一系列工作部署，广泛开展“双增双节”活动，在治理经济环境、整顿经济秩序、深化改革中发挥了主力军作用，从而保证了国家“七五”建设计划的胜利完成。“七五”期间国民生产总值年均增长 7.8%，国民收入年均增长 7.5%，都超过“七五”计划的要求。人民生活水平进一步提高，科技、文教事业有新发展，国防实力进一步增强，全国人民的温饱问题基本得到解决。“七五”计划的完成，标志着中国社会主义现代化建设又走过了一个重要发展阶段，为在 20 世纪末实现第二步战略目标奠定了坚实基础。

四、为实现“八五”计划奋力拼搏

1990 年 12 月召开的党的十三届七中全会，审议通过了《中共中央关于制定国民经济和社会发展十年规划和“八五”计划的建议》，向全党和全国人民提出了走向 21 世纪的奋斗目标。

《建议》提出，今后十年要实现现代化建设的第二步战略目标，把国民经济的整体素质提高到一个新水平。其基本要求是：在大力提高经济效益和优化经济结构的基础上，国民生产总值比 1980 年翻两番，平均每年增长 6% 左右；全国人民生活从温饱达到小康水平；发展教育事业，推动科技进步，改善经营管理，调整经济结构，加强重点建设，为下个世纪初叶中国经济和社会的持续发展奠定物质技术基础；初步建立适应以公有制为基础的社会主义有计划商品经济发展的、计划经济和市场调节相结合的经济体制和运行机制；社会主义精神文明建设达到新的水平，进一步健全社会主义民主和法制。《建议》成为指引全党、工人阶级和全国人民行动的伟大纲领，赋予了工人阶级新的光荣而艰巨的历史责任。

1991 年是从 1989 年起开始的三年治理整顿的最后一年，也是实施“八五”计划的第一年，为了使前一项任务胜利完成、后一项任务有一个良好开端，国务院作出决定，当年在全国范围内开展一个“质量、品种、效益年”活动，要求所有企业及机关团体，都要提出明确的目标，制定切实可行的措施来落实这一活动。

为了贯彻落实国务院决定精神，组织全国广大职工广泛开展“质量、品种、效益年”劳动竞赛活动，1990 年 12 月 10 日，全国总工会在北京召开第十一届三次执委会议，号召组织全国职工广泛深入地开展以“质量、品种、效益年”为主要内容的社会主义劳动竞赛，把合理化建议和发明创造活动推向新阶段。各级工会积极响应全国总工会号召，动员组织职工积极投入“质量、品种、效益年”劳动竞赛活动，努力为实现“八五”计划献计出力、建功立业。各行各业的广大职工千方百计提高产品质量，改进产品性能，开发新产品，增加适销对路的品种，降低能源、原材料消耗，疏通销售渠道，加快资金周转，深入开展“双增双节”，努力提高经济效益。

在广泛开展“质量、品种、效益年”劳动竞赛中，广大职工充分发挥创造精神，大搞技术革新、技术发明和技术协作，促进企业的技术改造和技术进步。通过提倡领导干部、工人、工程技术人员三结合和工厂、大专院校、科研单位三结合，不断提高合理化建议和创造发明的质量，加快了科研成果向生产转移的速度。据 16 个省、自治区、直辖市的统计，1991 年仅 1— 9 月职工共提出合理化建议 887 万多件，实施了 226 万多件，创造价值 64 亿元。全国各级技术协作组织围绕质量、品种、效益，共攻破技术关键项目 18. 9 万多项，创造经济效益 39 亿多元。在广泛开展的“质量、品种、效益年”劳动竞赛活动中，涌现出一大批劳动模范和先进集体，展示出工人阶级的优良品质和时代风貌。“质量、品种、效益年”劳动竞赛的成功开展，为工人阶级和工会在“八五”期间建功立业开了一个好头。

第三节　在治理整顿、维护社会政治稳定中发挥中流砥柱作用

1988 年 9 月召开的党的十三届三中全会，提出了治理经济环境、整顿经济秩序、全面深化改革的指导方针和政策措施，确定其后两年要把改革和建设工作的重点，坚决地、突出地放到治理经济环境和整顿经济秩序上来。中央强调，这一重大决策的实施，要依靠职工群众的积极性，努力参加到推进深化企业改革，提高经济效益的决定性任务中去，依靠职工群众，全力支持并参加到反腐败的斗争中去，克服社会和经济生活中的各种消极现象。我国工人阶级和工会一方面坚定不移地积极参加和支持治理整顿工作，另一方面为化解社会矛盾、维护社会稳定发挥重大作用，显示了工人阶级和工会组织的强大力量。

1989 年 7 月，全国总工会十一届三次主席团（扩大）会议作出《动员全国职工深入开展“双增双节”运动》的决议，各级工会响应决议号召，充分发动和依靠广大职工群众，坚持抓好增产节约、增收节支工作，深入开展了以“双增双节”为主要内容的社会主义劳动竞赛。

广大职工以广泛深入开展“双增双节”和合理化建议活动的实际行动支持和参加治理经济环境、整顿经济秩序、深化改革，显示了独特作用。紧紧围绕提高经济效益、增加有效供给这个中心，在调整产业结构、改进经营管理、促进技术进步、挖掘内部潜力上下功夫，走投入少、产出多、质量高、效益好的经济发展路子。针对企业经济形势严峻、产品水平低，质量差、消耗高、浪费大等普遍存在的难题，挖潜力、堵漏洞、上水平、降消耗、压需求、反浪费、增效益，在现

有条件下，依靠现有的投入，增加有效的产品和效益的供给，完成生产任务。

1990 年 4 月，全国总工会作出《关于动员全国职工广泛开展合理化建议和发明创造活动》的决议；5 月，全国“五一劳动奖章”“五一劳动奖状”获得者进京代表和全国总工会劳模报告团全体成员，向全国职工发出开展合理化建议活动的倡议书；9 月，全国总工会、国家计委决定成立全国合理化建议和技术改进活动领导小组，下设办公室（设在全国总工会）；11 月，国家计委制定的《“国家级企业技术进步奖”奖励办法》中，把企业开展合理化建议活动的成效，列入考核的条件之一。这些措施和努力，极大地调动和发挥了职工群众的积极性和创造性，有力地指导和推动了合理化建议活动的顺利开展。

“双增双节”还促进了各种形式的群众性技术活动的开展。广大技协干部和会员把企业生产经营的难点作为技协活动的重点，通过攻关、夺标、立功竞赛等活动形式，为企业调整产品结构，提高产品质量，开发适销对路产品献计出力，促进企业生产转到以提高经济效益为中心的轨道上来。发挥职工技协优势，组织职工深入开展发明创造活动，不断获得技术进步成果，并推进技术成果向现实生产力转化。继续开展了对老、少、边、穷地区的技术扶贫工作，据 11 个省市技协的统计，共派出能工巧匠、技术人员、管理干部 6000 余人，帮助贫困地区乡镇企业 960 余家，完成技术服务项目 4500 余项。

在各级工会发动和组织下，经过全国广大职工群众一年多的共同努力，“双增双节”劳动竞赛、合理化建议及发明创造、职工技协活动取得显著成果。据统计，1990 年全国有 30 万个单位开展合理化建议活动，占基层工会总数的一半以上，比上年增加 4 万人，增长 18.9%；提建议的人数达 2157 万人，比上年增加 763 万人，增长

54%；提出合理化建议2066万件，比上年增加676万件，增长48%，其中已采纳的建议有879万件，比上年增加226万件，增长34%，已实施建议570万件，比上年增加141件，增长33%。在已实施（执行）的258万件建议中，创造（节约）价值200亿元。1990年可计算的“双增双节”效益287亿元。

同时，各级工会坚持把治理整顿、深化改革同反映职工合理诉求、维护职工切身利益统一起来，主动提出有利于缓解矛盾的各种政策建议，尽最大可能帮助职工解决实际困难。

一是采取措施保障停产、半停产企业职工的基本生活。1989年11月底，全国总工会召集部分产业工会和全国总工会有关部门负责人开会，要求各级工会重视停产半停产企业职工的思想和实际生活，确保职工基本生活。随后，全国总工会发出了关于妥善处理停工待工人员有关问题的紧急通知。1990年1月，全国总工会进行了贫困职工生活状况的专题调查。2月，全国总工会根据各地工会提供的情况，就停产、半停产企业职工生活问题向党中央报告，向国务院提出了建议，引起党中央、国务院的高度重视，国务院发出专门文件，提出了切实的解决办法，要求确保停工、待工人员的基本生活，加强对他们的组织管理。这是我国第一次提出城市扶贫问题。

二是妥善安置企业富余人员，减轻社会就业的压力。在治理整顿期间，劳动就业形势严峻，各级工会积极协助政府和企业妥善安置停工、待工企业人员和劳动组织合理化过程中的富余人员，组织职工开展各种生产自救，保持企业职工的安定。各级工会推动企业兼并联合的发展，吸收安置“双停”企业职工，使被兼并企业的职工都有活儿干。为企业间调剂富余职工牵线搭桥，协助“双停”企业兴办各种经济实体，组织待工人员发展农副业生产，组织职工开展“以工代赈”活动，帮助停工待工企业困难职工开展家庭劳动，实现创收。

三是正确处理劳动争议问题，努力把矛盾解决在基层，解决在萌芽状态。随着经济体制改革和劳动制度改革的不断深入，劳动关系错综变化，劳动争议时有发生。各级工会注意发挥劳动争议调解组织的作用，维护职工的合法权益，巩固了安定团结的政治局面。截至1991年，全国近半数的企业建立了劳动争议调解委员会。仅据黑龙江、辽宁、江苏等13个省、自治区、直辖市的不完全统计，在1989年至1991年期间，劳动争议调解委员会调解劳动争议有15万多件，调解成功率达90%左右，县以上地方总工会参与处理了数以万计的劳动争议仲裁案件，有效地维护了职工合法权益。对于突发性事件，各级工会也积极应对。浙江省的县、市一级总工会，在突发性事件的解决过程中，反应迅速，工作主动，措施得力，使绝大多数事件得到圆满合理的解决。

1989年春夏之交，北京和一些地方发生了一场政治风波。在这场政治风波中，在党的领导和各级工会的引导、帮助和组织下，广大职工群众保持清醒头脑、立场坚定，旗帜鲜明、明辨是非，坚决捍卫社会主义制度，支持、拥护党和政府采取的一系列重大决策。他们坚守岗位，为企业继续开展劳动竞赛、保证生产正常运转作出了重大贡献，表现了工人阶级高度的主人翁责任感和无私奉献精神。正如邓小平同志指出的：工人阶级靠得住。

在这场政治风波中，各级工会组织也经受了严峻的考验，发挥了工会组织不可替代的作用。特别是地方、产业和基层工会，在党委的领导下，为稳定大局、稳定经济、稳定职工队伍做了大量艰苦的工作。各级工会干部深入基层，倾听群众呼声，关心群众疾苦，主动积极地为职工说话办事，对缓解矛盾、稳定职工队伍起到了重要作用。事实充分证明，我国工会组织拥护党的领导，有群众基础，经得起政治风浪考验，是有战斗力的工人阶级群众组织，也是一支维护社会安定、推动社会前进的重要力量。

回顾这一时期，我国经济建设和改革开放之所以能在稳定的社会政治局面下高速发展，在很大程度上得益于工人阶级特别是产业工人所发挥的中流砥柱作用，他们成为稳定大局的强大社会力量。

‖第二编‖

成长与奋进：世纪之交的工人阶级

（1992—2002）

历史的车轮滚滚向前。1992 年邓小平南方谈话如一声春雷，极大地解放了人们的思想，将中国的改革开放推向了新的阶段。从党的十四大明确提出建立社会主义市场经济体制的目标，到 20 世纪末社会主义市场经济体制初步建立，中国高举邓小平理论伟大旗帜，走出了一条建设有中国特色社会主义的新道路，社会主义在中国重新显示了蓬勃的生机和活力。

在这个世纪之交的转型时期，始终走在时代前列的工人阶级，在中国共产党的坚强领导下，在各级工会的动员组织下，积极拥护、支持和参与改革开放的伟大实践，以高度的主人翁责任感和艰苦创业精神，忘我劳动，无私奉献，创造了巨大的社会财富，推动了国民经济持续、快速、健康发展；工人阶级在社会变革中经受磨炼和嬗变，勇敢地承受体制转换的冲击和压力，坚定而有力地支持了改革，维护了社会稳定和保持了各阶层劳动群众之间的团结，成为推动经济发展和社会进步的强大动力，成为领导改革开放和实现宏伟目标的中坚力量。

在发展社会主义市场经济的伟大实践中，中国工人阶级日益壮大和成熟，先进性不断发展。广大职工顺应形势，转变观念，努力学习，用先进的理论和科技知识武装头脑，自主自立意识、平等竞争意识、市场效益意识、民主法治意识不断强化，历史主动精神、开拓创新精神进一步发扬光大。特别是知识分子作为工人阶级的一部分，大大提高了职工队伍的科技文化素质，发挥了不可或缺的重要作用；来自社会各方面尤其是农村的新成员大量涌入，也使职工队伍进一步发展壮大。中国工人阶级在推进社会主义市场经济转变和经济社会发展的历史征程中，表现出与时俱进的时代风貌和高度的思想道德水平，涌现出一大批先进模范人物，展现了工人阶级新的风貌。

第四章

迈向 21 世纪的中国

20 世纪的最后 10 年，是国际形势风云变幻的 10 年。中国共产党高举邓小平理论伟大旗帜，提出建立社会主义市场经济体制的奋斗目标，团结带领广大工人阶级充分发挥中流砥柱作用，推动经济社会发生全面深刻变化，经受住了国际共产主义运动低潮的影响，经受住了亚洲金融危机的考验，把中国特色社会主义胜利地推向 21 世纪。

第一节　世纪之交复杂多变的国内外环境

20 世纪 80 年代末至 90 年代初，中国社会的发展处在一个重要的转折关头。世界的大变动、大改组对中国产生巨大影响。能否在国内外各种压力和困难面前毫不动摇地坚持党的基本路线，把改革开放和社会主义现代化建设继续推向前进，这是 20 世纪 90 年代及以后长时期党和国家必须解决的重大问题。工人阶级在纷繁复杂的国内外环境下，与全国人民一道，面对各种严峻挑战，坚定地支持和推进改革开放与现代化建设，使经济社会发展取得了一系列重大胜利，中国特色社会主义和中国工人运动在新世纪之初再次显示出新的勃勃生机。

一、工人阶级面临的时代挑战和新的历史任务

20 世纪 80 年代末 90 年代初，国内发生严重经济波动和惊心动魄

的政治风波；世界社会主义阵营出现东欧剧变、苏联解体；一些西方发达国家对中国实施严厉制裁、实行“以压促变”的策略。这使中国社会主义事业的发展面临空前巨大的困难和压力。与此同时，世界政治多极化、经济全球化趋势的发展和科学技术的突飞猛进，一场全球范围内的激烈国际竞争正在展开。特别是世界性的新科技革命的进程正在加快，许多国家和地区正在进行产业和产品结构的调整、重组与升级，亚太地区经济发展出现良好势头，周边一些国家和地区经济快速发展。这些因素对我们扩大对外开放、加快经济发展和国际经济技术合作，既是压力和挑战，也是难得的历史性发展机遇。

到 1991 年底，随着国内三年治理整顿任务基本完成，我国的经济环境和经济秩序出现了有利改革的形势。但是，治理整顿并没有从根本上解决经济生活中一些深层次的或新出现的问题，如市场疲软，经济结构不合理，部分国有企业经济效益差和亏损严重的状况没有根本扭转，重复建设又有抬头趋势，通货膨胀的潜在压力仍然存在，不合理的分配格局尚未根本改善，等等。在决定党和国家前途命运的重大历史关头，中国共产党采取了正确的方针，积极实施“治理整顿、深化改革”，克服重重困难，胜利完成了“七五”计划的任务，实现了国家经济发展、政治稳定、民族团结，成功地捍卫了中国特色社会主义事业。

在这个改革开放新的阶段，工人阶级也迎来新的历史任务。1993 年 10 月，胡锦涛同志代表党中央在向中国工会十二大的祝词中对新阶段工人阶级的历史任务作出进一步阐述。他指出，工人阶级在新时期的伟大使命，就是要同全国人民一道，高举建设有中国特色社会主义的旗帜，全面贯彻中国共产党的基本路线，牢牢把握经济建设这个中心，坚定不移地发展社会主义市场经济，坚定不移地发展社会主义民主政治，坚定不移地发展社会主义精神文明，为把我国建设成为富强、民主、文明的社会主义现代化国家而奋斗。

1997年召开的党的十五大提出，21世纪前50年的经济社会发展分“三步走”的战略目标。为继续扩大对外开放，中国从1999年提出实施对外开放的走出去战略。经过15年艰难的谈判，2001年加入世界贸易组织（WTO），把对外开放推进到新阶段。为实施全面现代化，缩小区域发展差距，1999年开始实施西部大开发战略。这期间，中国共产党从容应对一系列关系中国主权和安全的国际突发事件，战胜政治、经济领域和自然界的困难和风险，经受住一次又一次考验，排除各种干扰，把中国特色社会主义事业全面推向21世纪。中国在打破某些西方发达国家制裁的基础上，成功应对亚洲金融危机，并给受到危机影响的国家提供了力所能及的援助，受到国际社会的好评。

1998年10月，中共中央政治局常委、国家副主席胡锦涛代表党中央在中国工会十三大上发表了题为《工人阶级要为实现我国跨世纪发展的宏伟目标不懈奋斗》的祝词，期望工人阶级要大力发扬艰苦创业和开拓创新精神，始终站在推动社会生产力发展的前列，一定要以强烈的主人翁责任感，坚定不移地支持党和国家采取的一系列重大改革措施。要深刻认识搞好国有企业改革对于建立社会主义市场经济体制和巩固社会主义制度的极为重要的意义，按照中央关于搞好国有企业的重大部署，锲而不舍、迎难而上，积极参与企业的改革、改组、改造和加强管理，为建立现代企业制度，搞好整个国有经济，贡献更大的力量。工人阶级要全面提高自身素质，更好地肩负起时代赋予的光荣使命。

二、邓小平南方谈话开启改革开放新的春天

1992年1月18日至2月21日，邓小平同志在我国改革开放和现代化建设的关键时刻，先后视察了南方的武昌、深圳、珠海和上海等

地，并发表重要谈话，分析当时的国际国内形势，总结十一届三中全会以来改革开放和现代化建设的基本经验，回答实践中出现的经常困扰和束缚人们思想的许多重大认识问题。

邓小平同志指出，党的基本路线要管一百年，动摇不得。革命是解放生产力，改革也是解放生产力。过去只讲在社会主义条件下发展生产力，没有讲还要通过改革解放生产力，不完全。应该把解放生产力和发展生产力两个讲全了。他强调，要坚持党的十一届三中全会以来的路线、方针、政策，关键是坚持“一个中心、两个基本点”。要加快改革开放的步伐，改革开放胆子要大一些，敢于试验。姓“资”还是姓“社”的问题，判断的标准，应该主要看是否有利于发展社会主义社会的生产力，是否有利于增强社会主义国家的综合国力，是否有利于提高人民的生活水平。关于计划与市场的关系问题，邓小平同志说，计划多一点还是市场多一点，不是社会主义与资本主义的本质区别。计划经济不等于社会主义，资本主义也有计划；市场经济不等于资本主义，社会主义也有市场。计划和市场都是经济手段。社会主义的本质，是解放生产力，发展生产力，消灭剥削，消除两极分化，最终达到共同富裕。社会主义要赢得与资本主义相比较的优势，就必须大胆吸收和借鉴人类社会创造的一切文明成果，吸收和借鉴当今世界各国包括资本主义发达国家的一切反映现代社会化生产规律的先进经营方式、管理方法。走社会主义道路，就是要逐步实现共同富裕。抓住时机，发展自己，关键是发展经济，“发展才是硬道理”。

1992 年 2 月 28 日，中共中央将邓小平南方谈话作为中央 1992 年第二号文件下发，并发出通知，要求尽快逐级传达到全体党员干部。1992 年 3 月 9 日至 10 日，中共中央政治局在北京召开全体会议，讨论中国改革和发展的若干重大问题。会议完全赞同邓小平同志的南方谈话，认为谈话不仅对中国当前的改革和建设，对开好党的十四大，具有十分重要的指导作用，而且对中国整个社会主义现代化建设事业具有重大而深远的意义。根据邓小平同志的这一思想，1992 年 6 月 9 日，江泽民在中共中央党校省部级干部进修班作题为《深刻领会和全面落实邓小平同志的重要谈话精神，把经济建设和改革开放搞得更快更好》的重要讲话。讲话中第一次提出了使用“社会主义市场经济体制”作为建立新经济体制的建议，得到了邓小平同志的赞同，为党的十四大召开做了重要的舆论准备。

邓小平的南方谈话如春风般吹遍中华大地，立即在全国引起强烈反响，极大地鼓舞了全党和包括工人阶级在内的全国人民，各个方面的积极性空前高涨，对加快改革开放和现代化建设步伐起了巨大的推动作用。这些谈话科学地总结党的十一届三中全会以来的基本实践和基本经验，从理论上解除了把计划经济和市场经济看作属于社会基本制度范畴的思想束缚，深刻回答了长期困扰和束缚人们思想的许多重大认识问题，是把改革开放和现代化建设推向新阶段的又一个解放思想、实事求是的宣言书。这位高瞻远瞩的改革开放领路人，以极大的勇气、非凡的气魄，坚持实事求是、解放思想的原则，再一次推动中国改革开放事业突飞猛进。

全国总工会 1992 年开展的第三次全国职工队伍状况调查表明，职工群众对于邓小平南方谈话表示了鲜明的支持态度。绝大多数职工对社会主义的认识，已经开始了从旧的传统模式逐步转到建设有中国特色社会主义理论上来。广大职工群众拥护的是能够推动社会生产力高速发展、不断提高人民生活水平的社会主义，即党的十一届三中全会以后我们党领导人民建设的有中国特色的社会主义。90% 以上的职工对我国十几年改革开放的成果作出了“很好”和“比较好”的评价，对于进一步加大改革力度，扩大对外开放，使国民经济再上一个新台阶的战略思想，85% 以上的职工表示赞成或比较赞成。

《东方风来满眼春》节选

（1992 年 3 月 26 日　《深圳特区报》　作者：陈锡添）

国贸中心大厦，高高耸立，直插云霄。这是深圳人民的骄傲。深圳的建设者曾在这里创下了“三天一层楼”的纪录，成了“深圳速度”的象征。到深圳来的中外人士，总要登上楼顶的旋转餐厅，远眺深圳城市的景色。

1 月 20 日上午 9 时 35 分，小平同志在省、市负责人陪同下，来到国贸大厦参观，该大厦的女职工，整齐地站在两旁，鼓掌欢迎小平同志，并齐喊“邓爷爷好！”小平同志高兴地向她们招手，并鼓掌致意。

在 53 层的旋转餐厅，小平同志俯瞰深圳市容。他看到高楼林立，鳞次栉比，一派欣欣向荣的景象，很是高兴。

坐下来后，他先看一张深圳经济特区总体规划图。接着，李灏向小平同志汇报深圳的改革开放和经济建设的情况。李灏说，深圳的经济建设发展很快，人民生活水平有了很大提高，1984 年，人均收入为 600 元，现在是 2000 元。改革开放也有了很大的进展。他还说，这些年来，我们的精神文明建设和物质文明建设是同步发展的。深圳人对建设有中国特色的社会主义坚定不移，并且充满信心……

听了汇报后，小平同志和省市负责人作了较长时间的谈话。

小平同志充分肯定了深圳在改革开放和建设中所取得的成绩。然后，他说，要坚持党的十一届三中全会以来的路线方针政策，关键是坚持“一个中心、两个基本点”。不坚持社会主义，不改革开放，不发展经济，不改善人民生活，只能是死路一条。基本路线要管一百年，动摇不得。

小平同志又说，要坚持两手抓，一手抓改革开放，一手抓打击各种犯罪活动。这两只手都要硬。打击各种犯罪活动，扫除各种丑恶现象，手软不得。……

小平同志侃侃而谈。他还谈到中国要保持稳定；干部和党员要把廉政建设作为大事来抓；要注意培养下一代接班人等重大问题。

在谈话中，小平同志强调要多干实事，少说空话。他说，会太多，文章太长，不行。谈到这里，老人家指着窗外的一片高楼大厦说，深圳发展这么快，是靠实干干出来的，不是靠讲话讲出来的，不是靠写文章写出来的。

小平同志精神健旺，谈兴甚浓。在国贸大厦旋转餐厅，老人家谈话约谈了三十分钟，使在场的人深受教育和鼓舞。

三、有效应对亚洲金融危机和中国加入 WTO 对工人阶级的影响

1997 年下半年，东南亚国家爆发金融危机，很快波及整个亚洲和世界其他地区，造成国际金融市场持续动荡，世界经济受到严重冲击。由于国际市场萎缩等因素，我国外贸进出口总额呈下降趋势，经济建设遇到严重困难。面对这一冲击，党中央当即提出“坚定信心、心中有数、未雨绸缪、沉着应付、埋头苦干、趋利避害”的指导方针，果断采取扩大国内需求的措施，实施积极的财政政策和稳健的货币政策，决定由中央财政向商业银行增发长期建设国债，增加投资，加强基础设施建设；同时，增加中低收入者的收入，改善人民生活；并采取出口退税、打击走私等措施，千方百计增加出口，从多方面拉动经济增长。这些对策很快见效，1997 年后，经济持续增长，人民生活相应改善，外贸出口从 1999 年下半年开始大幅度回升，国家外汇储备增加。在周边许多国家因这场危机而出现经济衰退、货币大幅度贬

值的情况下，中国实现了人民币不贬值的承诺，为缓解这场影响全球的风暴承担了风险，付出了代价，作出了积极贡献。

科学有效应对金融危机的胜利，充分显示了社会主义制度的优越性和党中央驾驭全局、解决复杂问题的能力，使工人阶级在党的领导下，对推进改革开放和现代化建设、实现跨世纪发展奋斗目标更加充满信心。

20世纪90年代：1997年亚洲金融危机

亚洲金融危机（Asian Financial Crisis）：发生在1997—1998年的亚洲金融危机，是继20世纪30年代大危机之后，对世界经济有深远影响的又一重大事件。1997年7月2日，亚洲金融风暴席卷泰国，泰铢贬值。不久，这场风暴扫过了马来西亚、新加坡、日本和韩国等地。打破了亚洲经济急速发展的景象。亚洲一些经济大国的经济开始萧条，一些国家的政局也开始混乱。

这场危机的发展过程十分复杂。到1998年底，大体上可以分为三个阶段：

第一阶段：1997年7月2日，泰国宣布放弃固定汇率制，实行浮动汇率制，引发了一场遍及东南亚的金融风暴。当天，泰铢兑换美元的汇率下降了17%，外汇及其他金融市场一片混乱。在泰铢波动的影响下，菲律宾比索、印度尼西亚盾、马来西亚林吉特相继成为国际炒家的攻击对象。8月，马来西亚放弃保卫林吉特的努力。一向坚挺的新加坡元也受到冲击。印度尼西亚虽是受“传染”最晚的国家，但受到的冲击最为严重。10月下旬，国际炒家移师国际金融中心香港，矛头直指香港联系汇率制。台湾当局突然弃守新台币汇率，一天贬值

3.46%，加大了对港币和香港股市的压力。面对国际金融炒家的猛烈进攻，香港特区政府重申不会改变现行汇率制度，恒生指数上扬，再上万点大关。接着，11月中旬，东亚的韩国也爆发金融风暴。韩元危机也冲击了在韩国有大量投资的日本金融业。1997年下半年日本的一系列银行和证券公司相继破产。于是，东南亚金融风暴演变为亚洲金融危机。

第二阶段：1998年初，印尼金融风暴再起，面对有史以来最严重的经济衰退，国际货币基金组织为印尼开出的药方未能取得预期效果。2月11日，印尼政府宣布将实行印尼盾与美元保持固定汇率的联系汇率制，以稳定印尼盾。此举遭到国际货币基金组织及美国、西欧的一致反对。国际货币基金组织扬言将撤回对印尼的援助。印尼陷入政治经济大危机。2月16日，印尼盾同美元比价跌破10000∶1。受其影响，东南亚汇市再起波澜，新元、马币、泰铢、菲律宾比索等纷纷下跌。直到4月8日印尼同国际货币基金组织就一份新的经济改革方案达成协议，东南亚汇市才暂告平静。1997年爆发的东南亚金融危机使得与之关系密切的日本经济陷入困境。日元汇率从1997年6月底的115日元兑1美元跌至1998年4月初的133日元兑1美元。随着日元的大幅贬值，国际金融形势更加不明朗，亚洲金融危机继续深化。

第三阶段：1998年8月初，乘美国股市动荡、日元汇率持续下跌之际，国际炒家对香港发动新一轮进攻。恒生指数一直跌至6600多点。香港特区政府予以回击，金融管理局动用外汇基金进入股市和期货市场，吸纳国际炒家抛售的港币，将汇市稳定在7.75港元兑换1美元的水平上。经过近一个月的苦斗，使国际炒家损失惨重，无法再次实现把香港作为“超级提款机”的企图。国际炒家在香港失利的同时，在俄罗斯更遭惨败。俄罗斯中央银行8月17日宣布年内将卢布兑换美元汇率的浮动幅度扩大到6.0~9.5∶1，并推迟偿还外债及暂停国债交易。9月2日，卢布贬值70%。这都使俄罗斯股市、汇市急剧下跌，引发金融危机乃至经济、政治危机。俄罗斯政策的突变，使得在俄罗斯股市投下巨额资金的国际炒家大伤元气，并带动了美欧国家股市的汇市的全面剧烈波动。如果说在此之前亚洲金融危机还是区域性的，那么，俄罗斯金融危机的爆发，则说明亚洲金融危机已经超出了区域性范围，具有了全球性的意义。到1998年底，俄罗斯经济仍没有摆脱困境。

1995年7月11日，中国正式提出加入世贸组织的申请。1996年4月1日和1997年10月1日，我国政府两次大幅度降低关税税率，逐步取消了各种名目繁多的非关税壁垒。1999年后，中国入世进程明显加快。1999年4月，朱镕基总理访美，与美国在市场准入谈判方面取得实质性进展，双方签署了中美双边协议中最重要的《中美农业合作协议》，并就中国加入世贸组织问题发表联合声明。1999年11月10日，美国贸易代表团访华，与中国就中国入世问题进行双边谈判，最终在11月15日双方签署了《中美关于中国加入世界贸易组织的双边协议》，这标志着中国与美国就此正式结束双边谈判，也为中国与其他主要贸易伙伴的谈判奠定了基础。2000年5月19日，中国与欧盟达成双边协议。2001年9月13日中国与墨西哥签署双边协议，至此中国与要求与中国进行双边谈判的37个世贸组织成员方全部结束了谈判。2001年9月17日，世贸组织中国工作组第18次会议举行正式会议，通过了中国入世的所有法律文件，其中包括中国工作组报告书、入世议定书以及货物贸易减让表和服务贸易减让表等附件，同时也结束了世贸组织中国工作组的全部工作。2001年11月10日，在多哈举行的世贸组织第四次部长级会议上审议并批准了中国加入世贸组织，我国随即递交了全国人大常委会批准中国加入世贸组织议定书的通知书。

经过 15 年孜孜不倦的努力，中国于 2001 年 12 月 11 日正式成为世贸组织成员。这对中国的长远发展具有重大积极意义。加入 WTO，有利于中国更快、更好地融入国际经济社会，更好地利用国际资源和国际市场的优化资源配置功能，发展我国的社会主义市场经济；有利于维护我国的经济利益，使我国在国际经济舞台上拥有更大的发言权，可以为建立公平合理的国际经济新秩序，维护包括我国在内的发展中国家的利益，作出更大的贡献；有利于推进我国经济体制改革，巩固我国经济体制改革的成果，并以 WTO 规则为参照，有力推进我国市场经济的健全和完善；有利于扩大出口贸易，引进外资；有利于激发中国企业的竞争意识，推动我国技术进步；有利于扩大就业机会。加入 WTO 后，投资和出口的规模将进一步扩大，从而创造更多的就业机会。

“入世”同时又是一把“双刃剑”，在带给我们机会的同时，也对我们产生极大冲击，对工人阶级带来严峻挑战和考验。一是加入 WTO 引发产业结构调整，从而导致劳动力结构的调整。“入世”将促进中国服务贸易即第三产业的发展。大量的就业人口将从第一产业、第二产业转移到第三产业，从而引起劳动力在产业中的分布结构大变动。新的就业热点正在形成，如 IT 行业、金融服务业、社会服务业、心理咨询等。职工队伍的组成将从以蓝领为主转向白领的比例越来越大。二是经济全球化对劳动力素质提出更高的要求。随着经济全球化和知识经济时代的到来，社会生产对劳动力提出了新的更高的要求。企业的竞争力显得越来越重要，而企业竞争力和创新的源泉是高素质的人才。与此同时，社会经济的飞速发展和不断创新的要求，也需要职工不断更新知识，提高技能，开发潜力，因此“终身学习”、“在职培训”的观点越来越深入人心，提高劳动力素质成为提高国家整体竞争力的必不可少的途径。三是人力资源市场化、国际化，即劳动力市场全球一体化趋势日益明显，由此带来的直接结果是人力资源的竞争加剧，企业内外、国内国外相互争夺人力资源的制高点，人才的流动更加顺畅、快捷和灵活。改革开放20年间，随着“三资企业”的进入和兴办，解决了1000多万人的就业问题。由于中国企业对外扩张和对外劳务输出，使更多的劳动力走向国外就业市场。

第二节　社会主义市场经济体制的逐步建立和完善

1992年，党的十四大明确我国经济体制改革的目标是建立社会主义市场经济体制，从而在根本上厘定了中国改革的方向。1993年11月通过的中共中央《关于建立社会主义市场经济体制若干问题的决定》，标志着我国经济体制改革进入攻坚阶段，一系列关乎市场经济体制基础性建设的重大举措相继出台，奠定了我国建立社会主义市场经济体制的坚实基础。在这场前无古人的伟大事业中，工人阶级以主人翁和主力军的姿态，积极支持改革、投身改革，奉献智慧和力量，克服困难和牺牲，勇于探索和奋斗，为建立社会主义市场经济体制作出了巨大贡献。

一、党的十四大提出建立社会主义市场经济体制的目标

1992年10月召开的中国共产党第十四次全国代表大会，确定了中国改革的目标是建立社会主义市场经济体制，指出社会主义市场经济体制是同社会主义基本制度结合在一起的。在所有制结构上，以公有制包括全民所有制和集体所有制经济为主体，个体经济、私营经济、外资经济为补充，多种经济成分长期共同发展。建立社会主义市场经济体制，要认真抓好四个相互联系的重要环节：一是转换国有企

业特别是大中型企业的经营机制，把企业推向市场，增强它们的活力，提高它们的素质；二是加快市场体系的培育；三是深化分配制度和社会保障制度的改革；四是加快政府职能的转变。这次大会强调指出，要胜利实现90年代的繁重任务，必须全心全意依靠工人阶级和广大劳动群众，充分发挥全体人民的积极性和创造性。这次大会正式把建立社会主义市场经济体制确立为我国经济体制改革的目标，标志着党对社会主义理论和改革开放实践的认识发生了新的飞跃，对经济体制改革和社会主义现代化建设具有重大而深远的指导意义。

建立社会主义市场经济体制是一场全新的探索，在人类社会制度史上无前例可循，包含着经济、政治、社会、文化等方面的深刻变革。特别在改革开放和向市场经济发展过程中，工人阶级队伍状况发生很大变化。经济体制的变革，产业结构的调整，劳动力的社会流动，直接导致了工人阶级队伍数量、结构的变更；分配形式的多样化以及科学技术作为第一生产力和对知识的认可，又拉开了工人阶级内部收入的差距；市场竞争客观上需要一大批高素质的企业家和经营管理人员，三者共同作用的结果，使工人阶级由原来的整体同一性分化成不同的阶层。一方面，不仅大量农民从土地上解放出来加入了工人阶级队伍，而且社会其他阶层、群体的人员也不断加入工人阶级队伍，使工人阶级在数量和质量上都有了很大增加与提高；另一方面，传统的产业工人队伍也在迅速分化和重组。这种分化不是行政性分化，更不是政治性分化，而是由市场经济催生的职业分化。

工人阶级经受了改革中利益调整的考验，从改革中得到了实惠，也承受了改革所带来的经济上、心理上的压力，付出了一定代价。但他们深明大义、眼光远大，对改革开放表现出极大的热情和认同感，相信改革开放会给他们带来光明的前景，因而支持改革，积极参加改革，表现了新一代工人阶级的阶级觉悟和阶级品格。这也是新一代工人阶级最鲜明的特点。

二、建立社会主义市场经济体制过程中宏观调控的成功实施

党的十四大以后，党领导全国各族人民解放思想，开拓进取，继续沿着有中国特色社会主义道路阔步前进。在建立社会主义市场经济体制的深刻变革进程中，既实现经济快速增长，又成功地进行宏观调控，在各个领域取得了巨大成就。广大干部职工热情高涨，中国大地呈现改革开放全面推进、经济建设迅猛发展的蓬勃景象。

为落实抓住机遇、加快发展的决策，国务院调整经济发展计划，作出了加快发展的各项部署。按照建立社会主义市场经济体制的要求，从1994年起，国有企业改革从以往的放权让利、政策调整进入到转换机制、制度创新阶段。国务院和各地先后选择2700多户国有企业进行建立现代企业制度试点，推行公司制、股份制改革，为建立现代企业制度进行了有益探索，出现了邯郸钢铁总厂等一批在市场竞争中经济效益连年提高的先进典型。同时，党中央和国务院还大步推进财政、税收、金融、外贸、外汇、计划、投资、价格、流通、住房和社会保障等方面的体制改革。粮、棉、油等主要农产品，钢材等重要生产资料的价格相继放开；中央银行的职能加强，商业银行的企业化改革逐步推进；外贸体制和外汇管理体制改革取得重大进展。国家宏观调控体系逐步健全，市场在资源配置中的基础性作用明显增强，加快经济发展的条件更加具备。在进行宏观调控过程中，党中央牢牢把握抓住机遇、深化改革、扩大开放、促进发展、保持稳定的指导方针。1995年9月，党的十四届五中全会通过关于制定国民经济和社会发展第九个五年计划和2010年远景目标的建议，并提出要实现从传统的计划经济体制向社会主义市场经济体制、从粗放型增长方式向集约型增长方式的两个根本转变。江泽民同志就社会主义现代化建设中若干重

大关系问题作了阐述，其中最主要的是正确处理改革、发展、稳定的关系，强调改革是动力，发展是目的，稳定是前提，把改革的力度、发展的速度和社会可承受的程度协调统一起来。做到在政治和社会稳定中推进改革和发展，在改革和发展的推进中实现政治和社会的长期稳定。中国经济建设和改革开放能在稳定的社会局面下高速发展，在很大程度上得力于工人阶级发挥的中流砥柱作用。

三、社会主义市场经济体制不断完善

1997 年 9 月 12 日至 18 日，中国共产党召开第十五次全国代表大会。大会提出，经过 80 年代以来的努力奋斗，特别是经过 90 年代以来的加速发展，到 1995 年，我国经济提前实现原定 2000 年比 1980 年翻两番的目标。在此基础上，党中央进一步提出：到 2010 年实现国民生产总值比 2000 年翻一番，使人民的小康生活更加宽裕，形成比较完善的社会主义市场经济体制，为下世纪中叶基本实现现代化奠定坚实的基础。

大会在进一步阐述了社会主义初级阶段理论后，明确指出：建设有中国特色社会主义的经济、政治和文化的基本目标、基本政策，有机统一，不可分割，构成党在社会主义初级阶段的基本纲领。这个纲领，是邓小平理论的重要内容，是党的基本路线在经济、政治、文化等方面的展开，是这些年来最主要经验的总结。大会规定了我国跨世纪发展的战略部署，指出从现在起到下世纪的前 10 年，是我国实现现代化建设第二步战略目标、向第三步战略目标迈进的关键时期。在这个时期，建立比较完善的社会主义市场经济体制，保持国民经济持续快速健康发展，是必须解决好的两大课题。为此，一定要牢牢抓住历史机遇，开拓前进，坚持社会主义市场经济的改革方向，使改革在一些重大方面取得新的突破，并在优化经济结构、发展科学技术和提高

对外开放水平等方面取得重大进展。

大会还就社会主义初级阶段的所有制结构和公有制实现形式、推进政治体制改革、依法治国、建设社会主义法治国家等问题提出了新的论断，指出公有制为主体、多种所有制经济共同发展，是我国社会主义初级阶段的一项基本经济制度。公有制经济不仅包括国有经济和集体经济，还包括混合所有制经济中的国有成分和集体成分。国有经济起主导作用，主要体现在控制力上。公有制实现形式可以而且应当多样化，非公有制经济是我国社会主义市场经济的重要组成部分。

改革开放进程的不断加快，使社会主义经济制度不断完善。坚持公有制为主体，多种经济成分共同发展，加快推进国有企业改革和财政、税收、金融、外贸体制以及住房、社会保障制度等一系列改革，到2000年底，基本实现了大多数国有大中型亏损企业摆脱困境、大多数国有大中型企业初步建立现代企业制度的目标。党中央还坚持正确处理社会主义市场经济条件下出现的人民内部矛盾，采取各种措施确保社会稳定。国有企业下岗职工基本生活保障和再就业工作普遍加强，城市居民最低生活保障制度进一步健全。农产品流通体制改革稳步推进，农业基础地位切实加强，实现了粮食等主要农产品由长期短缺到总量平衡有余的历史性转变，农村贫困人口的温饱问题基本得到解决。主要工农业产品产量均已位居世界前列，长期以来的商品短缺状况基本结束。

第三节　适应社会主义市场经济的劳动关系初步形成

由计划经济向市场经济的转变是中国社会的一场深刻变革，这场变革产生的直接影响就是促使社会经济结构、经济关系和社会关系发生了新变化。1992年下半年，党中央提出建立社会主义市场经济体制的目标后，劳动关系已经发生了很大的变化。适应市场经济要求，劳动关系双方的主体地位基本确立，劳动力初步市场化，劳动关系逐步契约化，劳动关系协调趋向法治化。

一、劳动关系的新变化

工会组织赖以存在的客观基础是社会经济关系尤其是劳动关系。在向社会主义市场经济转变过程中，经济领域最为重要的变化是经济关系和劳动关系。就经济关系而言，由于实施的是坚持社会主义方向下的市场化改革，这就打破了计划经济体制下单一所有制的经济结构及其分配方式，代之以公有制为主体、多种经济成分并存，国有经济、集体经济、私营经济、个体经济、联营经济、股份制经济、外商投资经济、港澳台胞投资经济等共同发展；在分配方式上，坚持以按劳分配为主体，同时也有按资分配、按生产要素分配、按股息分配，等等。此外，所有制结构和经营主体的变化，还使得经营方式变得多样化。

经济关系的新变化必然带来与之密切关联的劳动关系的多样化和复杂化。在不同类型的劳动关系中，劳动者的地位、作用、权益、状况不同，调节劳动关系、维护劳动者利益的方式、手段、途径也有所区别。国有企业的改制，非公有经济的发展，使劳动关系呈现出多样化的发展趋势。其中，既有产权关系明晰、责权明确、管理规范的新型股份制、股份合作制公有企业和外商投资企业的劳动关系；也有以使用廉价劳动力赚取高额利润为目的的出口加工企业的劳动关系；还有以地域和宗族为纽带的、正在向现代企业过渡的乡镇企业中不成熟和不规范的劳动关系；更有大量存在的带有资本原始积累时期性质的家族式的私营个体经济的劳动关系，以及伴随着经济结构调整出现的灵活、松散和多重的劳动关系等形态。

经济关系和劳动关系的新变化，反映了市场经济发展的要求，对于优化社会资源配置，增强企业和社会活力，促进经济社会发展，具有重要意义。

二、劳动关系矛盾日益凸显

随着劳动关系逐步向企业化和市场化方向发展，职工与企业之间的关系在多种所有制、多种分配制度和多种经营方式并存的条件下，趋于复杂，劳动纠纷有所增加，稳定劳动关系的基础还比较脆弱。其主要表现在四个方面。

一是劳动关系双方地位不平等。虽然从法律上说，用人单位与劳动者地位是平等的。但在现实中，一方面，随着劳动力市场的形成，劳动者可以凭借自身的知识和技能在企业间流动，同时企业也可以自主选择廉价劳动力来追求效益最大化。另一方面，在追求经济快速增长时期，资本的稀缺性使其成为市场中的强者，劳动与资本的力量失衡，劳动力供大于求的状态长期存在，使职工在劳动关系中相对处于弱者地位。特别是在一些非公有制企业，不规范的劳动用工，使得劳动者在劳动合同的签订、履行和解除方面都明显地处于弱势地位。

二是劳动法律体系不完善。长期以来，我国劳动管理的重心一直放在公有制企业劳动力资源配置方面。由于传统的计划经济体制把企业当作政府的附属物，对企业的劳动管理在很多方面是以文件来规范，劳动关系主要靠行政措施来调节，许多方面法律还不健全。1994年颁布《劳动法》时，我国尚处于建立社会主义市场经济体制的起步阶段。《劳动法》的实施，在市场经济发展过程和企业改革深化的新形势下显得还不到位。相关配套法律法规的制定滞后，尤其是对新经济成分、新经济组织和新的经济行为的规范尚需一个过程。

三是劳动关系的契约性不强。具体表现在一方面尚有大量劳动关系没有以劳动合同的形式建立，导致事实劳动关系在法律上难以得到保护；另一方面虽然以合同形式确立劳动关系，但在合同内容的规范性和合同的履行上都存在许多问题。合同内容中岗位约定不明确，工资标准不约定，休息休假时间不确定，违约责任只是对职工单方面制约，违反法律规定的合同、权利义务明显不对等的合同甚至不管职工生命健康的“生死合同”等都不同程度的存在。同时，由于对合同履行情况缺乏强有力的监督，使合同的履行和解除变得随意，劳动者的合法权益难以真正得到契约化的保障。

四是劳动者的就业地位不稳定。在激烈的企业产权变革时期，劳动者无法掌握自己的就业命运，一些地方政府的产权改革方案天平明显偏向资本，特别是在劳动力供大于求的情况下，劳动者容易面临着失去工作岗位的风险。

这一阶段劳动关系稳定基础的脆弱，从总体上讲是由于劳动与资本在市场经济条件下强弱地位不均衡造成的，同时，现阶段我国市场经济法制建设和劳动关系调整机制建设尚不完善，也对劳动关系的稳定带来重要影响。

三、适应社会主义市场经济的劳动关系基本形成

职工与就业单位所建立的劳动关系发生的深刻变化，呈现了许多积极的发展趋势。劳动关系的运行初步市场化，国家对劳动力统包统配的就业机制已不存在，劳动力的供需、流动和就业条件与劳动标准开始通过市场调节实现。劳动关系的主体开始明晰化，企业走向市场后，劳动者与用人单位成为劳动关系中两个地位对等、利益不同的主体。劳动关系的类型呈现出多样化，以公有制为主体、多种所有制经济共同发展格局的形成，以及企业内部多种经营管理方式与用工、分

配方式的出现，使不同所有制经济单位的劳动关系呈现多样性。劳动关系的形成也逐步契约化，双方在自主协商的基础上，开始通过劳动合同来建立和规范劳动关系。

据国家劳动部门统计，到1997年底，全国城镇企业实行劳动合同制度的职工达10728.1万人，占同口径职工总数的97.5%；乡村集体企业实行劳动合同制度的从业人员达1795.8万人，私营企业和个体劳动者实行劳动合同制度的从业人员达714.9万人。1997年，全国工会统计普查资料表明，有14万个基层单位签订了集体合同，涵盖了近40%的职工。

第四节 积极探索有中国特色社会主义工会工作新路子

计划经济向市场经济的历史性转变，给我国的经济生活、政治生活和社会生活带来一系列重大变化，尤其是社会主义经济关系和劳动关系经历深刻的变革，对工会组织产生重要影响，并使其任务和作用也会相应地发生变化。市场经济的建立对工会提出了许多新的要求：搞好国有企业特别是国有大中型企业经营机制的转换，直接涉及职工群众的切身利益，工会必须做复杂艰巨的工作；深化改革和扩大开放，使劳动关系由国家与职工的关系逐步转变为企业与职工的关系，并向市场化、契约化的方向发展，国家、企业、职工三者利益关系日益清晰，工会作为职工利益代表者的身份更加明确，工会代表职工调节劳动关系、维护职工合法权益的任务空前突出；发展市场经济要依法规范政府、企业、职工等各方面的行为，强化监督和制约机制，要求工会加大参与立法、制定政策和执法监督的力度等。这些深刻变化，要求工会组织必须顺应改革的历史趋势，转变既有的思维方式和工作方法，创新思路和工作方式，实现自身的转型乃至“蜕变”。

一、工会十二大工运方针的确立

1993年10月24日至30日，中国工会第十二次全国代表大会在北京隆重召开。

1993年10月24日，中共中央总书记江泽民在会前接见大会主席团常务主席时发表重要讲话，指出，在社会主义现代化建设的关键时期，我们要在20世纪末初步建立起社会主义市场经济新体制，实现党的十四大确定的宏伟目标和任务，就必须全心全意依靠工人阶级，发挥工人阶级的主力军作用。工人阶级要认清自己的历史使命，紧密团结在党的周围，艰苦创业，奋发努力，为改革和建设不断作出新贡献。江泽民指出，当前，深化企业改革、转换国有企业特别是大中型企业的经营机制，是摆在我们面前的一个重大课题。各级工会要团结和动员广大职工积极投身改革，推动改革不断深入。要及时反映职工群众的意见和要求，切实维护职工的合法权益。要积极探索有中国特色社会主义工会工作新路子，努力开创工会工作的新局面。这是党中央首次提出“要积极探索有中国特色社会主义工会工作的新路子”。

胡锦涛同志在祝词中高度评价了中国工人阶级的历史地位和作用，指出了中国工人阶级在新时期的伟大使命，强调在社会主义市场经济条件下，工会的地位和作用更加重要，工会的任务和责任更加重大，并对工会的改革和建设提出了具体要求。这对工人运动和工会工作的新发展，具有重要指导意义。

全总副主席、书记处第一书记张丁华同志在工会十二大的工作报告中，提出了今后一个时期工会工作的方针任务，即坚定不移地贯彻执行党的以经济建设为中心、坚持四项基本原则、坚持改革开放的基本路线，在维护全国人民总体利益的同时，更好地表达和维护职工群众的具体利益，全面履行各项社会职能，充分发挥民主渠道和社会调节作用，团结和动员全国职工，巩固和发展安定团结的政治局面，为把我国建设成为富强、民主、文明的社会主义现代化国家而奋斗。

二、工会工作总体思路的确立

《劳动法》颁布后不久，1994 年 12 月 8 日，全国总工会第十二届二次执委会议召开。会议期间，中共中央政治局常委胡锦涛代表党中央作了题为《全面加强工会建设，在深化改革、扩大开放、促进发展、保持稳定中发挥作用》的讲话，明确提出：要善于在改革开放的新形势下认识自己、加强自己、提高自己，全面加强工会的思想建设、组织建设、作风建设，努力把中国工会建设成为中国共产党领导的、用建设有中国特色社会主义理论武装的、能够带领职工群众为实现党的任务英勇奋斗的、思想上政治上组织上坚强的、深受广大职工信赖的工人阶级群众组织。这为搞好工会改革和建设，做好今后的工作，明确了目标，指明了方向。

会议审议通过了《关于贯彻实施〈劳动法〉的决定》，中共中央政治局委员、全国总工会主席尉健行同志在会上提出，以贯彻实施《劳动法》为契机和突破口，带动工会各项工作，推动自身改革和建设，努力把工会工作提高到一个新水平，在改革、发展、稳定中更好地发挥作用。这个指导思想被概括为“工会工作总体思路”，其实质是进一步明确维护职工合法权益是工会的基本职责，是工会服从服务于党和国家工作大局的主要手段。

继 1992 年《工会法》明确提出“工会在维护全国人民总体利益的同时，维护职工的合法权益”的职责之后，工会工作总体思路的提出，更进一步强化了工会维护职工权益的职能，并提高到基本职责的高度，强调要通过维护职工合法权益，来保证党的基本路线的贯彻实施，为国民经济持续、快速、健康发展创造良好的社会环境。同时，工会工作总体思路，从理论上回答了长期以来有所争论的理论难题，即社会主义时期工会存在的客观必然性问题，这就是：在社会主义初级阶段，工会组织赖以存在的客观基础是劳动关系。明确了工会的现实身份和地位，即相对于劳动关系层面，工会在调整其主体双方的利益矛盾时，是作为劳动者劳动权益的代表身份出现的。这为突出工会工作重点提供了理论根据。

1996 年，中国开始进入执行第九个五年计划时期。为了做好开局之年的工作，更好发挥工会在党和国家工作大局中的作用，团结和动员全国各族职工为实现跨世纪宏伟目标而奋斗，全国总工会于 1995 年 12 月 14 日至 18 日在北京召开十二届三次执委会议。尉健行同志在会上强调指出，工会工作要服从服务于大局，为实现“九五”计划和 2010 年远景目标而努力，提出在公有制和非公有制企业认真落实党的全心全意依靠工人阶级根本指导方针应当分别坚持的“六个必须”，以及把工会工作总体思路落实到基层在六个方面要有新进展，即工会要在参与国有企业改革和建立现代企业制度的全过程中，推动企业扎实有效地做到：必须牢固树立依靠职工群众办好企业的思想，建设一个全心全意依靠职工群众推进企业改革和发展的好的领导班子，保障职工的企业主人翁地位；必须坚持和完善以职工代表大会为基本形式的职工民主管理和民主监督制度，不断探索新的实现途径，实现职工群众对企业的民主管理和对企业领导干部的有效监督；必须切实保障《劳动法》赋予劳动者的合法权益，通过平等协商和签订集体合同，建立稳定协调的劳动关系；必须在企业的董事会和监事会中，有工会组织职工民主选举产生的职工代表，并逐步形成充分发挥职工代表作用的制度；必须尊重和支持工会依法独立自主地开展工作，履行维护的基本职责，保护和调动职工群众的积极性和创造精神，并将其引导到推进企业改革和发展上来；必须重视和加强职工队伍建设，不断提高职工的思想道德和科学文化技术素质。在非公有制经济，特别是在外商投资和私营企业中，必须依法保障职工参加和组织工会的权利，把广大职工吸引和组织到工会中来；必须落实《劳动法》等有关法律法规赋予职工的各项劳动权利，通过平等协商和签订集体合同，建立起调整劳动关系的有效机制，依法维护职工的合法权益，与经营者合作共事，共谋企业发展；必须保障职工的国家的主人翁地位和权利，通过职工代表大会或会员代表大会、劳资协商会议以及工会代表参加或列席董事会、总经理办公会等多种形式，组织和代表职工民主参与和民主监督；必须关心职工生活，加强劳动安全卫生工作，不断改善职工的工作环境与生活条件，与侵犯职工合法权益的行为作坚决斗争；必须保障工会组织依法独立自主地开展工作，发挥工会在指导和帮助职工签订劳动合同、承担企业劳动争议调解委员会主任职责、参与劳动争议调处、监督企业执行国家有关劳动标准等法律法规方面的作用，保护工会的合法权益不受侵犯；必须重视和加强职工队伍建设，不断提高职工思想道德和科学文化技术素质。“六个进展”包括：积极参加国有企业改革，推动全心全意依靠工人阶级根本指导方针的贯彻落实，努力推动试点企业率先做到“六个必须”；加快新经济组织工会组建步伐；大力推行平等协商和签订集体合同制度；加强“送温暖工程”的科学管理；注意维护尚未建立工会的外商投资企业职工的合法权益；基本形成对新经济组织工会的领导体制等六个方面。

这两个“六个必须”是为进一步贯彻落实全国总工会十二届二次执委会议提出的工会工作总体思路作出的重要部署，是总体思路的具体化，也是总体思路的新发展。它不仅分别指出了工会在不同所有制企业贯彻总体思路的重点内容，而且明确了做好这些工作不是软任务，而是必须履行好的基本职责。这两个“六个必须”及“六个进展”虽然是全国总工会在部署 1996 年工会工作时提出的，但它对以后几年工会工作的发展都产生了重要影响，是工会工作总体思路发展的重要一环。

三、工会工作总体思路的发展和完善

1998 年召开的中国工会十三大，进一步强调要坚持和发展工会工作总体思路，并在此基础上制定了工会工作指导方针。在阐释这一指导方针时，工会十三大报告明确指出，贯彻这一方针，必须突出依法维权，明确维护职工合法权益是维护全国人民总体利益与维护职工具体利益的统一，既维护职工的经济利益，又维护职工的政治权利和精神文化利益，并把职工的积极性引导到改革开放上来。这进一步增强了工会工作总体思路的针对性和可操作性。

1999 年 10 月，全国总工会召开第十三届三次主席团会议，明确提出要实现工会工作的“五突破一加强”，即积极协助党政做好国有企业减员增效、下岗职工基本生活保障和再就业工作，深入实施“送温暖工程”，对帮扶特困职工承担“第一责任人”职责的工作要有新的突破；坚决维护职工的经济利益，进一步理顺关系，推行平等协商和集体合同制度的工作要有新的突破；切实保障职工的民主权利，坚持和完善以职工代表大会为基本形式的企业民主管理制度，实行厂务公开和民主评议企业领导人的工作要有新的突破；推动国有独资和国有控股公司的董事会、监事会中都要有职工代表参加的工作要有新的突破；加快新经济组织和改制企业工会组建步伐，最大限度地把职工组织到工会中来的工作要有新的突破；以改革的精神加强工会自身建设。

为贯彻落实和推进“五突破一加强”，1999年12月召开的全国总工会十三届二次执委会议，又进一步提出了“最大限度地把广大职工组织到工会中来，最大限度地维护广大职工的合法权益，最大限度地保护、调动和发挥广大职工的积极性、创造性”的“三个最大限度”的工作要求。2002年1月召开的全国总工会十三届四次执委会议，则强调一手抓调整劳动关系机制的建设，一手抓为职工群众办实事的工作策略。

“五突破一加强”及“三个最大限度”“两手抓”的提出，符合“三个代表”重要思想，回答了在新的历史条件下工会“干什么”和“怎么干”的问题，抓住了工会工作的重点和要点，是对工会工作总体思路的丰富和发展，也是对市场经济条件下工会工作规律的有益探索，为工会组织顺利进入21世纪奠定了良好的基础。

在工会工作思路不断完善的进程中，各级工会针对发展社会主义市场经济，在经济关系和劳动关系的变化中涉及职工群众切身利益的问题，围绕职工的经济利益、政治地位、民主权利等方面出现的新情况、新问题，不断调整工作格局，加大维护职工合法权益的力度，赢得了广大职工群众的信赖和支持。1997年第四次全国职工队伍状况调查表明，职工群众对近几年工会突出维护职工的合法权益表示基本满意。认为基层工会开展工作好及很好的职工达到50%。认为在个人利益受到侵害时工会组织能够和基本能够维权的占59.1%，超过1992年的39.8%。在对工会作用的评价及有困难找工会等问题上，职工群众普遍持肯定态度。调查结果显示，工会近年来所确定的重点工作比较符合实际，与职工的要求和愿望基本一致。职工希望基层工会当前重点抓好的工作首选的前三位是，帮助职工解决生活困难占44.4%，组织职工民主评议企业领导干部占20.7%，平等协商签订集体合同制度占15.4%。职工对工会各项重点工作的开展情况基本满意。一些基层工会干部认为，突出维护职能、充分发挥桥梁纽带作用，是提高基层工会工作水平的重要环节。有的职工和工会干部反映，一些基层工会工作之所以成效较大，除了党政支持和工作思路正确外，重要的是“工会已不仅仅停留在过去传统的工作内容和工作方式上”，而是更加注重对职工合法权益的有效维护。

第五章
工人阶级队伍结构变化加剧

1992 年，邓小平南方谈话和党的十四大开辟了我国发展社会主义市场经济的改革开放新阶段。在新的历史条件下，我国职工队伍状况发生了深刻变化。来自社会各方面尤其是农村的进城务工人员大量涌入，使职工队伍进一步发展壮大。职工队伍知识化进程明显加快，整体素质进一步提高。随着经济社会快速发展，广大职工的总体利益得到更好实现。

第一节　新一代工人阶级队伍逐渐形成

1992 年至 2002 年，是我国社会主义市场经济体制初步建立，经济结构战略性调整取得成效，国有企业改革稳步推进，对外开放进入新阶段，国民经济持续快速增长的 10 年。在工业化、城镇化、市场化和经济体制改革的推动下，我国的社会结构和生产关系发生了深刻变化，不仅工人阶级得以发展壮大，而且新的社会阶层也应运而生。大批乡镇企业职工、农民工、非公有制企业职工和新兴产业职工等源源不断地加入职工队伍，成为工人阶级的新成员。

2001 年，江泽民同志在“七一”讲话中首次把新的社会阶层定性为中国特色社会主义事业的建设者。2002 年，党的十六大报告明确指出：“随着改革开放的深入和经济文化的发展，我国工人阶级队伍不断壮大，素质不断提高。包括知识分子在内的工人阶级、广大农民，始终是推动我国先进生产力发展和社会全面进步的根本力量。在社会变革中出现的民营科技企业的创业人员和技术人员、受聘于外资企业的管理技术人员、个体户、私营企业主、中介组织的从业人员、自由职业人员等社会阶层，都是中国特色社会主义事业的建设者。”“建设者”概念的提出，不仅进一步巩固了工农联盟、增强了党的阶级基础，而且界定了包括私营企业主在内的新社会阶层的社会属性、扩大了党的群众基础。虽然作为劳动者的工人、农民、知识分子与作为建设者的新社会阶层在具体利益上存在差异或矛盾，但他们的根本利益具有一致性。因此，在中国共产党领导下的劳动者和建设者能够最广泛地团结起来，共同为中国特色社会主义建设事业贡献力量。

我国职工队伍进一步壮大。全国总工会在国家统计局有关统计资料基础上计算得出，2002 年全国职工（指企业、事业单位、机关团体以及城镇个体经济单位中以工资收入为主要生活来源的体力劳动者和脑力劳动者）人数已达 20714. 4 万人（包括在岗职工和离岗职工）。其中，企业职工为 16918 万人，企业职工中国有企业职工为 4446. 1 万人，集体企业职工为 1387. 9 万人，其他形式企业（股份合作、联营、有限责任和股份有限、其他内资、港澳台投资、外商投资等）职工为 2786. 4 万人，城镇私营企业雇工（城镇私营企业从业人员数扣除投资者人数后的部分）为 1579. 3 万人，城镇个体单位雇工（城镇个体单位从业人员数中扣除雇主人数后的部分）为 1106. 8 万人，乡镇企业职工为 5511. 3 万人；事业单位职工人数为 2723. 5 万人；机关团体职工人数为 1072. 9 万人。同时，根据国家统计局农调总队统计，2002 年全国农村外出务工人员约达 8000 万人。

职工队伍不仅数量迅速扩大，内部结构也发生相应改变，所有制结构、地域结构、行业结构、年龄结构等出现深刻变化。

职工所有制分布更加多元。党的十五大明确提出“公有制为主体，多种所有制经济共同发展，是我国社会主义初级阶段的一项基本经济制度”。进入21世纪以来，随着经济体制改革和市场经济的发展，国家对发展多种所有制经济出台了一系列政策措施，外商投资企业、私营企业和乡镇企业大量增加并迅速成长，成为国民经济的重要组成部分。在这些企业中就业的职工人数随着企业的快速发展而大量增加。

非公有制单位职工已成为我国职工队伍的重要组成部分。1992年以来，与国民经济的持续增长和经济结构调整以及国有企业改制相伴随，非公有制经济得到迅速发展，在国民经济中的比重迅速上升。1978年国内生产总值中，非公有制经济仅占0.9%，到2002年已经占国内生产总值的近1/3。非公有制经济的快速发展，又大大推动了市场化进程，进一步拓宽了就业渠道，提供了更多的就业岗位，使非公有制经济单位的职工人数近些年来有大幅度增加。据国家统计局统计，1992年至2002年，全国国有单位和集体单位从业人员比例逐年大幅度减少，其他类型单位从业人员逐年大幅度增加，尤其是城镇私营及个体从业人员增长快速。2002年，城镇私营个体经济从业人员达4267万人，占城镇全部从业人员的17.2%。非公有制经济的迅速崛起，为我国职工队伍发展壮大补充了新鲜血液。

职工产业分布更加均衡。2002年，全国就业人员中，第一、第二、第三产业的比重分别为50%、21.4%和28.6%，与1997年相比，第三产业就业人员人数增加了2658万人，增速明显快于第一、第二产业。

职工队伍年龄结构呈现新特点。这10年间，随着国有企业改革力度的加大，不少企业实施下岗分流和减员增效，事业单位开始实行全员聘任制，党政机关进行机构改革等，加快了职工队伍新老成员更替的节奏，加上非公有制企业职工、新兴产业职工和进城务工人员数量不断增加，使职工队伍年龄结构发生了较大变化。据2002年全国总工会开展的第五次全国职工队伍状况调查结果显示，职工的平均年龄为40.94岁。年龄在35岁及以下的职工占27.1%，36—50岁的职工占59.3%，51岁以上职工占13.6%。与1997年相比，35岁及以下的职工人数下降了19.7个百分点，36—50岁的职工人数增加了13.2个百分点，51岁及以上的职工人数增加了6.4个百分点。国有和集体企业职工年龄老化较为明显，平均年龄为41.76岁和42.41岁。私营企业、外商和港澳台商投资企业等非公有制企业职工平均年龄分别为37.64岁、36.16岁和36.60岁，明显低于国有和集体企业职工的平均年龄，趋向年轻化。科技含量高的新兴产业尤其是信息传输、计算机服务和软件业、金融业等行业职工的平均年龄分别为35.80岁和36.80岁，低于劳动密集型和传统产业职工的平均年龄，呈现出年纪轻、学历高的特征。建筑业职工平均年龄最高，为42.80岁，比信息传输、计算机服务和软件业平均年龄高7.0岁、比金融业平均年龄高6.0岁。随着科技含量高的新兴行业的兴起、非公有制经济的发展、进城务工人员的增加，职工队伍将整体上趋向年轻化。

职工内部出现不同的利益群体。随着改革开放的深入和社会主义市场经济的发展，职工队伍在总体利益一致的基础上又有不同群体之间的差异性，在政治经济地位、劳动方式、利益关系、职业特征等方面出现了一定程度的分化。1992年，全国总工会进行的第三次全国职工队伍状况调查中，依据职业分工把职工队伍划分为三个部分，其中工人占54.8%，专业技术人员占43.1%，管理人员占2.02%。1994年7月《劳动法》颁布，打破了企业的所有制界限，改变了国家化、行政化的管理模式，劳动关系呈现鲜明的企业化、契约化特色，劳动关系走向市场化。1997 年全国总工会开展的第四次全国职工队伍状况调查显示，以社会分工为主要标志的公务员、专业技术人员、企业工人、经营者、下岗职工等群体初步形成。全国总工会 2002 年以来的各次职工队伍状况调查进一步表明，受市场化加速发展、劳动力市场供求关系急剧变化的影响，加之制度、体制、政策等方面的原因，普通工人、专业技术人员、经营管理人员和公务员等群体间经济社会地位分化，职工队伍内部各群体之间利益实现差距仍然存在。一些企业大量使用劳务派遣工，突破了“临时性、替代性、辅助性”的限制，在一些单位形成了“正式职工—劳务派遣工”的二元用工结构，据 2011 年全国总工会统计，包括机关和事业单位在内，劳务派遣工总数超过 4000 万人。非正规就业（或灵活就业）形式异军突起，据人力资源和社会保障部劳动科学研究所调查估计，在我国城镇灵活就业者（主要是用人单位雇用的临时工、小时工、季节工、劳务工以及自由职业者等）数量达到 7000 万人以上，他们的收入不稳定、社会保险难以保证按时足额缴纳。

第二节　农民工成为工人阶级队伍的新成员

农民工是世界工业化历史上的一个新概念，是中国在一个特定历史时期形成的特殊社会群体，主要指户籍仍在农村，但从事非农产业，有的在农闲季节外出务工、亦工亦农，有的长期在城市就业的人群。

党的十一届三中全会实现了向以经济建设为中心的转移，掀起了改革开放的浪潮。农村率先改革，实行家庭联产承包责任制，农民拥有自主经营权，极大地解放和发展了农业生产力，乡镇企业不断涌现，大量农民离开土地进入乡镇企业就业，开创了“离土不离乡”的农业剩余劳动力转移模式，也被认为是农民工出现的最初形式。农民工最早出现在乡镇企业比较发达的苏南和广东珠江三角洲地区。随后，国家出台了系列政策，改善了农民外出就业的环境，从而使农村劳动力的转移和流动进入一个较快增长的时期，“进厂又进城、离土又离乡”的农民工大量出现。他们演出了“百万移民下珠江”的壮举，也以“用脚投票”的“民工潮”方式促进了传统城乡管理体制的改革。

1992 年邓小平南方谈话以后，非公有制经济飞速发展。国家开始放宽农民进城务工的条件，对农民工的管理政策调整为“鼓励、引导和实行宏观调控下的有序流动”。随着社会主义市场经济体制目标的确立，打工者不再被视为“盲流”，而被称为“外来务工人员”；打工也被认为是市场经济条件下人力资源的合理流动和市场化配置。进城务工的农民工就此进入一个快速增长时期。1993 年全国农民工流动总量约为 2000 万人，1994 年约为 2500 万人，1995 年约为 3000 万人，每年几乎以 500 万人的幅度递增。2000 年以来，国家开始取消农民进城就业的不合理限制，逐步实现城乡劳动力市场一体化，同时，积极推进就业、保障、户籍、教育、住房、小城镇建设等多方面的配套改革。1990 年第四次全国人口普查数据显示，离开户籍所在地一年以上的人口约为 1983 万人，占总人口的 1.75%。2000 年离开户籍所在地半年以上的人口为 1.2 亿人，其中属于“离土又离乡”进入城镇打工的约为 8000 万人。随着农民工流动的环境不断改善和农村经济结构的调整、工业化的推进和城镇化的提速，到城市打工的农民越来越多，截至 2003 年底，已达到 1.14 亿人。农民进城打工不仅缓解了农村人地关系紧张的矛盾，也推动了城市的现代化建设进程，为中国的小康社会建设作出了不可磨灭的贡献。

百万移民下珠江

珠江三角洲是以广州为中心的经济开放区，它毗邻港澳，华侨众多。在改革开放中，积极吸收港资、侨资、外资，引进先进设备和技术，开展“三来一补”业务，兴办大批乡镇企业，加快了农村产业结构的调整，增加了对劳动力的需求，从而为农村剩余劳动力转移创造了条件。1980—1987 年，不仅将本地区 150 万农村剩余劳动力转移到乡镇企业，还输入了 100 多万外来劳动力，号称“百万移民下珠江”。外地劳动力的输入，对珠江三角洲的商品生产和经济振兴起到了重要作用。

大量的农民工逐步融入我国工人阶级队伍，是工人阶级队伍发展壮大的一个主要原因。在全国总工会 2002 年进行的第五次全国职工队伍状况调查中，抽中农民工 450 个样本，占调查样本总数的 1.7%，其中，男性 236 人，占 52.4%；女性 214 人，占 47.6%。农民工的平均年龄为 38.07 岁，比城镇职工的年龄（41.53 岁）小 3.46 岁。其平均受教育程度为 9.68 年，比城镇职工少 2.29 年，两者间存在比较大的差距。农民工群体中的党团员比重为 16.3%，比城镇职工（37%）低 20.7 个百分点，比全部职工总体水平（36.7%）低 20.4 个百分点。

随着大量农民工进入城市与企业，这一群体的利益也越来越引起重视。全国总工会在 2002 年进行的第五次职工队伍状况调查中，专门对这一群体的状况进行了分析。报告显示，农民工的劳动经济权益实现程度比城镇职工明显偏低。农民工与城镇职工相比，每周工作时间（55.81 个小时）更长，工资收入水平（888.04 元）更低，工作条件更艰苦，工作稳定性更差。他们对自己工资收入水平的满意度更低，主观判断的收入层次也比城镇职工更低。在对用人单位劳动关系的评价方面，农民工由于期望值低，因此其在一些问题上的评价比城镇职工要略高一些。但是从中也可以明显地看出，在与农民工群体切身利益关系最密切的劳动合同履行情况这一问题上，农民工的评价低于城镇职工。不依法签订、不认真履行劳动合同，可能是侵犯农民工合法权益的一个主要表现形式。在农民工中，其家庭中没有存款或不存款的占19.2%，比城镇职工（11.7%）多7.5个百分点。其本人或家庭成员购买了商业保险产品的占14.2%，比城镇职工少13.7个百分点，几乎只有城镇职工一半的水平。在职工队伍总体中，未能享受按时足额报销医药费政策待遇的约占55.5%，而在农民工中，约有88%未能享受类似政策，比城镇职工（49.8%）高出37.8个百分点。在全部职工中，约有49.2%未能享受到单位为职工建立住房公积金的政策待遇，而在农民工中，这个比例高达94.1%，比城镇职工多42.6个百分点。

在社会态度方面，在对改革问题的认识上，农民工在多数问题上给予了正面评价，在一些问题上其评价比城镇职工略高，而在关于住房制度、养老保险制度、工资分配制度等方面改革给自己利益带来的影响方面，农民工群体的评价比城镇职工低，说明其受益程度比城镇职工低。在职业选择和择业倾向上，农民工具有比较鲜明的特点。农民工的社会流动频率比较高，1997—2002年，每百人平均流动31人（次），比城镇职工多9人（次）。由于农民工大多为科技文化素质较低的一般劳动力，其从事的职业多为苦、累、脏、险工作，因而在选择职业和对就业成功率的预期上，与城镇职工明显不同。他们对失去目前的工作后再找一份工作的困难程度的判断比城镇职工更高。农民工在择业时将“收入高”作为其首先考虑的因素，这一点是其与城镇职工最大的区别，在具体的职业选择上，农民工把成为个体户作为自己的首选目标，这一点也与城镇职工构成鲜明对比。农民工将“就业困难”“腐败严重”“子女就学难”列为最关注的3大社会问题，这一点与城镇职工明显不同。对未来5年自己收入水平变化的预期，以及对于目前家庭生活水平与5年前情况的对比，在这些问题上，农民工群体的评价都比城镇职工更积极。农民工对过去5年收入增加情况的评价低于城镇职工，但对未来生活的预期比城镇职工更为乐观，24.1%的农民工认为今后改善自己生活和工作境况的机会“很多”或“较多”，而在城镇职工中，持这种看法的只占17.2%。

总理为农民工讨薪

2003年11月，温家宝总理在重庆农村考察，在与农妇熊德明握手时了解到拖欠农民工血汗钱的情况，亲自为她讨回了拖欠两年之久的2000多元工薪，从而掀起了连续几年的全国讨薪风暴，有效地遏制了拖欠农民工工资的严重现象。

2004年3月5日，温家宝总理在政府工作报告中说，要抓紧解决城镇房屋拆迁和农村土地征用中存在的问题，切实保障农民工工资按时足额支付。要建立健全及时支付农民工工资的机制，从源头上防止新的拖欠。各类企业都要按时发放工资，严格执行最低工资制度。要保证机关事业单位工资和离退休费的按时足额发放，任何地方都不得出现新的拖欠。要严格工资专户管理，财政资金要优先保证发放工资。

第三节　职工队伍思想价值观念更加务实

作为社会晴雨表的职工思想价值观念状况，1992—2002 年反映出与时代发展同步的特征。这 10 年间，广大职工拥护党的领导，积极支持、自觉实践党和政府采取的各项重大方针政策与改革措施；政治意识趋于成熟，政治态度主流是积极的，思想道德观念也是健康向上的；但同时职工价值观念更加多元化和务实，追求在奉献社会的过程中，更加充分地实现自身价值。

1992 年，全国总工会组织 8 个调查联络组，分赴上海、广州、武汉、重庆、徐州、沈阳、兰州、天津 8 个城市进行调查，形成的《国营企业深化改革试点情况的调查和意见》表明，大约 80% 的职工是理解、支持和拥护改革的，在市场竞争中与企业共命运的主人翁意识在增强。1997 年，全国总工会进行的第四次中国职工状况调查结果显示，90% 以上的职工认为改革开放“很好”和“比较好”。处于改革前沿的北京第二印染厂职工认为：“改革是大势所趋，是企业和职工的希望；改革不但要付出代价，要有阵痛，而且改革也使我们摆脱困境，实实在在受益；我们不但要认识改革，承受改革，而且是保证改革、推动改革的主人。”基于这样的豪迈气概，全厂职工负重前行，形成了主业、物业、副业三业并举的格局，使企业呈现出多元发展的勃勃生机。2000 年，全国总工会对 23 个城市和铁路系统的 100 家企业一线职工的思想状况和工会开展职工思想政治工作情况的调查显示，绝大多数职工对改革开放是满意的，表示支持企业深化改革，希望加快改革步伐，追求社会稳定、经济增长目标。正是有工人阶级的广泛认同，为社会主义市场经济体制在 20 世纪末初步建立奠定了思想基础。

这10年来，每一项改革措施都与职工的切身利益密切相关，不同群体职工从改革中受益的程度也不相同，其感受也不尽相同。从职工认同感差异较大的医疗制度改革和企业改制来看，40岁以下的职工有较高的认同感，他们身体健康情况良好，在单位中是生产和工作的骨干力量，因而也是改革的受益者。40岁以上的职工，年龄大、工龄长，患病机率高，医药费负担重；由于知识结构老化，缺乏重新学习的潜能，在竞争中没有优势，下岗以后再就业机会不多，因此，他们对医疗改革和企业改革的评价偏低，并认为今后改善自己生活和工作条件的机会很少。

市场化进程的加快和国有企业改革的深化，对职工的思想观念也带来相应的影响，职工普遍认为自己目前的社会地位基本没有变化，在以市场经济为取向的改革中，职工的失落感较大。职工对子女的期望很集中，即希望他们能够成为职业稳定、收入较高、工作条件好、社会福利保障健全、社会地位相对较高的社会阶层中的一员，但对作为工人阶级主体的产业工人却并不十分看好，他们看重经济地位，更看重社会地位，也可说是这一阶段的社会现实状况影响职工的结果。

第四节　职工队伍整体素质进一步提高

在职工队伍不断发展壮大的同时，职工素质也不断提高，知识化进程明显加快，特别是知识分子作为职工队伍的一部分，大大提高了职工队伍的科技文化素质。

职工受教育程度普遍提高。2002年第五次全国职工队伍状况调查显示，职工受教育平均年限为12.28年，小学及以下文化程度者占2.4%，初、高中（含中专、中技）文化程度者占64.2%，大专及以上文化程度者占33.3%，其中具有大学本科及以上学历的占9.7%，明显高于全国就业人员的文化程度。另据国家统计局有关调查，2002年10月末，全国就业人员中，小学及以下文化程度者所占比重为37.8%，初、高中文化程度者占56.3%，大专以上文化程度者占6%。另据劳动和社会保障部调查，2002年城镇新就业人员中，80%以上达到了高中水平以上。

职工队伍技术结构优化。随着市场经济的发展，企业对职工的素质要求也不断地提高；市场竞争就业机制的逐步形成，也促使职工为增强自己在劳动力市场上的竞争力而更加注重自身素质的提高。与10年前相比，高级技术工人和有中、高级职称的职工所占比重均有显著上升。据国家统计局数据表明，到2002年末，国有企事业单位拥有的专业技术人员已达2186.0万人，平均每万人拥有专业人员达3711人，是1997年1903.7人的1.95倍。

职工队伍组织化程度明显提高。最大限度地把广大职工组织到工会中来，是近10年来工会工作的重中之重。2002年第五次全国职工队伍状况调查显示，被调查者是工会会员的占75.2%，职工所在单位已建有工会组织的占81.1%。国有企业组建率为91.1%，集体企业75.4%，外商投资企业68.5%，港澳台商投资企业48.6%，私营企业22.0%，事业单位86.9%，机关团体76.4%。另据全国总工会统计，截至2002年9月底，全国新建企业工会组织数达到113.4万个，会员数达到4289.0万人；全国工会基层组织数由1997年的51万个增加到171.3万个（包括覆盖法人单位数），工会会员总数由9131万人增加到1.34亿人，与1997年相比，全国工会基层组织数和全国工会会员数分别净增120.3万个和4266.8万人，均达到历史最高水平。

10年间，各级工会紧紧围绕经济建设这个中心，积极保护和调动广大职工的主人翁积极性和创造性，引导广大职工坚定信心，积极投身改革，战胜各种困难，促进两个根本性转变和国有企业的改革和发展。深入开展群众性生产经济技术活动，为全面完成“八五”计划和实施“九五”计划奉献才智和力量。努力培育“四有”职工队伍，切实加强职业道德建设，大力开展群众性精神文明创建活动。树立和表彰包起帆、李双良、徐虎、李素丽、王启民、王涛、李黄玺等一大批先进模范人物，弘扬工人阶级的优秀品质和时代精神，用工人阶级的先进思想影响和带动全社会，促进了物质文明与精神文明的协调发展。

抓斗大王包起帆

包起帆，男，汉族，1951 年 2 月出生，中共党员，退休前任上海国际港务（集团）股份有限公司副总裁、技术中心主任，连续 5 次被评为全国劳动模范，获得全国优秀共产党员、全国道德模范、全国优秀科技工作者，入选 100 位感动中国人物、共和国 60 位最具影响力的劳模，2 次被中宣部、全国总工会、科技部、交通部树为全国重大宣传典型。改革开放 40 年来，他历经了机修工人、工程师、码头公司经理、集团技术副总裁、市政府参事、大学研究院院长等众多工作岗位，从一名只有初中文化程度的码头装卸工成长为一名教授级高级工程师，先后获得 3 次国家发明奖、3 次国家科技进步奖、44 次省部级科技进步奖，36 次获得日内瓦、巴黎、匹茨堡等国际发明展览会金奖，被誉为“抓斗大王”。他多年来积极参与工会开展的各项活动，至今仍坚持参与全国职工技术创新成果的评审和指导工作，向全总推荐并亲自指导的多项职工创新成果荣获国家科技进步奖。

时代楷模

李素丽，公交“李素丽服务热线”负责人，曾任北京市公交总公司公汽一公司第一运营分公司21路公共汽车售票员。她自1981年参加工作后，在平凡的岗位上，把“全心全意为人民服务”作为自己的座右铭，真诚、热情地为乘客服务，被誉为“老人的拐杖，盲人的眼睛，外地人的向导，病人的护士，群众的贴心人”。2000年李素丽被评为全国劳动模范。

王涛，东风汽车有限公司商用车公司总装配厂汽车调整工。1998年被中华全国总工会评为“全国十大杰出工人”“全国职工职业道德十佳标兵”，2000年被授予全国劳动模范称号，先后3次受到江泽民总书记的亲切接见。20多年来，他累计参与装调的东风车达16万辆以上，没出现过一次质量责任事故；他虽然只有高中文化程度，却写出了5本共计70多万字的汽车调整技术专业书籍，完成了30多项技术革新成果，创造了有名的“王涛操作法”。

李黄玺，一汽集团公司铸造工厂普通工人。他所在的二铸厂，是亚洲最大的具有国际先进水平的铸造厂之一，这里有丹麦的造型线、德国的机械手、西班牙的制芯机、美国的砂处理系统、日本的冲天炉控制系统。李黄玺通过刻苦钻研，对这些设备大胆进行改造，使这些设备更加先进，更加适合中国国情。1991年以来，李黄玺运用学到的技能，先后攻克了63项技术难关，成功地改造了4条具有国际先进水平的造型线，直接创造经济价值1300万元，并且有9项技术成果荣获国家专利。集团公司破格提升他为高级工人技师。他先后被评为长春市、吉林省和全国劳动模范，荣获全国“五一劳动奖章”。

第六章

成长的烦恼

改革开放的推进和市场经济的发展，劳动用工制度的变革，就业结构的变化，国有企业改革等，使工人阶级在时代浪潮中经历成长的烦恼，经受考验与磨炼，承担压力与阵痛。在新世纪到来的时刻，工人阶级迎来了新的嬗变。

第一节　劳动用工制度的变革

在我国市场经济取向的改革不断推进和社会主义市场经济体制逐步建立的过程中，我国经济制度由国有经济占压倒性优势转变为以公有制为主体、多种所有制经济共同发展的基本经济制度，所有制结构发生了深刻改变，劳动用工制度亦发生重大变化。实行以按劳分配为主、多种分配方式并存的分配制度，“大锅饭”被打破，职工群众之间的利益差距逐步扩大。

在计划经济时代，企业缺乏应有的自主权，形成了企业吃国家“大锅饭”、职工又吃企业“大锅饭”的局面。在这种情况下，职工端的是“铁饭碗”。随着商品经济的发展，原有的固定用工制向劳动合同制转变，职工群众的积极性和主动性被逐步激发和调动起来。1992年，《全民所有制工业企业转换经营机制条例》颁布，规定了“企业享有劳动用工权”，“有权决定用工形式”。到1997年底，全国城镇企业实行劳动合同制度的职工达 10728.1 万人，占同口径职工总数的 97.5%；乡镇集体企业实行劳动合同制度的职工达 1795.8 万人。国家还加大了直接关系职工群众工作和生活的价格、住房和社会保障等方面的改革力度，这一系列改革都与职工群众的现实利益直接相关。在国有企业向现代企业制度转轨过程中，一些地方出现了以“三铁”砸“三铁”的做法，即以铁手腕、铁面孔、铁心肠去砸铁饭碗、铁工资、铁交椅。

随着时间的推移，劳动用工制度改革进一步深入。2002 年，全国总工会第五次职工队伍状况调查显示，被调查职工中，正式职工占 70.4%，合同工占 20.2%，临时工（季节工、轮换工、小时工等）占 7.5%。通过招工应聘到目前工作单位就业的职工占 28.5%，通过工作调动的占 20.2%，说明通过市场化的方式就业已经逐渐成为职工的主要就业方式，职工的流动性也在增大。据统计，1998 年至 2003 年 3 月底，有 1830 万国有企业下岗失业人员实现再就业，其中 80% 以上是灵活就业。

与劳动用工制度的改革相联系，职工劳动收入结构和分配方式发生变化，虽然从本单位获得的工资收入仍占主导地位，但工资外收入比例有所增大，随着国有、集体企业改制，一部分职工拥有了企业股份。多元分配格局和现代企业工资收入分配制度初步形成。一是企业普遍建立了以岗位工资为主的基本工资制度，拉开了企业内部收入差距。二是劳动、资本、技术和管理等不同生产要素按贡献参与分配的具体途径和办法开始形成。三是工会代表职工与企业经营者通过集体协商确定工资分配的工资决定机制在逐步探索建立。四是初步建立了以工资指导线制度、劳动力市场工资指导价位制度和人工成本预测报警制度为核心的新型政府宏观调控体系。

在这个过程中，平等协商和集体合同制度逐步推行。到 1995 年底，推行平等协商和集体合同制度取得初步成果，已有48431家企业签订了集体合同。到2002年底，全国建立平等协商和集体合同制度的企业达30.86万家，覆盖职工16167.59万人；签订区域性集体合同6.53万份，覆盖企业74.29万家，覆盖职工2071.25万人；有27个省、自治区、直辖市开展了签订区域性、行业性集体合同工作，签订行业性集体合同1.8万份，覆盖企业21.91万家，覆盖职工1260.2万人；有16个省、自治区、直辖市颁布了集体合同地方法规。

职工的社会保障制度逐步建立和完善。2002年第五次全国职工队伍状况调查显示，办理了养老、失业、医疗、工伤、生育保险、企业补充保险、职工互助合作保险和商业保险的比例，分别为68.6%、42.4%、55.0%、15.0%、8.7%、4.9%、4.8%、7.0%，同时有29.5%的职工或其家庭成员购买了商业保险。养老保险、医疗保险和住房公积金覆盖面超过50%。41.4%的职工能够享受基本医疗保险社会统筹（含大病统筹）。基本医疗保险社会统筹（含大病统筹）已成为职工报销医药费的主渠道。

第二节　就业结构发生变化

在市场化的推动下，我国的工业化和城镇化模式呈现出三大特点：第一，依靠市场资源配置均衡轻重工业比例；第二，依靠多种所有制构成的混合经济推动经济增长；第三，依靠出口导向型发展战略融入世界经济体系和国际市场。不同于一般国家的经济转型或经济增长，中国经济的转型具有双重意义：一方面是体制的转型，即从计划经济到市场经济的转型；另一方面是发展的转型，即工业化过程。随着中国的市场化和工业化双重转型，中国劳动力市场的发育和转型也就有了双重背景，同样也呈现出双重转型的特点：一方面，农村剩余劳动力大量出现并涌向城市，形成新的劳动力市场；另一方面，随着市场化取向的改革不断深入，大量劳动力需要再配置，以提高劳动力资源的配置效率，在对劳动力配置中，市场越来越发挥着基础性作用。

1992 年，党的十四大报告宣布“以公有制包括全民所有制和集体所有制为主体，个体经济、私营经济、外资经济为补充，多种经济成分长期共同发展”。1995 年，党的十四届五中全会重申“以公有制经济为主体，多种经济成分共同发展，是我们必须长期坚持的方针”。1997 年，党的十五大报告明确提出，“公有制为主体、多种所有制经济共同发展，是我国社会主义初级阶段的一项基本经济制度”。1999 年 3 月，九届全国人大二次会议通过的《宪法修正案》增加“国家在社会主义初级阶段，坚持公有制为主体、多种所有制经济共同发展的基本经济制度”这一内容。

经过 30 多年的发展，中国经济结构形成了以公有制为主体，多种经济成分共同发展的格局。从单一的公有制经济转变为多种经济成分共同发展，造就了中国经济改革的特色之路。正基于此，在农村改革造成农业剩余劳动力全面释放和城市改革造成大量国企岗位急剧收缩的局面下，非公有制经济成分的扩张成为解决新增就业问题的主要渠道，就业结构也从正规部门向非正规化发展。1993 年底，全国职工人数为 15040 万人，占全国人口的 12.7%。其中外商投资企业、私营企业和乡镇企业职工大约占到了全国职工总数的一半。

社会主义市场经济体制改革和劳动关系的发展变化，带来职工队伍就业结构的重大变化，主要反映在两个方面。一是职工在不同所有制经济中的就业比重有了较大变化。1978 年，在国有、城镇集体经济单位就业的职工占 77%，在乡镇企业就业的职工占 22.9%，而非公有制经济近乎绝迹。1992 年，在国有、集体经济就业的职工占 55.6%，在乡镇企业就业的职工占40.6%，在非公有制经济就业的职工占3.8%。1997年，在国有、集体经济就业的职工（不计算农民工）占44.9%，在乡镇企业就业的职工占45.4%，在非公有制经济就业的职工占9.6%。职工在不同所有制单位就业比重的调整，更加符合了现实生产力的发展水平。二是职工在三次产业中的就业比重也发生明显变化。1978年，职工在第一、二、三产业就业的比重分别为11.7%、56.3%和32.0%；1992年分别为3.9%、59.8%和36.3%；1997年分别为3.2%、58.6%和38.3%。职工在三次产业中就业比重的增减反映了社会现代化过程中产业结构的优化、重组和升级。

1997年第四次全国职工队伍状况调查表明，随着就业制度的改革和劳动力市场的建立，职工就业流动日趋活跃，初步形成通过劳动力市场配置劳动力资源的用工格局。1991年以来，城镇单位使用农村劳动力每年在1200万人以上，约占全部职工的8%—9%。农村劳动力流动就业人数也逐年增加。1996年末，本地区农村劳动力在外地流动就业的人数达4030万人，其中跨省就业为2636万人，占65.4%。外地农村劳动力在本地流动就业的为1676万人，其中跨省就业的为875万人，占52.2%。1997年全国职工队伍状况调查也表明，职工队伍中有33%的职工就业后跨单位调动过工作，平均调动次数为1.52次。职工参与经济活动的热情和积极性高涨。有44.8%的职工对参与劳动竞赛、技术革新、合理化建议活动表现了很高和较高的积极性，特别是企业中一些年富力强、文化技术水平较高、工作经验较丰富的业务技术骨干发挥了重要的作用。

第三节　国企改革与职工下岗分流

自1978年实行改革开放以后，国有企业一直面临改革开放带来的机遇和挑战。进入20世纪90年代，大量国有企业效率低下，三角债频发。党的十四大正式提出建立社会主义市场经济体制和国有企业建立现代企业制度的目标。以此为标志，国有企业改革不再限于经营权的调整，而是深入产权制度层面，它的主流是以股份制改革为主要内容的现代公司制度建设。

1993年党的十四届三中全会通过《中共中央关于建立社会主义市场经济体制若干问题的决定》，进一步明确国有企业建立现代企业制度的目标与步骤，并将现代企业制度特点概括为“产权清晰、权责明确、政企分开、管理科学”，从此国有企业改革进入转机建制、制度创新的新阶段。

1994年，国务院出台《关于选择一批国有大中型企业进行现代企业制度试点的方案》，提出：“国有企业实行公司制，是建立现代企业制度的有益探索。公司制企业以清晰的产权关系为基础，以完善的法人制度为核心，以有限的责任制度为主要特征”，国有企业建立公司制度的试点在全国正式推开。1998年底，全国共确定近3000家企业进行建立现代企业制度试点。试点企业在改革产权制度、规范法人治理结构等方面都取得一定进展。试点加深了人们对现代企业制度运行机制的认识，进一步明确建立现代企业制度的必要条件、可行途径及重点、难点问题，为在更大范围内推进现代企业制度的建立创造了条件。可以说，建立现代企业制度是国有企业改革十几年经验的总结，是改革认识水平的一次巨大飞跃。

如果说在1993年以前，国有企业的改革主要是让利放权、政策调整，那么到1993年以后，则进入了转换机制、创新制度的阶段。特别是1998年以后，国有企业改制和产业结构调整全面铺开，力度加大。90年代国企改革的一个直接后果就是引起重组后各企业大量裁员的下岗潮。据2003年《中国统计年鉴》记载，1995—1997年国有单位职工人数变化不大，分别为10955万人、10949万人和10766万人。但从1998年开始，人数就开始暴跌：1998年，8809万人；1999年，8336万人；到2002年，这项数据已经滑落至6924万人。6年间，国有单位职工减少将近4000万人，其中大部分是因为下岗潮。与此同时，城镇集体单位职工人数也是呈大幅下降之势，从1995年的3076万人变为2002年的1071万人，减少2000万人。

下岗在一定时期内给国企职工带来了生活困难，失去岗位后，职工家庭收入明显下滑。1997年10—11月，江西省社科院社会学所曾对南昌市下岗职工进行调查，发现490多人中，45.7%月收入低于120元，30.4%在120—200元之间，14.9%在201—400元之间，大部分属于低收入人群。1999年，中国人口高达12.59亿，数量多，就业压力大，许多职工下岗的时候已经四五十岁了，小时候只读过小学或者初中，没知识、没一技之长、年纪大，干体力活也力不从心，这样就很难找到工作。在生活的重压下，有的职工变得消极、悲观，甚至自暴自弃。1999年，一份对多地下岗职工的调查显示："80%—90%（下岗工人）是进入社会职业声望较低的传统零售、服务业，以及过去是以农民工为主体的苦脏累岗位或临时就业岗位。"相比于同样条件的男性职工，下岗女职工就业更加艰难。2003年《中国改革》也刊载了一篇调查报告，李培林先生对东北抚顺、本溪等4座城市下岗职工进行调查，其中42.6%的人认为当前社会很不公平，37.7%的人认为太不公平，至于家中的主要困难，除了吃饭，依次是子女教育费太重，有病看不起，养老没着落，以及住房、冬天取暖、穿衣等问题。

针对深化企业改革过程中下岗职工数量增加、就业矛盾十分突出的情况，各级工会加大工作力度，以多种形式、多种渠道协助政府做好下岗职工分流安置工作。1996年8月，全国总工会下发《关于工会促进失业职工再就业和企业富余职工分流安置的意见》，要求各级工会贯彻全心全意依靠工人阶级方针，依靠职工群众深化企业改革，提高经济效益，从根本上解决失业职工再就业和富余职工分流安置问题。

各级工会加强宏观政策参与，促成再就业政策的出台和贯彻落实；建立再就业培训机构，开展对下岗职工的转业转岗培训，增强下岗职工的再就业竞争能力；兴办职业介绍机构，开展再就业中介服务，通过建立就业信息服务网、兴办大型用工洽谈会、组织劳务输出等多种方式，帮助下岗职工获得再就业岗位；大力发展工会企事业，吸纳部分下岗职工再就业；一些大中城市工会兴办的解困贸易市场，解决了一批下岗职工的临时就业问题；通过宣传教育，引导下岗职工转变就业观念，自强不息，增强就业风险意识和竞争意识。

1998 年 5 月，全国总工会成立了促进再就业工作领导小组，各省（区、市）工会也相继成立领导小组，从上到下形成了有领导、有制度、有目标、有措施、有检查的工作格局。工会坚持以调查研究为基础，加大宏观参与和群众监督的力度，推动政策的落实。省、市工会建立了季度报表制度，随时掌握、检查促进再就业工作的进展、落实情况，并敢于讲真话、报实情，纠正侵犯下岗职工合法权益的行为。许多基层工会在企业制定下岗分流方案时，注意发挥职代会的作用，使这项工作民主决策，公开公正。

同时，各级工会从实际出发，创建工会职业介绍机构和再就业培训机构、兴办工会经济实体、建立再就业基地和解困贸易市场等，直接为下岗职工再就业提供有效服务。截至 2002 年 6 月底，各级工会兴办职业培训机构 6000 多个，累计培训下岗职工达 320 多万人次，使一大批下岗职工掌握了新的劳动技能，提高了再就业竞争能力；工会举办职业介绍机构 4000 余个，累计介绍下岗职工、失业人员再就业达 300 多万人次。

广大职工正确对待利益调整，经受各种困难和风险的考验。下岗工人自强不息，转变观念，下岗不失志，走自立之路。有的积极参与政府推动的“再就业工程”，自身的基本生活得到保障；有的积极参加再就业培训，提升技能技术，浴火重生，重新走上工作岗位。

第四节　劳动争议逐渐增多

据1997年第四次全国职工队伍状况调查统计，1992—1997年，职工与单位之间发生的劳动争议案件逐年增长，总体水平为8.4%，每年发生劳动争议为190.2万人次。职工参与单位集体劳动争议的总体水平为5.6%，每年发生集体劳动争议为126.8万人次。劳动争议发生率最高的是港澳台经济，达35.0%；其次为私营经济，为21.8%，大大高于国有经济7.4%和集体经济7.7%的水平。私营经济的集体劳动争议参与率为14.6%，明显高于其他经济类型。

劳动争议呈逐年上升的原因是：部分企业尤其是外企、私营企业和乡镇企业经营者缺乏全面执行《劳动法》的自觉性，有些人甚至在思想上抵触贯彻执行劳动法律法规；部分企业经营状况不佳，亏损及停产、半停产情况严重，这些企业在贯彻《劳动法》，尤其在执行最低工资、社会保险费缴纳、劳动安全卫生等问题上落实起来很困难；用人单位在订立、变更和解除劳动合同中操作不严格、不规范，国有企业的主要问题是订立、续订和解除劳动合同，非公有制企业主要是开除、除名和辞退；转制企业的领导在决策时忽视职工的意见，对职工的分流安置及转制后职工待遇等问题缺乏通盘考虑导致争议。

在1997年第四次全国职工队伍状况调查中，根据全国总工会《工会参与劳动争议处理暂行办法》中对劳动争议内涵的界定，列举了劳动争议发生的10种主要原因。劳动报酬占26.3%，居首位；其次是工时和休息休假，占15.5%；第三是订立续订解除变更终止劳动合同，占12.7%；其后依次是保险福利，占11.1%，其他原因，占10.6%，劳动保护和安全卫生条件，占9.4%，单位开除辞退职工，占4.7%，职工自动离职辞职，占4.4%，职业培训，占3.2%，女工特殊保护，占2.1%。可以看出，劳动报酬问题是引发职工劳动争议的最直接、最普遍的原因。此外，工时和休息休假、订立解除变更终止劳动合同、保险福利、劳动保护和安全卫生条件等问题也是引发劳动争议的重要原因。

据调查，在发生过劳动争议的职工中，劳动争议未解决的占38.6%，部分解决的占44.3%，全部解决的仅占17.1%，后两项合计为61.4%。数据表明：调处解决劳动争议的总体水平不高。部分地区、行业、经济类型的劳动争议解决率更低。调查还了解到，在职工最近一次获部分或全部解决的劳动争议中，通过调解解决的占51.5%，通过仲裁解决的占76%，通过诉讼解决的占4.2%，通过其他方法解决的占36.7%。在提交各地区劳动仲裁委员会申诉的争议案件中，职工胜诉与单位胜诉的案件比例为72：28，职工胜诉率有较大提高。

第七章

法律撑起保护伞

改革开放以来，我国涉及劳动者权益的法律法规不断完善，以宪法为原则和基础，以调整劳动关系、保护劳动者合法权益为宗旨的一系列法律法规不断出台，配套法律法规进一步完善，具有中国特色的劳动法律保障体系开始形成。这对于有效维护劳动者合法权益、构建和谐劳动关系，日益显现出巨大作用和深远影响，为广大劳动者撑起了“保护伞”、戴上了“护身符”。

第一节　劳动法律体系初步形成

党和国家积极实施依法治国方略，从维护职工合法权益出发，出台了以《工会法》《劳动法》《劳动合同法》为代表的一系列保障职工权益的劳动法律法规和政策。

1994 年 7 月 5 日，全国人民代表大会常务委员会第八次会议审议通过《中华人民共和国劳动法》，并于 1995 年 1 月 1 日起实施。《劳动法》是社会主义市场经济的产物，其根本立法宗旨是调整劳动关系，维护劳动者权益。它从我国宪法的基本原则出发，对劳动者的权利、义务和权益保护等作出了明确而具体的规定，对用人单位和劳动者提出了一系列行为规范，将劳动关系的调整纳入了法治轨道。《劳动法》的颁布，使我国的劳动立法迈上了一个新的台阶。《劳动法》

颁布后，国务院、劳动部均先后颁布了很多劳动法规和规章，以配合《劳动法》的实施。

《劳动法》立法大事记

- 1954 年我国颁布第一部宪法后，党和国家明确提出加强法制建设，健全各项法律。在此背景下，劳动部于 1956 年成立了《劳动法》起草小组，但由于历史原因，第一次《劳动法》起草工作中途夭折。
- 1978 年 12 月 13 日，邓小平同志在中央工作会议闭幕式讲话中把《劳动法》列为“应该集中力量制定”的法律。
- 1979 年，国家劳动总局会同全国总工会等有关部门着手第二次起草《劳动法》。《劳动法（草案）》于 1983 年 7 月经国务院常务会议讨论通过，但未能经过全国人大常委会审议，起草工作暂时中断。
- 1990 年，第三次《劳动法》起草工作启动，国务院成立了《劳动法》起草领导小组。由于国家经济体制改革的市场取向尚不明确，《劳动法》立法原则难以确定，当时形成的草案未能提交国务院常务会议审议。
- 1992 年，党的十四大明确了我国经济体制改革的目标是建立社会主义市场经济体制。1993 年 6 月，《劳动法》起草小组在全国大调研后，起草了《劳动法（草案）》第一稿。
- 1993 年 11 月 19 日，港资企业深圳市葵涌致丽工艺制品厂发生特大火灾，87 名工人失去生命，有名单的伤者 51 人。同年 12 月 13 日，福州市马尾经济技术开发区内的台商独资企业高福纺织有限公司再次发生特大火灾，造成 61 人死亡，7 人受伤。由于缺少比较完备的对劳动者合法权益加以保护的法律，在一些地方和企业特别是在非公有制企业中，随意延长工时、克扣工资、拒绝提供必要的劳动保护，甚至侮辱和体罚工人的现象时有发生，以致酿成重大恶性事件。致丽和高福这两起事件加速了《劳动法》的出台。

• 1994年1月7日，国务院第十四次常务会议审议通过了《劳动法（草案）》；1994年3月2日，第八届全国人民代表大会常务委员会第六次会议第一次审议《劳动法（草案）》。

• 1994年7月5日，《劳动法（草案）》在八届全国人大常委会第八次会议上以“121人赞成，1人反对，3人弃权，1人未按表决器”的结果顺利通过。

2001年10月27日，经第九届全国人民代表大会常务委员会第二十四次会议审议通过，修改后的《工会法》颁布实施。这是自1950年《工会法》颁布实施以来的第二次大修订。修改后的《工会法》适应了客观形势发展的变化，把突出和强化工会的维护职能、充分发挥工人阶级在改革发展稳定中的主力军作用等方面遇到的诸多亟待解决的问题，从法律上作出了明确规定。特别是职工参加和组织工会的基本权利，在法律中得到充分保障。1992年4月重新颁布的《工会法》和1994年7月颁布的《劳动法》，重申和规定了劳动者有权依法参加和组织工会。对于职工参与社会事务的这一项基本权利，2001年10月修改后的《工会法》明确规定：“任何组织和个人不得阻挠和限制。”除宪法和上述两部基本法律的规定外，其他法律法规对职工参加和组织工会的权利也都相应作出规定。

1988年1月，国务院颁布《尘肺病防治条例》，12种危害严重的尘肺病被正式列为职业病；7月，国务院印发《女职工劳动保护规定》《安全生产法》《职业病防治法》《工伤保险条例》，《劳动法》的配套法律法规等也进一步完善。各级人大、政府及有关部门还加大了《劳动法》《工会法》等有关职工和工会权益的法律法规的执法监督检查力度，职工权益的实现有了较为完备的法律保障。

自20世纪90年代《劳动法》实施以来，在全国总工会和各级工会的积极参与和推动下，国家颁布一系列与劳动有关的全国性法律、法规、规章和司法解释，各地出台许多维护职工权益的具体法规规章，我国的劳动法律法规初步完备并形成体系。全国总工会参与《安全生产法》《物权法》《劳动合同法》《就业促进法》《劳动争议调解仲裁法》《社会保险法》等涉及职工权益和工会活动的法律法规的制定。各地工会积极推动地方立法，尤其是在推动《劳动合同法》立法过程中，积极参与调研、起草、论证、修改工作，有关书面劳动合同的订立和不订立书面合同的法律责任、无固定期限合同的扩大、终止合同的补偿金、解雇保护的规定、劳务派遣的规制等方面的意见和建议，都在该法中得到体现。这对于有效保护劳动者合法权益，规范用人单位用工行为，建立和谐稳定的劳动关系有着重大意义。

第二节　劳动关系调整机制不断完善

《劳动法》出台后，为搞好《劳动法》的贯彻实施，全国总工会和各省、自治区、直辖市总工会相继成立了贯彻实施《劳动法》协调领导小组，工会协调劳动关系的力度进一步加大。各地工会积极参加了推行劳动合同制度工作，大力推行平等协商和签订集体合同制度，加强工会劳动争议处理和劳动法律监督工作。

1996年1月8日，全国总工会书记处批准成立了全国总工会集体合同办公室；同年5月17日，劳动部、全国总工会、国家经贸委、中国企业家协会联合发出《关于逐步实行集体协商和集体合同制度的通知》，对推动平等协商和集体合同制度工作和建立三方协调机制问题作出了规定，为各方面共同推动集体合同工作的开展创造了良好的社会环境。

1998 年，全国总工会制定下发《关于集团公司建立平等协商和集体合同制度的意见》《关于建立区域性行业性平等协商和集体合同制度的意见》《工会参加工资集体协商的指导意见》。各地工会积极争取制定集体合同地方法规，建立健全劳动关系三方协调会议制度。截至 2002 年底，有 16 个省、自治区、直辖市颁布了集体合同地方法规，有 20 个省、自治区、直辖市颁布了劳动合同管理条例或规章。

2001 年 8 月，全国总工会与劳动和社会保障部、中国企业联合会/中国企业家协会召开会议，正式建立国家协调劳动关系三方会议制度。2002 年，三方联合下发《关于建立健全省级劳动关系三方协调机制的指导意见》《关于进一步推进平等协商、集体合同制度的通知》和有关加强劳动争议调处、劳动监察和劳动法律监督工作等一系列劳动关系的指导性文件。截至 2002 年底，全国有 30 个省（区、市）建立了省级劳动关系三方协商会议制度。部分全国产业工会也建立了与对口部委和有关单位的联席（联系）会议制度或劳动关系三方协商会议制度。

经过多年的努力，劳动合同制度在企业普遍推行，覆盖面扩大；平等协商、签订集体合同的工作取得了重要进展；劳动关系三方协调机制普遍建立；劳动争议调处制度基本建立。2002 年第五次全国职工队伍状况调查显示，劳动合同的平均签订率为 57. 1%，平等协商和集体合同制度的建制率为 25. 3%。有些省市三方协调机制已向地（市）和县（区）一级延伸，多层次的三方协调机制开始形成。截至 2002 年 9 月，企业建立劳动争议调解委员会 22. 3 万个，受理劳动争议案件 13. 5 万件，调解成功的劳动争议案件 8. 1 万件，成功率达 59. 7%。

蛇口、宝安、葫芦岛、梨树经验

中国工会第十三次全国代表大会工作报告“历史回顾与五年工作总结”中提到：“总结推广了蛇口工业区、深圳宝安区、辽宁葫芦岛市、吉林梨树县等一大批创造性地开展工会工作的先进典型经验。”这四个典型经验长久以来为我国工会工作所借鉴。

一、深圳市蛇口工业区工会工作经验

成立于1983年的蛇口工业区工会，在工业区党委的领导和行政的支持下，坚持以邓小平同志建设有中国特色社会主义理论和党的基本路线为指导，以职工利益代表者和维护者的鲜明身份，依法独立自主地、创造性地开展工作。据统计，1994年底，蛇口工业区工会组建率达到99.19%，职工入会率达到93.40%，工会委员会民主直选率达到100%，工会参与管理率达到85.88%，劳动争议调处率达到99.05%，经费拨缴率达到99.27%。工业区工会在实践中逐步积累了一套比较完整、系统的经验，形成了具有蛇口特色的工作模式。其主要内容包括：一是一切从实际出发，自觉接受党的领导，独立自主地、创造性地开展工作。二是明确工会身份，把维护作为工会工作的重点和强项。三是探索符合蛇口实际的工会组织体制、运行机制和活动方式。四是创造性地形成一套行之有效的工会工作方法。

（引自《鲜明的职工利益代表者的身份和作用——关于蛇口工业区工会工作模式的调查报告》，全国总工会政策研究室调查组，1994年6月）

二、深圳宝安区新经济组织工会工作经验

深圳市宝安区工会在区党政领导的重视支持下，大胆创新，积极

工作，到1995年底，全区8镇、1街道和118个村经济发展公司及区属、镇（街道）属企业全部建立了工会组织，实现了工会组建率的三个100%，并大幅度地推动了村管“三来一补”企业工会组建和其他各项工作的迅速发展。对所有的纠纷，他们始终注意发挥三级调解组织作用，坚持做到多办少转，结案率达98.3%，有力地促进了宝安区劳动关系的稳定。这一带有方向性、前瞻性的创新和突破，展示出旺盛的生命力，对全国蓬勃发展的2200多万家乡镇企业和新经济组织发达地区有较强的典型示范作用。深圳宝安区新经济组织工会工作经验是：清晰明确的思想认识、全新有效的组织网络、系统扎实的工作思路、服务全局的工作重心。第一，全过程地抓认识的统一和提高。第二，抓住工作重点，以点带面，分类指导，分步推进。第三，注意树立典型，用典型进行示范和引路，打开工作局面。第四，加强工会干部的配备、管理和培训，强化自身。第五，善于争取党政领导的支持，形成工会工作的合力。第六，建立完善各项制度，推动工会工作逐步制度化、规范化。

（引自《全新的区、镇、村经济发展公司三级工会网络体系——关于深圳宝安区新经济组织工会工作模式的调查报告》，全总、广东省总、深圳市总联合调查组，1997年3月）

三、辽宁省葫芦岛市工会工作经验

辽宁省葫芦岛市工会在市委和市政府的领导与支持下，从国有企业相对集中的中等城市的实际出发，创造性地贯彻新时期工会工作总体思路，形成了立足全局、突出维护、心系职工、有为有位的城市工会工作新格局，逐步走出了一条具有葫芦岛特色的城市工会工作新路子。一是明确城市工会贯彻总体思路的具体工作路数：在服务大局中求作为，在劳动关系的深刻变化中明身份，在协调社会利益矛盾中尽职责，在构筑职工生活互助保障体系中办实事，在强化自身建设中增活力。二是探索适应总体思路要求的城市工会工作体系：调研参与体系，协调监督体系，生活保障体系，指导服务体系。三是形成城市工会贯彻总体思路的工作机制：源头参与制度，机关工作制度，服务基层制度。四是创新城市工会贯彻总体思路的工作方式：坚持依法治会，努力把工会工作纳入法制化轨道；实行开门办会，逐步形成社会化的工会工作格局；强调民主兴会，推动工会工作的群众化、民主化建设。五是营造城市工会贯彻总体思路的工作环境：市委成为工会贯彻总体思路的坚强后盾，政府十分尊重和全力支持工会工作，社会各方面积极参与和配合。正是这种工作格局，推动工会建会率达98%、职工入会率达97%、职代会建制率达88%、民主评议领导干部率达88%、平等协商和签订集体合同率达87%、劳动争议调解委员会建制率达98%、劳动争议调处率达93%，使工会在全局中发挥着不可替代的重要作用，广大职工对市总工会工作的满意率由1992年的52%提高到1997年的84%。

（引自《工会工作格局的创新——关于葫芦岛市工会工作经验的调查报告》，全总政研室、辽宁省总工会联合调查组，1997年10月）

四、吉林省梨树县工会工作经验

吉林省梨树县总工会先后3次被吉林省人民政府授予“模范集体”称号，1986年吉林省总工会做出了“向梨树县总工会学习的决定”；被中华全国总工会授予“基层工作先进县”。他们从县级工会实际出发，构筑了以围绕中心突出维护、强化自身服务职工为特色的县级工会工作模式：一是明确突出维护、服务全局的工作路子；二是形成围绕难点、狠抓重点的工作格局；三是形成群众化、民主化的组织体制和活动方式；四是培养献身工运事业的干部队伍；五是营造宽松有利的工作环境。他们把总体思路的要求具体化为“围绕中心抓服务，突出重点抓维护，深化改革抓参与，强化自身抓干部”的工作路数；形成围绕“大事”“重点”“难点”“热点”问题开展工作的“四围绕”工作格局；提出和实践企业改制到哪里，工会组织就跟踪巩固和重建到哪里的“随变随建”原则；为防止企业改制后平等协商、签订集体合同走过场，建立预审制、参与制、督查制；扩大基层民主，全面实行工会主席由会员群众直接选举；采取目标管理、PDCA 循环、ABC 分类、因果分析、六给工作法等一整套科学的工作方法。

（引自《强化自身突出维护努力推动农业大县向经济强县迈进——关于吉林省四平市梨树县工会工作经验的调查报告》，全总政研室、吉林省总、四平市总联合调查组，1998 年 7 月）

第三节　中国特色社会保障体系框架初步建立

社会保障制度是职工生存与发展的基本保障。改革开放以来，城乡基本养老保险制度全面建立，全民医疗保险基本实现，社会保险覆盖人群不断扩大，企业退休人员基本养老金连续提高，职工各项社会保险权益总体上得到保障。退休费用社会统筹范围进一步扩大，工伤保险制度改革试点步伐加快，医疗保险制度改革进一步深化，失业保险的覆盖范围进一步扩大，制度逐步完善，生育保险制度改革取得新进展，全国保险福利费用支出进一步增长。

据国家统计，1997 年底，全国参加基本养老保险费用社会统筹的企业职工为 8671 万人；到 2002 年底，参加基本养老保险费用社会统筹的企业职工达到 14736 万人，增加了 6065 万人，增长了 69.9%。企业离退休人员月均养老金水平已从 1990 年的 129 元提高到 2002 年底的737元。到2002年底，全国绝大部分地级以上统筹地区组织实施了城镇职工基本医疗保险制度。1997年底，全国仅有295.4万职工和73.9万离退休人员参加了统账结合方式的医疗保险制度改革，到2002年底参保人数已达9400万人。全国参加工伤保险的职工4406万人，参加生育保险职工为3488万人。截至2002年底，全国31个省份和239个地市设立了基金监督机构，13个省份建立省级社会保障监督委员会，28个省份和205个地市开设监督举报电话。

从参加各种社会保险的比例看，据2002年第五次全国职工队伍状况调查显示，办理了养老、失业、医疗、工伤、生育保险、企业补充保险、职工互助合作保险和商业保险的比例，分别为68.6%、42.4%、55.0%、15.0%、8.7%、4.9%、4.8%、7.0%，同时有29.5%的职工或其家庭成员购买了商业保险。养老保险、医疗保险和住房公积金覆盖面超过50%。41.4%的职工能够享受基本医疗保险社会统筹（含大病统筹）。基本医疗保险社会统筹（含大病统筹）已成为职工报销医药费的主渠道。

下岗职工基本生活保障制度正在与失业保险制度并轨，城市居民最低生活保障制度基本建立。1998年至2003年3月底，全国累计有国有企业下岗职工2750万人，90%以上进入再就业服务中心，进中心的下岗职工基本都能按时领到生活费，并由中心代缴社会保险费。2002年底全国参加失业保险的人数为10182万人，比1998年底增加2254.1万人。1999年以来，国家财政逐年加大了对低保金的投入，2000年为8亿元，2001年为23亿元，2002年为46亿元。

各级工会配合政府推进社会保障制度建立健全，不仅参与了一系列法律法规和政策的制定修改，还以推动提高社会保险覆盖面、提高保障水平和统筹层次，实现养老保险和医疗保险的接续转移为重点，通过多种形式和渠道，开展劳动和社会保障法律法规执行情况的检查，取得了积极效果，参加基本保险的职工人数有较大幅度的提高。在工会的推动下，国家先后出台政策，将600多万名破产国有企业中未参保退休人员全部纳入城镇职工基本医疗保险，将312万名国有企业“老工伤”人员和工亡职工家属纳入工伤保险统筹管理，将未参保集体企业和“五七工”“家属工”等群体也纳入了养老保险，保障了职工的正当利益。

“五七工”和“家属工”

“五七工”指的是在20世纪六七十年代初响应毛泽东同志“五七”指示，走出家门参加生产劳动，组建街道“五七”厂或进入企业不同岗位的城镇职工家属，因此统称为“五七工”。个别行业企业结合他们的工作性质，在本行业内还有另外一些称呼，如石油行业企业曾把他们称作“会战家属”，也有的行业企业在组织这些人员劳动时结合当时的政治形势，提出了“行动军事化、劳动集体化、思想革命化”的口号，因此又把他们称为“三化工”。

“家属工”是指20世纪70年代，曾在石油、煤炭、化工、建筑、建材、交通、运输、冶金、有色、制药、纺织、机械、轻工、农、林、水、牧、电、军工这19个行业的国有企业中从事生产自救或企业辅助性岗位工作，城镇街道居委会自行组建的从事生产自救工作的具有城镇常住户口、未被劳动部门录用、没有企业正式职工身份、未参加过基本养老保险统筹的人员。

“五七工”“家属工”不同于一般意义上的临时工。一是他们多数是在计划经济时期企业计划用工不足时的一种特殊用工形式，一般都与企业形成了较长时间的劳动关系，并且都要经过严格的审批程序才能被企业录用。二是这种用工形式在计划经济时期带有浓厚的政治色彩，后期有的行业或部门出于政治需要有意识地保留了这一群体。三是改革开放以后全国工作中心转移到经济建设上来，诸如“行动军事化、劳动集体化、思想革命化”这样的政治口号不再提倡，所以，这部分人员参加工作时间一般都在1980年以前。

各级工会还积极推动有条件的地方和企业建立企业年金制度，开展职工医疗互助等活动，为职工增加一道新的安全保障线。在下岗职工的基本生活保障和再就业方面，各级工会积极参与规范企业下岗分流行为的工作，督促企业按照国家政策制定下岗分流方案，参与企业再就业中心的建设管理，配合行政做好下岗职工进入再就业服务中心、保障基本生活、开展转岗培训以及下岗职工与企业解除劳动关系、下岗职工基本生活保障向失业保险并轨等工作。

工会把关心职工生活、帮助解决职工生产生活中遇到的困难作为工作重点，探索和实施了送温暖工程、困难职工帮扶中心、互助补充保险、金秋助学、阳光就业、家政服务工程、农民工平安返乡、女职工关爱行动等一系列工作，与国家社会保障制度、社会救助体系有效衔接，成为国家公共服务体系的重要组成部分。

工会“送温暖工程”

创始于1992年的“送温暖工程”，经历了从以下岗困难职工为主要对象的“两节”慰问走访的“进万家门、知万家情、解万家难、暖万家心”活动，发展到凸显“制度保障”作用、将党和政府保障民生的政策资源系统集成的“送温暖工程”的过程。1994年4月，《中华全国总工会关于实施“送温暖工程”的通知》下发，标志着一年一度的送温暖活动拓展为“送温暖工程”，送温暖活动踏上经常化、制度化和社会化的新起点；2002 年 1 月，在迎来送温暖工程实施十周年之际，天津市困难职工救助中心成立，工会帮扶开启新模式。各级工会组织不断加大送温暖资金投入的力度，惠及广大职工群众，成为工会服务职工群众的一道亮丽风景线。

第四节　民主管理与厂务公开深入推进

民主管理是我国广大职工参与企事业民主决策、民主管理、民主监督的创造性实践，是全心全意依靠工人阶级办好企事业的有效途径，是加强基层民主政治建设的重要措施，是协调劳动关系、维护职工合法权益的重要制度安排。改革开放以来，民主管理制度在保障职工民主权利方面发挥了重要作用，并取得积极成效，职工代表大会制度等多种形式的企事业民主管理制度不断发展。

我国工会始终把推行企业民主管理作为协调劳动关系、维护职工合法权益的重要抓手。改革开放以来，工会历次全国代表大会都把推行企业民主管理作为一项重要任务，提出了一系列重要举措，各级工会积极参与推进有关职工民主参与权利的制度建设与立法工作。

全国总工会参与了职工代表大会条例的起草。在《劳动法》《工会法》《公司法》《破产法》《劳动合同法》等法律法规的起草和修订中，坚持推动这些法律法规对职工民主参与权利作出明确规定，为企业民主管理提供法律依据。全国总工会还积极推动国家有关部委联合下发文件，对推动企业民主管理制度提出具体要求。

各级工会组织广大职工通过各种民主管理形式，参与对企事业管理制度的制定和修改，并对生产过程、生产管理的改革提出建议，有力地促进了企事业单位管理水平的提高和效益的增长。在企业深化改革的过程中，通过推行企业民主管理，妥善解决了涉及职工切身利益的许多重要问题，使广大职工增强了对改革的理解和支持，有力地保证了改革的顺利推进。

深化企业民主管理的一个重要方面是推行厂务公开。1998 年以来，厂务公开从无到有、从试点到全面推进再到逐步规范，成为企业实行民主管理的重要形式。厂务公开的主要内容包括三方面：企业改革发展和生产经营方面的重大问题，涉及职工切身利益方面的问题，企业党风廉政建设方面的问题。

20 世纪 90 年代，我国经济体制改革进入攻坚阶段，一些企业在经营管理中遇到了前所未有的困难。同时，企业的改革发展同广大职工切身利益的联系越来越紧密，广大职工了解企业改革进展情况、参与企业生产经营管理的要求越来越迫切。顺应时代发展要求，石家庄天同拖拉机厂、抚顺特殊钢厂、天津国际经济技术合作集团公司等国有企业率先实行厂务公开，积极推行民主管理，推动企业走出了困境。

厂务公开作为基层企业和职工群众民主实践的重要创举，得到了中共中央、国务院的高度重视和充分肯定。根据中央领导同志的指示精神，1998 年底成立了由中央纪委、中央组织部、国务院国资委、监察部、全国总工会、全国工商业联合会等单位负责同志组成的全国厂务公开协调小组。2000 年以后，各地在推开厂务公开的同时，着重在健全机制、规范运作上下功夫，一些省区市出台了考核标准、工作规范等指导性文件；2002 年 3 月，全国厂务公开协调小组向中央报送《关于厂务公开三年工作情况和今后意见的报告》。截至 2002 年底，全国已有 30 万家国有企业、集体企业及其控股企业实行了厂务公开制度，推行面达 90%；5.75 万个非公有制企业实行了厂务公开制度。2002 年 6 月，中共中央办公厅、国务院办公厅印发《关于在国有企业、集体企业及其控股企业深入实行厂务公开制度的通知》，标志着厂务公开工作进入深入开展的新阶段。厂务公开内容从最初的单一关注职工切身利益问题，不断向企业经营决策的重大问题、专业管理的深层次问题拓展，并逐步与企业党风建设、领导班子建设、职工队伍建设等结合起来，针对性和实效性不断增强。

职工代表大会是职工行使民主管理权力的机构，是法定的具有中国特色的职工民主管理制度。1978 年十一届三中全会以来，适应改革开放和现代化建设的需要，职工代表大会制度经过恢复、发展、提高，在全国企事业单位广泛推行，国有、集体及其控股企业普遍建立了这项制度。

随着改革的深化，职工代表大会制度内容不断丰富，除了法定的职权外，企业集体合同草案、业务招待费使用情况、领导班子建设和党风廉政有关问题，以及职工董事、职工监事和职工协商代表选举或罢免等事项，都要通过职工代表大会。职工代表大会的运行机制逐步完善，许多地方实行了企业重大决策预告、职代会无记名投票表决以及职工代表述职、巡视等制度。在国有企业改革过程中，许多地方和企业作出规定，落实职代会对企业改制方案的审议权和对职工安置方案的审议通过权，职工对国有资产的监督权，对职工权益的各项保护措施，保证了改制的规范运作和顺利推进，促进了企业和社会的稳定。

各级工会积极推动在国有和国有控股企业，进一步充实职代会内容，完善职代会制度。1997 年 3 月，全国总工会按照中组部等 4 家联合通知，制定了《关于职工代表大会民主评议企业领导干部的实施意见》。当年底，全国就有 15.11 万户国有企业的领导班子被列入考核范围，已考核结束的国有企业领导班子13余万个，占应考核总数的94%。

在非公有制企业，民主管理同样迅速发展。2002年6月底，有12个省（区、市）出台了在非公有制企业实行民主管理的指导意见，有8.39万个非公有制企业建立了职工代表大会制度，5.75万个非公有制企业实行了厂务公开制度。

公司制企业中职工董事、职工监事制度的建立健全，拓展了职工参与管理的途径。职工董事、职工监事制度是在深化企业改革、建立现代企业制度过程中推行的一项重要的职工民主管理制度。它是指依照法律规定，通过职工代表大会（或职工大会）及其他形式，民主选举一定数量的职工代表，进入董事会、监事会，代表职工行使参与企业决策权利、发挥监督作用的制度。凡依法设立董事会、监事会的公司，都应建立职工董事、职工监事制度。职工董事、职工监事制度的确立，是建立现代企业制度、完善公司法人治理结构的重要内容，是维护职工合法权益、建立和谐稳定的劳动关系的重要途径，是调动和发挥职工的积极性和创造性、促进企业改革发展稳定的内在需要，也是企业民主管理的重要形式之一。

1994年，国务院决定选择百家国有企业进行现代企业制度试点，为职工董事、职工监事工作的开展及其制度的建立提供了契机。全国总工会于1995年下发了《关于加强现代企业制度试点企业工会工作和职工民主管理的若干意见》，明确要求“必须在企业董事会、监事会中有工会组织职工民主选举产生的职工代表，并逐步形成充分发挥职工代表作用的制度”。随着现代企业制度的建立和完善，各级工会在积极参与国有企业公司制改革中，着力探索在公司制企业职工参与管理的新形式，职工董事、职工监事制度也在不断发展。

截至2002年6月底，全国已经建立职工董事监事制度的公有制企业 38350 家，其中国有独资和国有控股公司 9973 家，占已建立工会组织的国有独资和国有控股公司的 79. 33%；建立职工监事制度的公有制企业 39573 家，其中国有独资和国有控股公司 9794 家，占已建立工会组织的国有独资和国有控股公司的 77. 90%；建立职工董事、职工监事向职工代表大会报告工作并接受职工群众监督制度的公有制企业有 33789 家。

职工董事、职工监事制度进一步确认了职工在国有、集体及其控股企业以及其他所有制形式企业中的主体地位，对于完善公司法人治理结构，保证企业科学决策和民主决策，调动和发挥职工的积极性和创造性，促进企业发展，起到了重要的作用。

职工民主管理委员会、民主议事会、劳资恳谈会、民主协商会等多种制度，是改革开放以来各地探索出的企业民主管理新形式。各级工会适应非公有制企业迅猛发展的新形势，认清民主管理原则对各类企业的普遍适用性，把非公有制企业民主管理摆上重要位置，因企制宜，大胆实践，取得了明显成效。随着以职代会为基本形式的民主管理制度覆盖面不断扩大，广大职工积极参与职代会、厂务公开、职工董事职工监事等民主管理活动，知情权、参与权、表达权和监督权得到进一步的保障。

第八章

在改革发展稳定第一线建功立业

面对世界范围的经济和科学技术竞争，广大职工继承和发扬光荣传统，以辛勤的劳动、崭新的风貌和优异的成绩，为实现党所确定的跨世纪宏伟目标作出巨大贡献，同全国人民一道，谱写中国特色社会主义事业更加壮丽的新篇章。

第一节　在社会主义现代化建设中积极发挥主力军作用

我国进入了全面建设小康社会、加快推进社会主义现代化的新的发展阶段。广大职工在党的领导下，站在改革和发展的最前列，以主人翁的姿态积极支持改革、参与改革、推动改革，为推动经济快速发展和社会全面进步，促进社会主义物质文明、政治文明和精神文明协调发展作出了重大贡献。

1994 年全国人大八届四次会议批准“九五”计划和 2010 远景目标纲要后，全国职工响应全国总工会号召，广泛开展“学先进、比贡献、创一流、增效益”活动，为实现“九五”计划和 2010 年远景目标建功立业。在北京、陕西、辽宁、山东等地涌现出一批开展劳动竞赛比较好的先进典型（如邯钢、吉化、洛拖、胜利油田等），他们的经验在全国得以推广，推动了建功立业活动的开展。1996 年后，全国参加社会主义劳动竞赛的人数已达2.3亿人次，创效益965亿多元。国防系统250个企事业单位的统计表明：有193万职工投入了“第二次创业”社会主义劳动竞赛，职工参赛率为94.2%，单位参赛率为87%。“双增双节”活动创效益61.8亿元。

在劳动竞赛广泛开展的同时，职工合理化建议活动也在深入发展。1996年全国总工会成立全国合理化建议工作委员会，并会同国家经贸委联合召开了第二次全国合理化建议和技术改进工作会议，交流推广了17个典型经验，对广泛深入地开展合理化建议活动起到了积极推进的作用。东风汽车、太钢、株冶、福日等一批合理化建议工作做得比较好的单位成为全国先进典型。1997年，据仅对上海、北京等19个省市的统计，职工提合理化建议就达457万条，创经济效益达30多亿元。而1993年至1997年，全国职工提出合理化建议达8300多万件，实施后创效益1753亿多元。

广大职工积极贯彻党和政府关于保持国民经济持续快速健康发展的各项重大措施，围绕胜利实现“九五”计划目标和为实施“十五”计划好开局，广泛开展建功立业活动。2000年10月，全国总工会正式下发了《中华全国总工会关于实施群众性经济技术创新工程的意见》。各种职工经济技术活动，解决了企业生产技术中的一些难题，培养了一批高技能的技术工人，为促进企业技术进步和科技成果向现实生产力的转化发挥了重要作用。

工人阶级的创造性劳动，推动了国家经济和社会建设的发展。国家“九五”计划胜利完成，到2000年，国内生产总值达89404亿元，人均国民生产总值比1980年翻两番的任务已经超额完成；“十五”计划顺利实施，到2003年，国内生产总值上升至116694亿元，人均国内生产总值达9030元，跨上了一个重要台阶。据全国总工会统计，截止到2002年末的5年里，全国共有29.4万个企业工会组织实施了职工经济技术创新工程，有1.7亿人次的职工参加了各种形式的劳动竞赛，创经济效益2305亿元；提合理化建议6506万件，创经济效益1088.5亿元；开展技术攻关、推广新技术107.9万项，其中，组织技术攻关73.6万项，推广新技术34.3万项，创造经济效益273.5亿元；23个省、自治区、直辖市会同有关部门评选表彰了一批有重大经济效益和社会效益的创新成果，选树了一批有突出贡献的创新能手，16个省、自治区、直辖市举办了职工创新成果展；组织开展了各种形式的职业培训、岗位练兵、技术比武等活动，仅参加计算机知识普及应用学习活动和创造学知识培训活动者就达5000万人次，通过在广大职工中掀起学本领、练内功、争当创新能手的热潮，增强了他们的创新意识和创新能力。经济技术创新活动还不断向第三产业拓展，在全国形成了多层面、多方位、多角度的局面。

第二节　以主人翁姿态促进国企改革

1997年9月，党的十五大提出“要从战略上调整国有经济布局”，用3年左右时间，力争使大多数国有大中型骨干企业初步建立现代企业制度。1999年9月，党的十五届四中全会通过《关于国有企业改革和发展若干重大问题的决定》，提出要大力发展股份制公司，通过国有控股和参股来实现国有经济对国民经济的控制力。党的十五大开启了国有企业产权改革的新步伐，加速了所有制结构的调整。

产权制度改革的过程是产业结构优化升级的过程，也是淘汰落后、发展新兴科技产业、调整优化就业结构的进步与发展过程。工人阶级在实现我国工业化的进程中，面临着来自市场竞争的压力和来自新经济的挑战，继续发扬先锋作用，努力学习各种新知识、新理论，用先进的知识武装自己的头脑，传统的工人阶级队伍在向知识化的工人阶级队伍转化。

以大连百万职工为例，他们响应市总工会在1999年提出的“全面提升职工队伍素质，迎接知识经济的挑战，塑造工人阶级新形象”的号召，掀起技能储备、知识储备的浪潮，以主人翁姿态积极投身国企改革和学习型城市的建设中。大连港务局工会组织职工开展“三比三看三赛”活动，职工中建立读书小组579个，1300名职工参与了47个工种的技术比赛，提出合理化建议30000条，为企业创造、节约的价值达700万元。

国有企业改革的重要内容之一，是使国有企业形成适应市场经济要求的管理体制和经营机制。董事会、监事会中的职工代表，积极参与公司的决策和监督公司的经营活动，代表职工行使当家作主的权利；通过职代会等多种形式的民主参与制度，广大职工充分行使民主选举、民主决策、民主管理、民主监督的权利，在建立健全企业管理体制、机制和法人治理结构的进程中发挥了积极作用。

在社会主义市场经济体制不断完善的历史进程中，中国工人阶级识大体、顾大局，积极参与支持企业改革、提高企业竞争力，自觉承担改革成本，并通过各种努力，使之降到最低限度。他们的主动精神和自我牺牲精神，保障和推动了国有企业改革的顺利进行，为增强国有企业的活力和竞争力作出重要贡献。他们加强学习、提高素质，形成了一支适应市场经济要求的职工队伍。全国亿万职工积极投身群众性生产经济技术活动，努力贡献才智，为改革开放和社会主义现代化建设事业作出了新的贡献。

第三节　推进社会主义民主政治建设

改革开放以来，工人阶级对社会主义民主政治建设的促进作用明显加大，基层和社会层次的民主参与活动日渐增多。广大职工通过职代会及其他民主管理形式，参与基层单位的民主管理、民主监督和民主评议，在扩大基层民主中发挥了积极的作用。尤其是在公有制为主体、多种所有制经济共同发展、公有制实现形式多样化和企业产权制度改革的形势下，职工群众创造了许多民主管理企业的新形式。职工还通过工会参与立法、与政府召开联席会议等多种途径和形式，参与管理国家和社会事务，在社会层次也发挥了积极的作用。

通过工会组织的职工（代表）大会和职工代表议事会、职工代表巡视制度、职工董事和职工监事制度以及民主评议、民主咨询、厂务公开等各种民主形式，职工可以有效参与企事业单位的民主决策、民主管理和民主监督。职工积极参与基层民主管理，以职代会为基本形式的职工民主管理制度在产权制度改革中发挥了重要作用，一些新的职工民主参与形式不断涌现。

职工代表大会制度得到了长足发展，相当多的企业坚持把依靠职工办企业作为指导方针，制定了贯彻全心全意依靠工人阶级方针的具体规定，进一步完善以职代会、联席会议等为主要形式的职工民主参与机制，强化了以职代会民主评议领导干部和车间班组民主评议干部为主要内容的监督制约机制，开展了群众性全员参与经营管理活动。一些企业还创造了一些新做法，如认真落实职代会预报和质量评估制度，提高重大决策和重大问题上会率；采取“公开述职、公开评议、公开结果”的方法，使职代会民主评议干部的质量得到很大提高；加大源头参与的力度，坚持对涉及职工切身利益的重大决策早调研、早参与，及时反映职工群众的意见和要求；工会利用主席接待日、民主咨询会、主席团联席会、职工代表巡视、工会信息反馈、维权实录簿、重要问题报告制度等多种渠道实行职工民主管理；实行职工代表质询和职代会提案公开解答制度，建立职工代表巡视监督制度，等等。

同时，在各级工会积极推动下，厂务公开在国有、集体及国有控股企业中普遍推行，职工董事、职工监事制度初步建立，非公有制企业民主管理呈现良好发展势头。

职工社会参与活动有了新的进展。1997 年第四次全国职工队伍状况调查显示，职工的社会参与意识有了增强。86.4% 的职工对“市场经济条件下应有社会责任感”表示赞成和很赞成。职工社会参与的兴趣也很高，调查表明，经常观看中央电视台新闻联播节目的职工占 76.3%，偶尔看的职工占 21.1%，合计为 97.4%；职工中喜欢新闻类、纪实报道类节目的占 57.1%。调查还反映出职工希望通过社会参与解决自身经济、民主权益问题的愿望增加。职工队伍中的优秀分子通过当选为人大代表、政协委员直接参政议政，反映和解决职工自身的现实问题，作用越来越大；广大职工群众通过参与各种形式的民主监督和社会舆论监督，活动的次数日渐增多。越来越多的工人阶级优秀分子加入中国共产党。

职工通过工会等社会组织进行的间接参与也取得重大进展。据全国工会 1997 年统计，各地区有 6149 个基层以上工会与同级政府和行政建立了联席会议制度，共同商讨了 87647 件涉及职工切身利益问题的提案，其中解决落实了 57168 件提案；还与涉及职工利益的 7906 个政府工作机构共同商议了 17182 个有关问题，解决了 13152 个问题；参与政府部门制定政策和重大改革措施 3069 件；参与有关部门共同起草法律法规 1361 件；提出立法建议 1213 件，被采纳 764 件。

第四节　为抗洪抢险作出重要贡献

1998 年夏，我国江南、华南大部分地区及北方局部地区普降大暴雨到特大暴雨，长江发生了继1954年以来又一次全流域性大洪水，嫩江、松花江发生超历史记录的特大洪水，珠江流域的西江和福建闽江也一度发生大洪水，受灾人数之众，地域之广，历时之长，世所罕见，经济社会发展和人民生命财产都受到了洪水的严重威胁。在几个月里，中国工人阶级与全国人民同心协力，同历史上罕见的大洪水展开了一场波澜壮阔的斗争，展现出气吞山河的英雄气概。

1998年特大洪水

1998年洪水，包括长江、嫩江、松花江等。长江洪水是继1931年和1954年两次洪水后，20世纪发生的又一次全流域型的特大洪水之一；嫩江、松花江洪水同样是150年来最严重的全流域特大洪水。据初步统计，包括受灾最重的江西、湖南、湖北、黑龙江4省，全国共有29个省（区、市）遭受了不同程度的洪涝灾害，受灾面积3.18亿亩，成灾面积1.96亿亩，受灾人口2.23亿人，死亡4150人，倒塌房屋685万间，直接经济损失达1660亿元。

这场来势凶猛的特大洪水，使许多地方公路、铁路、通信、供电、供水中断、被毁，生产设备和生活设施遭到破坏。通信、铁路、交通和其他战线的工人都把支持抗洪抢险当作首要任务，大力协同，抗洪抢险，生产自救，恢复生产，在各自的岗位上作出了重要贡献。合肥铁路的全路广大干部职工出色地完成了运送抗洪抢险部队和物资的任务，保证了铁路管段的大江堤坝安全。江泽民总书记充分肯定了广大铁路职工在抗洪抢险中作出的成绩，高度赞扬了他们英勇顽强、团结协作、艰苦奋斗的精神。广大职工群众积极响应党中央号召，不怕困难、顽强拼搏，加倍工作、增收节支，努力把洪涝灾害造成的损失夺回来。百万职工的努力，为抗洪工作取得最后胜利作出了重要贡献。全国总工会授予在抗洪救灾中作出突出贡献的湖北省交通厅公路运输管理局等5个先进集体全国五一劳动奖状，王占成等14名先进个人五一劳动奖章。

在现代化建设过程中，每当遭遇自然灾害和危机冲击，全国各行各业的各族职工都守望相助，以坚忍不拔的毅力抗击灾难、克服危机，用实际行动展现了工人阶级血脉共搏、敢于奋斗、勇于奉献的时代风采。

第五节　积极做维护社会稳定的坚强支柱

中国工人阶级不仅是发展社会生产力的主力军，而且是维护社会稳定大局的重要力量。改革开放以来，工人阶级承受了经济体制改革带来的阵痛和压力，为改革、发展和稳定作出了重大贡献。

20世纪90年代后半期，我国改革进入攻坚阶段。随着国有企业改制和产业结构调整全面铺开，力度加大，在国有经济战略性调整与国有企业战略性改组中，由于实行“抓大放小”、主辅分离，部分职工失去工作岗位，下岗职工数量剧增。广大职工正确对待国家、集体和个人的利益关系，识大体、顾大局，为国家分忧，替企业解难，国有企业改革得以顺利进行，国家的经济战略调整得以实现。到2000年，大多数国有大中型骨干企业初步建立起现代企业制度。国务院确定的建立现代企业制度百户试点和各地选择的试点企业，绝大部分实行了公司制改革。列入520户国家重点企业的514户国有及国有控股企业，作为国有大中型骨干企业，有430户进行了公司制改革，占83.7%，其中282户整体或部分改为有限责任公司或股份有限公司，实现了投资主体多元化。这些企业初步建立了现代企业制度的框架，在实现政企分开、转换经营机制、加强科学管理等方面，迈出了重要步伐。

工人阶级在现代化建设过程中不断壮大，通过平衡内部利益关系，有效化解职工内部具体利益上的差异，维护了工人阶级的整体团结。改革开放以来的历史充分证明，在建立和发展社会主义市场经济过程中，必须全心全意依靠工人阶级，通过深化改革消除影响工人阶级内部团结的因素，调整好工人阶级内部关系。正是一个如此强大的、与执政党同心同德的工人阶级的存在和努力，确保了中国社会政治的稳定。

第三编

壮大与创造：新世纪新阶段的工人阶级

（2003—2012）

迈入21世纪的门槛，我国进入了全面建设小康社会的社会主义现代化建设新阶段。国际局势发生深刻变化，世界多极化和经济全球化的趋势在曲折中发展，科技进步日新月异，综合国力竞争日趋激烈。我国改革深化、开放扩大和经济社会迅速发展，经济体制深刻变革、社会结构深刻变动、利益格局深刻调整、思想观念深刻变化。

新世纪新阶段，工人阶级队伍自身也发生了巨大变化，队伍进一步壮大，素质进一步提高，利益进一步实现。与此同时，工人阶级结构趋于多元化，阶层分化日益明显，农民工成为工人阶级的重要组成部分；企业组织形式多样化，用工方式日渐多样，出现了劳务派遣等新型用工方式，劳动关系领域出现了一系列需要面对和解决的矛盾和问题。工人阶级在党的坚强领导下，与全国人民一道，面对各种严峻挑战，坚定地支持和推进改革开放与现代化建设，积极主动投身经济社会发展的火热实践。在完善社会主义市场经济体制、深化国有企业改革、推动非公有制经济发展、扩大对外开放以及无数具体的生产实践中，工人阶级以牺牲、奉献和创造精神，为中国经济发展和社会进步作出了新的巨大贡献，特别是在2008年全国抗击南方部分地区严重低温雨雪冰冻灾害中，在四川省汶川大地震后的抗震救灾中，在北京筹办奥运会、残奥会的过程中，在应对国际金融危机的历史进程中，广大职工都展现出艰苦奋斗、为国争光、不怕牺牲、甘于奉献、团结友爱的博大胸怀和崇高精神，是推动国家发展和时代进步当之无愧的英雄。

第九章

改革开放进入攻坚阶段

进入21世纪，国内外形势发生深刻变化。党的十六大提出了新的历史条件下的奋斗目标，我国经济发展进入一个适度快速增长的新时期，非公有制经济迅速发展，劳动关系呈现出复杂多变趋势，工人阶级面临大好机遇也面临崭新挑战。

第一节　国际环境呈现新的特征和趋势

世纪之交，中国所处的国际环境发生巨大而深刻的变化。

一是世界格局走向多极化。20世纪80年代末，东欧剧变和苏联解体导致“冷战”终结，世界格局进入转换时期，各种力量重新分化与组合，在新世纪初逐渐呈现出多极化的发展趋势。多极化发展打破了一两个国家的垄断和霸权地位，催生了多种国际政治、经济力量的竞争和发展，推动了公正合理的国际政治经济新秩序的形成，使广大发展中国家获得了共同发展的机遇和条件。在这一背景之下，要和平、谋稳定、促合作、求发展，成为不可阻挡的时代潮流。

二是科技革命加速推进。科技进步通过影响劳动手段、劳动对象和劳动力等生产力诸要素，推动了各国经济结构的调整优化。特别是信息技术渗透到越来越多的产业部门，极大地提高了传统产业的劳动生产率，改变了劳动分工形式，使第一、二产业中就业人口比重下降，第三产业中就业人口比重上升。信息技术替代了部分体力和脑力劳动，使劳动方式和劳动力结构发生改变，蓝领工人减少，白领阶层扩大，科技进步引发了知识经济的崛起，知识、技术和管理的重要地位日渐凸显出来。

三是经济全球化进程明显加快。资本、技术、商品、信息和服务在全球范围内自由流动和优化配置，使世界各国经济相互依存、相互影响日益加深，为世界各国经济发展带来新的动力和机遇。在国际经济新秩序尚未建立、各国经济发展水平差异较大的情况下，各国在经济全球化进程中的受益并不均衡，与发达国家相比，发展中国家面临更大的压力和挑战。各国围绕国际秩序、综合国力、国际市场、科学技术等领域的全方位竞争更趋激烈。

第二节　开启全面建设小康社会征程

进入新世纪，经过全党和全国各族人民的共同努力，人民生活总体上达到小康水平。2001 年我国国内生产总值达到 95933 亿元，比 1989 年增长近两倍，年均增长 9.3%，经济总量已居世界第六位。人民生活总体上实现了由温饱到小康的历史性跨越。2000 年中国人均 GDP 达到 860 美元，2001 年达 900 美元，2002 年接近 1000 美元，标志着中国初步进入小康社会，实现了邓小平同志设想的现代化建设“三步走”战略的第二步目标。这是社会主义制度的伟大胜利，是中华民族发展史上一个新的里程碑。但是我国仍处于并将长期处于社会主义初级阶段，达到的小康还是低水平的、不全面的、发展很不平衡的小康，人民日益增长的物质文化需要同落后的社会生产之间的矛盾仍然是本世纪初我国社会的主要矛盾。

所谓“低水平”，是指我国刚刚摘掉“低收入国家”的帽子，进入世界下中等收入国家的门槛。所谓“不全面”，一方面是指小康生活所覆盖的人群不全面，到 2002 年中国农村还有 2800 多万贫困人口温饱问题没有完全解决；另一方面是指人们所享受的小康生活不全面，衣食问题已经解决，但是在住房、交通、教育、医疗卫生、社会保障、生活环境等方面还有较大差距。所谓“发展不平衡”，是指城乡之间、地区之间、不同收入群体之间发展水平存在很大差距。总体上说，城市进入小康的比重大，农村进入小康的比重小；东部地区进入小康的比重大，中西部地区比重小；高中低不同收入群体之间收入很不平衡，并且这种差距有扩大的趋势。

我国生产力和科技、教育还比较落后，实现工业化和现代化还有很长的路要走；城乡二元经济结构还没有改变，地区差距扩大的趋势尚未扭转，贫困人口还为数不少；人口总量继续增加，老龄人口比重上升，就业和社会保障压力增大；生态环境、自然资源和经济社会发展的矛盾日益突出；我国仍然面临发达国家在经济科技等方面占优势的压力；经济体制和其他方面的管理体制还不完善；民主法制建设和思想道德建设等方面还存在一些不容忽视的问题。巩固和提高达到的小康水平，还需要进行长时期的艰苦奋斗。

为巩固和提高业已达到的小康水平，积极参与国际竞争，2002 年 11 月，党的十六大对全面建设小康社会进行了总体规划，提出要紧紧抓住新世纪头 20 年中国经济发展的重要战略机遇期，集中力量全面建设惠及十几亿人口的更高水平的小康社会，使经济更加发展、民主更加健全、科教更加进步、文化更加繁荣、社会更加和谐、人民生活更加殷实，到 21 世纪中叶基本实现现代化，把中国建成富强民主文明的社会主义国家。

全面建设小康社会是我国在本世纪头 20 年的奋斗目标，这一目标是中国特色社会主义经济、政治、文化全面发展的目标，是与加快推进现代化相统一的目标，展示了我国现代化建设的壮丽前景，具有极大的感召力和凝聚力，鼓舞人心，催人奋进。这一奋斗目标，为工人阶级建功立业提供了广阔的历史舞台。到2020年基本实现工业化，大幅度提高城镇人口比重，建成完善的社会主义市场经济体制等，为工人阶级壮大自身队伍，发挥本阶级的先进性，创造更多的历史业绩提供了大好机遇。

全面建设小康社会成为新时期工人运动的主题，为工人运动和工会工作提出了新的历史任务。全面建设小康社会是造福于包括工人阶级在内的广大人民群众的伟大事业，也是工人阶级自己的事业。工人阶级既是建设者，又是受益者。在这个历史进程中，在各级工会的动员组织下，广大职工不断提高包括政治觉悟、文化水平和业务能力在内的整体素质，保持和进一步发展先进性，站到全面建设小康社会的最前列，在新的历史时期展现出先进阶级的时代风采，作出了巨大贡献。

第三节　非公有制经济成为社会主义市场经济的重要组成部分

新世纪，我国进入了建立和完善社会主义市场经济体制的历史时期。社会主义市场经济体制是我国经济体制改革的基本目标。以建立现代企业制度为方向，国有企业改革深入发展，公有制实现形式出现多样化，如合作经济、股份制、股份合作制和各种混合所有制经济形式。在坚持公有制为主体的前提下，我国所有制结构经历了重大调整，逐步由单一的公有制经济转变为以公有制经济为主体、多种所有制经济共同发展的新格局。

公有制为主体、多种所有制经济共同发展是我国社会主义初级阶段的基本经济制度。毫不动摇地巩固和发展公有制经济，毫不动摇地鼓励、支持和引导非公有制经济发展，使两者在社会主义现代化进程中相互促进，共同发展，是必须长期坚持的基本方针，是完善社会主义市场经济体制、建设中国特色社会主义的必然要求。

党的十六大提出，必须毫不动摇地鼓励、支持和引导非公有制经济发展。坚持公有制为主体，促进非公有制经济发展，统一于社会主义现代化建设的进程中，不能把这两者对立起来。各种所有制经济完全可以在市场竞争中发挥各自优势，相互促进，共同发展。党的十七大提出，坚持和完善公有制为主体、多种所有制经济共同发展的基本经济制度，毫不动摇地巩固和发展公有制经济，毫不动摇地鼓励、支持和引导非公有制经济发展，坚持平等保护物权，形成各种所有制经济平等竞争、相互促进新格局。经过改革开放以来20多年的发展，个体企业、私营企业、外资企业等在国民经济中的地位不断提高，作用日益突出。

第四节　构建社会主义新型劳动关系

新世纪以后，国有企业改革逐步深化，非公有制经济迅速发展，劳动关系也处于市场化的转型过程中，其性质和特征发生了前所未有的改变。传统的国有企业和集体企业与职工之间的利益一致关系，逐渐转变为劳动关系领域中劳动者、企业和政府相对独立的“三方权利”，特别是在企业和职工之间，既存在合作共赢的关系，又存在相对独立的利益诉求。因此，在社会主义市场经济条件下，尽管工人阶级作为国家领导阶级的政治地位没有改变，但是企业成为自主经营的市场主体，职工作为劳动者在劳动过程中对企业的依附性增强，经济关系和劳动关系中的利益矛盾日益复杂和凸显。

针对劳动关系的新变化，党中央、国务院高度重视构建和谐劳动关系。一是把构建和谐劳动作为一项重要工作部署。党和国家始终坚持以人为本、改善民生，把构建和谐劳动关系作为保障劳动权益的重要方面和中心工作。党的十六大把“社会更加和谐”作为全面建设小康社会的重要目标；十六届六中全会明确提出要“发展和谐劳动关系”；十七大进一步强调要“规范和协调劳动关系”；“十二五”规划设专节对构建和谐劳动关系进行阐述，提出了总体目标、基本任务和具体要求。二是制定了一系列政策措施。2010 年，国务院办公厅转发人力资源社会保障部等 8 部门《关于进一步促进劳动关系和谐稳定的意见》，对加强劳动关系工作起到了重要作用。三是各地各部门把构建和谐劳动关系列入重要议事日程，一些地方将构建和谐劳动关系纳入领导干部实绩考核。北京、河北、浙江、江苏、福建等地探索建立和谐劳动关系评价指标体系，初步形成党委领导、政府负责、社会协同、企业和职工共同参与的构建和谐劳动关系工作格局。四是加强劳动关系领域立法工作。劳动关系立法在中国特色社会主义法制建设中占据重要位置。新世纪以来，劳动关系立法和执法得到大力加强，构建和谐劳动关系法制化进程明显加快。一些地方着眼于国家法律法规的细化和解决当地劳动关系方面的特殊问题，制定了有关法律的实施办法和一些地方性法规。各级劳动保障监察机构不断加大执法力度，形成以源头预防为基础、立案查处为手段、维权维稳为目标的劳动关系执法局面。“十一五”（2006—2010 年）期间，各级劳动监察机构检查用人单位 830. 1 万户，查处举报投诉案件 199 万件，查办重大违法案件 150 多件；共责令用人单位与 6465 万名劳动者补签劳动合同，为 3353 万名劳动者追发工资等待遇 391. 2 亿元，督促 80. 8 万户企业为劳动者补缴社会保险费 251. 2 亿元。五是推动建立企业职工工资正常增长机制。各地积极推进工资集体协商工作，并通过建立工资指导线、劳动力市场指导价位和行业人工成本指导制度，引导企业和职工通过平等协商合理确定工资水平。“十一五”期间省区市平均调整最低工资标准3.2次，每次平均上调12.9%。其中2010年，全国有30个省区市调整最低工资标准，平均提高22.8%。经过努力，全国“十一五”期间企业在岗职工平均工资和农民工工资年增长率都在10%以上，是历史上工资增长最快的时期，基本解决了工程建设领域农民工工资历史拖欠和国有企业工资历史拖欠问题，形成预防和解决欠薪问题的长效机制，各级都制定专门文件，国家在新修改的刑法中设立了恶意欠薪罪。全国共分别偿清337亿元和665.4亿元。六是认真落实劳动标准。指导和督促各类企业认真落实国家关于工作时间、劳动安全卫生、休息休假、女职工和未成年特殊劳动保护规定，加强对企业实行特殊工时制度的管理。绝大多数国有企业和相当一部分非公有制企业职工工资正常增长机制得以形成，职工各项劳动权益逐步得到有效保障。

不过，这一时期劳动关系的主要矛盾集中在非公有制企业当中。在非公有制企业快速发展壮大的过程中，劳动关系状况复杂多变，协调难度加大，工会组建工作未能同步推进，部分职工的基本权益没有得到有效保障，工资被拖欠、劳动时间过长、工作环境艰苦、劳动安全难以保证等，损害了广大职工的基本权益。此外，由于市场经济体制仍不完善、劳动者利益表达渠道有限，劳动争议案件和职工群体性事件呈上升趋势。面对新情况新问题，如何代表和维护职工的基本权益，如何促进和谐劳动关系的形成，是进入新世纪后中国工会必须直面和解决的重大课题。

2005年9月15日，王兆国同志在浙江省义乌市召开的全国工会维权机制建设经验交流会议上的讲话中，第一次提出了社会主义新型劳动关系的内涵，指出要通过制度和机制建设，推动建立规范有序、公正合理、互利共赢、和谐稳定的社会主义新型劳动关系。

各级工会适应经济关系、劳动关系的深刻变化和构建社会主义和谐社会的客观要求，坚持以职工为本，主动依法科学维权，抓住发展和谐劳动关系这条主线，把维护职工权益贯穿于推动改革、促进发展、积极参与、大力帮扶的全过程，致力于建立健全科学有效的利益协调机制、诉求表达机制、矛盾调处机制、权益保障机制，有效保障了广大职工的合法权益。

加强工会与同级政府联席会议制度建设。截至2012年底，全国共30个省（区、市）建立工会与同级政府联席会议制度，23个省（区、市）的地（市）一级全部建立联席会议制度，17个省（区、市）政府专门下发文件、制定制度，建立联席会议长效机制。

健全完善协调劳动关系三方机制。2009年，国家三方联合制定《关于应对当前经济形势稳定劳动关系的指导意见》，全国总工会联合全国工商联印发《关于推动非公有制企业与职工同舟共济、共谋发展工作的通知》，共同应对国际金融危机带来的严峻挑战，维护了劳动关系和社会稳定。2011年，全国工商联纳入国家三方会议。31个省（区、市）将工商联纳入三方机制，部分省（区、市）还将税务、保障、劳动保护、安全监察等部门同时纳入三方机制，形成三方四家或三方多家的态势。三方机制网络基本形成，截至2012年底，全国各级地方及产业工会参与建立的协调劳动关系三方机制2.4万个。其中，省级32个，地级329个，县级2590个。2010年，三方联合印发《关于深入推进集体合同制度实施彩虹计划的通知》《关于印发全面推进小企业劳动合同制度实施专项行动计划的通知》等文件，推动解决劳动关系领域的突出问题。据统计，全国多数省（区、市）小企业劳动合同签订率已达到80%，其中有15个省（区、市）劳动合同签订率达到90%以上。

积极推进集体合同和工资专项协议签订工作。全国总工会2010年确定“两个普遍”重点工作，制定《2011—2013年深入推进工资集体协商工作规划》，提出了明确的工作目标。截至2013年6月底，全国共签订集体合同244.6万份，比2008年增长了120.9%；覆盖企业584.8万家，比2008年增长了206.5%；覆盖职工2.76亿人，比2008年增长了84.4%。全国共签订工资专项集体合同130.2万份，比2008年增长了212.5%；覆盖企业324.0万家，比2008年增长了318.3%；覆盖职工1.5亿人，比2008年增长了201.2%。全国高危行业签订劳动安全卫生专项集体合同22.1万份，比2008年增长了115.7%；覆盖职工3193万人，比2008年增长了124.8%。全国女职工专项集体合同签订数达到118.7万份，覆盖企业282.4万家，覆盖女职工7903.9万人。全国有28个省（区、市）成立工资集体协商工作领导小组，19个省（区、市）将工资集体协商列入党政工作目标考核体系。制定《关于推动世界500强在华企业建立工资集体协商制度的意见》，沃尔玛、肯德基、家乐福等世界500强在华企业均成功开展集体协商，在国际国内产生了较大影响。

切实加强集体协商指导员队伍建设。全国总工会2008年和2012年分别制定《关于建立集体协商指导员队伍的意见》和《关于加强专职集体协商指导员队伍建设的意见》，各级工会采取保障经费投入、健全完善制度、强化工作责任等措施，不断加强集体协商专家指导机构和专兼职集体协商指导员队伍建设。截至2012年底，全国集体协商指导员共14.9万人，其中专职集体协商指导员2000多人。

企事业单位民主管理制度化、规范化建设取得新进展。2011年，全总制定《关于规范召开企业职工代表大会的意见》，为企业召开职代会提供更具操作性的规范。对国有企业，2011年与全国厂务公开协调小组成员单位联合印发《关于进一步做好职工代表大会民主评议国有企业领导人员工作的意见》，对非公有制小微企业，2010 年印发《关于推行区域（行业）职工代表大会制度的意见（试行)》。对公司制企业，2012 年印发《关于加强公司制企业民主管理工作的意见》，积极开展职代会、厂务公开制度建设。2011 年，全总下发《关于大力开展厂务公开、职工代表大会建制专项行动的通知》，部署厂务公开、职代会建制专项行动。截至 2012 年底，全国已建立工会的企事业单位单独建立职工代表大会制度的有 404. 9 万家，比 2008 年增加 248. 1 万家，其中公有制企业 24. 6 万家，事业单位 44. 5 万家，非公有制企业 335. 8 万家，区域（行业）职代会覆盖企业 158. 6 万家。全国已建立工会的企事业单位单独建立厂务公开制度的有 395. 5 万家，比 2008 年增加 247. 9 万家，其中公有制企业 23. 6 万家，事业单位 41. 3 万家，非公有制企业 330. 6 万家。2012 年全总下发《关于在推进事业单位改革中加强民主管理工作的通知》，与中央纪委、中央组织部、国资委、监察部、全国工商联等单位联合印发《企业民主管理规定》，与文化部联合印发《国有文化企事业单位职工代表大会实施办法（暂行)》，有力推动了企事业单位的民主管理。

职工董事监事制度建设有新成效。在国有企业和已建工会公司制企业中积极推行职工董事、职工监事制度。根据全总 2012 年的统计，在 26. 2 万家建立了董事会的已建工会公司制企业中，建立了职工董事制度的有 12. 7 万家，共有职工董事 13. 9 万人，与 2008 年相比，分别增长 59. 7%、18. 2%和 42. 0%；在 20. 9 万家建立了监事会的已建工会公司制企业中，建立了职工监事制度的有 12. 5 万家，共有职工监事 12. 7 万人，与 2008 年相比，分别增长 52. 9%、23. 3%和 54. 4%。

劳动争议预防调处机制建设深入推进。各级工会加强与人民法院、劳动行政部门等协调配合，推进调裁对接、诉调对接、委托调解等机制创新。积极探索工会牵头、各方联动的劳动争议预防调处方式方法，促进劳动争议调处纳入“大调解”工作体系。建立劳动争议信息快速报告制度，全国共有9.5万家企事业工会建立劳动关系预警机制。发挥工会信访部门、“12351”职工热线电话和信息中心的作用，及时汇总、分析、掌握职工的利益诉求。截至2012年底，各级工会在企事业单位建立劳动争议调解委员会85.8万个，共有劳动争议调解员288.4万人，分别比2008年增加47.0万个、158.4万人。建立区域性行业性调解组织2.5万个，调解组织人数21.8万人，分别比2008年增加1.4万个、14.8万人。5年来，各级工会共受理劳动争议案件194.5万件，其中，企事业劳动争议调解委员会受理130.8万件，区域性行业性劳动争议调解组织受理63.7万件。成功调解劳动争议案件94.9万件，其中，企事业劳动争议调解委员会调解成功43.0万件，区域性行业性调解组织调解成功51.9万件。受理集体劳动争议案件6.5万件，调解成功3.0万件。

工会法律援助工作不断深化。全国总工会制定《关于建立健全职工法律援助等维权服务长效机制的意见》和《推进职工法律援助工作三年规划（2012—2014年）》，推动各地建立健全职工法律援助长效机制，推出一批职工法律援助示范单位，推行基层工会法律顾问制度、定向法律援助制度和异地法律援助协作机制等。联合司法部、全国律协开展“全国维护职工权益杰出律师”评选表彰活动，借助社会力量为职工提供法律援助服务。全国建立工会法律援助服务机构1.3万家，有法律援助服务人员3.6万名。5年来，为职工提供咨询代书等服务52.9万件，受理法律援助案件29.8万件，处理19.6万件。

全国构建和谐劳动关系先进表彰暨经验交流会影响广泛。2011年

8月，全总、人社部、全国工商联、中国企联、中宣部联合在北京召开全国构建和谐劳动关系先进表彰暨经验交流会。习近平同志出席会议并作重要讲话。会议强调，构建和谐劳动关系，要坚持以人为本，把解决广大职工最关心最直接最现实的利益问题，切实维护他们的经济权益、政治权益、文化权益、社会权益，作为根本出发点和落脚点；要坚持促进企业发展和维护职工权益相统一，推动企业与职工群众协商共事、机制共建、效益共创、利益共享；要从不同类型企业的实际出发，统筹兼顾、分类指导，既整体推进，又突出重点、突破难点。要着重抓好完善劳动法律法规并保障其实施、合理调节企业工资收入分配、加强企业民主管理建设、努力化解劳动关系矛盾、加强企业党组织建设、支持和促进企业健康发展等工作。会议表彰了全国模范劳动关系和谐企业和工业园区，交流了构建和谐劳动关系的工作经验，对构建和谐劳动关系工作进行了全面部署，有力地促进了全国和谐劳动关系建设。

第五节 坚持走中国特色社会主义工会发展道路

进入新世纪新阶段，中国特色社会主义事业推进到一个新的历史阶段，各级工会在党中央坚强领导下，牢牢把握坚持和发展中国特色社会主义、全面建设小康社会的时代主题，准确把握国内外发展大势，主动顺应经济关系、劳动关系和职工队伍的发展变化，深入研究社会主义市场经济条件下工会工作的特点和规律，主动调整工会工作方针、思路、任务、重点，创新工会工作体制机制、途径载体、方式方法，以巨大的理论勇气和艰难的创新实践，最终探索出一条适应时代要求、符合基本国情、体现工会性质的中国特色社会主义工会发展道路，成为中国特色社会主义道路的重要组成部分。

这条道路是中国工会80多年、新中国成立60多年、改革开放30多年特别是新世纪新阶段以来党的理论创新与工会实践相结合的科学总结，是我们党关于新时期工人阶级和工会工作重要思想的集中体现，是对马克思主义工运理论的继承和发展，凝结着历届工会领导和广大工会干部的心血与智慧。党中央高度肯定中国特色社会主义工会发展道路。2013年4月28日，习近平总书记在同全国劳动模范代表座谈时强调，中国特色社会主义工会发展道路是中国特色社会主义道路的重要组成部分，深刻反映了中国工会的性质和特点，是工会组织和工会工作始终沿着正确方向前进的重要保证；要始终坚持这条道路，不断拓展这条道路，努力使这条道路越走越宽广。

工会发展道路是在推进中国特色社会主义事业的进程中探索形成的，是工会坚持中国特色社会主义道路、理论体系、制度的必然结果。改革开放前，我国实行的是高度集中的计划经济体制，公有制占主体地位，实行的是计划经济条件下的按劳分配制度，职工利益由国家政策调整，劳动者内部利益差距不大。改革开放后，我国逐步建立起充满活力的社会主义市场经济体制，实行以公有制为主体、多种所有制经济共同发展的基本经济制度，所有制结构深刻改变，劳动用工制度发生很大变化；实行以按劳分配为主、多种分配方式并存的分配制度，“大锅饭”被打破，职工群众之间的利益差距逐步扩大。这些都给工会工作领域、对象、内容、方式等带来很大影响，对工会的组织体制、运作机制和活动方式提出了新的要求。20世纪80年代和90年代，工会从当时的情况出发，先后确立了维护、建设、参与、教育的工会四项社会职能，明确了维护职工合法权益是工会的基本职责等，这都是对从计划经济向市场经济过渡中的工会发展道路的积极探索。

20世纪末到21世纪初，国内外形势发生深刻变化。经济全球化深入发展，综合国力竞争日趋激烈，各种思潮相互激荡。我国进入全面建设小康社会、加快推进社会主义现代化的新的发展阶段，出现了大量新情况新问题。特别是国有企业三年脱困、大批国有企业转制，给工会工作带来了前所未有的严峻挑战。一是3000多万下岗职工离开了原工作岗位，由于年龄、技能等原因，其中一些职工难以实现再就业，解决他们面临的生产生活问题更加突出地摆在工会面前。二是国有、集体企业数量迅速减少，外资和港澳台资企业、私营企业等大量涌现，如何组建工会、发展会员，如何开展工作、发挥作用，工会缺乏经验，非公有制企业工会工作成为薄弱环节。三是工会自身也面临着不少突出问题。在国企改制过程中，一些工会组织被撤销、合并，会员流失，农民工、一些非公有制企业职工没有组织到工会中来，工会对职工的覆盖面下降，工会工作面临新的挑战。

正是在这种历史条件和时代背景下，中国工会牢牢把握住社会主义初级阶段的基本国情，适应社会主义市场经济的发展要求，坚持独立自主，坚持中国工会性质，坚持走自己的路，不受外来影响和干扰，探索了一条适应自身特点与优势的发展道路。各级工会紧紧围绕全面建设小康社会、坚持和发展中国特色社会主义这个当代我国工人运动的主题，以开展“组织起来、切实维权”大调研为契机，深入研究社会主义市场经济条件下工会工作的理论与实践，摸清问题、厘清思路、明确办法。在过去提出的突出工会维护职能基础上，又鲜明提出把维护贯穿于推动改革、促进发展、积极参与、大力帮扶全过程的思路，即把强调维护基本职责具体化到“四维护”；确立了“组织起来、切实维权”的工作方针，“以职工为本，主动依法科学维权”的工会维权观，“促进企业发展、维护职工权益”的企业工会工作原则，明确了农民工是工人阶级的新生力量和重要组成部分，构建社会主义新型劳动关系目标等。在实践中，各级工会按照党中央要求，围绕中心、服务大局，开展工作，深化劳动竞赛，做好劳模工作；发挥工会“大学校”作用，提高职工素质；发展和谐劳动关系，维护职工合法权益；开展送温暖活动，加强帮扶中心建设；推动工会经费收缴和使用的改革，发展壮大工会资产；加强工会外事工作，搭建对外交流平台等，创造了许多成功做法和新鲜经验。在理论创新和实践探索的基础上，经过逐步概括、提炼，最终明确了中国特色社会主义工会发展道路的基本内涵，这就是：坚持自觉接受党的领导，坚持工会的社会主义性质，坚持发展工人阶级先进性，坚持构建和谐劳动关系，坚持维护职工群众合法权益，坚持完善社会主义劳动法律体系，坚持推动形成国际工运新秩序，坚持以改革创新精神加强工会自身建设。这条道路的核心是坚持自觉接受党的领导，根本是坚持工会的社会主义性质，关键是坚持维护职工群众合法权益。

中国特色社会主义工会发展道路，是在推进中国特色社会主义伟大事业、探索社会主义市场经济条件下工会工作规律、破解前进道路上面临的新挑战过程中形成的，集中体现了新时期党中央关于工人阶级和工会工作的一系列新思想、新观点、新论断，科学回答了“走什么样的工会发展道路、建设什么样的工会、工会发挥什么样的作用”的重大时代课题，深刻反映了中国工会坚持中国特色社会主义道路、中国特色社会主义理论体系和中国特色社会主义制度的高度自觉。实践充分证明，这条道路是指引中国工运事业蓬勃发展的必由之路、成功之路、胜利之路，并将随着时代发展不断丰富、完善。

在新的历史起点上，各级工会把坚持和拓展中国特色社会主义工会发展道路，放在全面建设小康社会、坚持和发展中国特色社会主义的宏大进程中去把握，放在实现工人阶级和广大劳动群众根本利益的战略高度上去思考，立足广大职工群众和工会干部的火热实践，深入探索社会主义市场经济条件下经济关系和劳动关系发展规律、工人阶级队伍发展规律、工人运动和工会工作发展规律，在落实上狠下功夫，在实践中丰富完善，在创新中淬炼升华，中国工人运动在新世纪之初再次显示出新的勃勃生机。

第十章

工人阶级的发展与壮大

2003年以来的10年，我国改革发展取得重大突破，经济实力大幅提升，人民生活显著改善，民主法治建设明显进步，文化建设呈现蓬勃发展局面，社会建设全面展开。我国职工队伍在数量、素质、结构方面，也随着经济社会的快速发展而不断发展变化，表现出许多新的特点，呈现与时俱进的良好态势。

第一节　职工队伍不断发展

随着我国经济社会的发展和工业化、城镇化的推进，职工队伍在总量和结构上都发生了许多新的变化，规模进一步发展壮大，年龄结构比较合理，综合素质不断提高，地区、产业、行业、所有制结构呈现新特点。

职工队伍规模不断壮大。2002年以来，我国经济保持平稳快速发展的同时，我国劳动年龄人口也不断增长，职工队伍不断发展壮大。据全国总工会测算，2002年至2011年，我国职工人数由2.07亿增加到3.51亿，增长了69.6%，年递增7.7%。随着第二、三产业快速发展，农村富余劳动力不断向城镇转移，经济的发展特别是劳动密集型企业和中小企业的发展创造了大量新的就业岗位，第二、三产业从业人员从2007年的4.5亿人增加到2011年的5.0亿人，增长11.7%；

2011 年，第二、三产业从业人员占全部从业人员的比例达到 65.2%。

职工队伍继续保持年轻化。调查显示，2002 年职工队伍平均年龄为 40.9 岁，2007 年为 36.5 岁，2012 年为 35.3 岁，总体上呈不断年轻化态势。其中，2007 年城镇单位职工的平均年龄为 40.1 岁，比 2002 年的 40.9 岁略有下降，而到了 2012 年，城镇职工的平均年龄就达到了 36.6 岁，降幅较大。2007 年农民工平均年龄为 32.2 岁，而 2012 年为 33.0 岁，基本持平。70 后、80 后职工群体是职工队伍主体，随着职工队伍的新老更替，2012 年，70 后、80 后职工已经占到职工队伍的 30.7% 和 38.6%，90 后职工也逐渐进入职工队伍。青年职工的文化程度更高，更乐于接受新事物。

职工队伍性别结构趋于平衡。第七次全国职工队伍状况调查显示，2012 年职工队伍中男性占 51.1%，女性占 48.9%，总体性别比 104.5，接近于 2011 年劳动年龄人口性别比 104.2，在就业总体规模上不存在明显的性别差异。从职工队伍细分群体来看，在第一、二产业的所有行业，第三产业中的交通运输、仓储及邮政业、水利、环境和公共设施管理业、公共管理、社会保障和社会组织中，男性职工多于女性职工，部分是由于男女生理差异而导致的分工差别。从职业发展来看，提高女职工社会地位，实现男女平等仍面临一些突出问题。2012 年调查显示，单位高层管理人员和中层管理人员性别比分别为 256.8 和 153.1，远高于其他身份职工。而普通职工和一般管理人员中女性职工多于男性，性别比分别为 92.5 和 88.6。11.1% 的最低收入职工组的女性比例最高，性别比为 57.6，男性人数仅为女性人数的一半左右；收入越高，男性比例就会逐渐增加；8.2% 的最高收入职工组的女性比例最低，性别比为 153.2。

职工队伍整体素质全面提高。一是政治素质和思想道德素质不断发展。据第七次全国职工队伍状况调查，广大职工拥护党的大政方针，支持改革开放，对改进党的作风、反对消极腐败充满期待。有82.3%的职工认为改革开放是大势所趋，应该继续坚持；71.8%认为有必要继续推进政治体制改革；88.4%认为必须重视改革开放中出现的消极腐败现象。职工中党团员的比例不断提高，2012年，有26.2%的职工是中共党员，比2007年增加7.1个百分点；25.3%是共青团员，比2007年增加7.6个百分点。职工队伍的思想道德素质总体积极向上，大多数职工具备较强的社会责任感和正义感。调查显示，85.2%的职工认同雷锋精神的社会价值；56.6%的职工表示"如果路上遇到老人摔倒的情况，即使冒着被人赖上的风险，依然会去扶助"。二是文化素质整体呈上升态势。10年间，我国教育经费投入不断增加，国民受教育程度大幅提升，带动了职工队伍文化素质的提升。2002—2012年，职工文化技术水平有一定提高。调查显示，2002年职工平均受教育年限为12.28年，2007年为12.37年，2012年为12.95年。其中，农民工平均受教育年限10.43年。2012年大学本科及以上的职工占21.8%，比2007年提高12.9个百分点，大专（高职）水平职工占25.6%，比2007年提高8.7个百分点。调查表明，新进入职工队伍的年轻劳动力接受过更好的教育。总体来看，年龄越轻，受教育程度越高。三是技术素质逐步提高。2007年调查显示，在全部职工中，技术工人占29.1%。其中，在城镇职工中，技术工人占36.6%，与2002年基本持平；在农民工群体中，技术工人占25.5%，比2002年调查提高近5个百分点。技术工人比重的增加，对推动企业技术创新、提升核心竞争力起到了良好的促进作用。随着人才强国战略的深入实施，职工队伍技术素质进一步提升，高职称、高技能人才不断涌现。2012年调查显示，职工中46%拥有专业技术职称，比2007年提高12.8个百分点；21.9%拥有初级职称，19.1%拥有中级职称，5%拥有高级职称，分别比2007年提高了7.2、3.9、1.7个百分点。专业技术人员中拥有职称的占86.8%，比2007年的82.7%提高4.1个百分点。我国职业教育的发展也促进了职工技术技能水平的提升，2012年，有52.0%的职工接受过技校、职高、中专、高职等职业教育，其中专业技术人员接受职业教育的比例高达62.6%。

东部沿海地区职工数量大，职工队伍向经济发达地区聚集的趋势明显。我国职工队伍的地域分布主要受人口规模和经济发展水平影响，越是发达地区所能提供的就业岗位越多，职工队伍的规模也越大。据测算，2007年，全国职工的54.4%集中在东部沿海地区，高于中部地区的25.7%和西部地区的19.9%；占全国职工人数比重较大的5个省份依次是广东、江苏、山东、浙江、河南。一段时间内，职工队伍持续向东部沿海地区聚集。大量研究证实，东、中、西部经济实力的相对差距和人口规模的地域分布格局在短期内也基本保持稳定，因而经济相对发达的东部沿海地区仍是人口的主要迁入地，人口分布的重心不断向东部地区偏移。由于我国人口迁移主要属于经济性迁移，迁移人口中多数都成为职工队伍一部分。2002—2006年，东部沿海地区的职工队伍增长最快，占全部职工增长量的39.3%，其中福建、广东、江苏3省增幅最高，分别增长71.4%、50.4%、44.8%。

职工的产业、行业分布与我国经济社会发展状况总体适应。10年间，城镇化进程不断推进，大量农村富余劳动力向第二、三产业转移，企业不断转型升级，服务业逐渐成为吸纳就业的主渠道，这些都使职工产业、行业分布发生相应变化。具体表现在，第一产业就业人数呈下降趋势，第二产业平稳增长，第三产业长势明显。2011年底，三次产业就业人员依次占比为34.8%、29.5%和35.7%，第三产业就业人数比重超过第一产业。与城镇化发展相关的产业就业人数增长最快，2011年，建筑业、房地产业、住宿和餐饮业城镇单位就业人员分别比2007年增长64.1%、49.3%、30.6%，现代服务业就业人数也有长足发展，2011 年，信息传输、计算机和软件业、金融业城镇单位就业人员分别比 2007 年增长 41.6%、29.7%。在各类社会组织就业的职工已成为职工队伍新的组成部分。据统计，2011 年末社会组织职工人数 599.3 万人，比 2007 年增长 31.2%，其中民办非企业单位 234.8 万人，社会团体 363.0 万人，分别比 2007 年增长 41.0%、25.8%。

制造业职工仍是职工队伍的主体，在职工队伍中比重最大。但城镇职工在制造业中比重明显下降。2007 年调查显示，31.9% 的职工集中在制造业，占全体职工近三分之一，反映出制造业规模继续扩大，仍然是提供就业机会最多的产业部门。城镇职工在制造业中就业比重只有 22.8%，比 2002 年下降 9.7 个百分点，这显然是大量农民工进入制造业就业的结果。调查还表明，职工中在居民服务和其他服务业就业的比重达到 9.8%，比 2002 年上升 5.8 个百分点，说明随着城镇化进程的加快和社会建设事业的发展，与民生密切相关的第三产业尤其是各类服务业发展迅速，对劳动力的吸纳起到了越来越重要的作用。

非公有制企业从业人员数量日益增加。调查显示，企业职工是职工队伍的主体，非公有制企业从业人员的比重大于公有制企业。1998 年到 2009 年，城镇从业人员中，国有单位从业人员从 9058 万人下降到 6420 万人，占城镇从业人员的比例从 41.9% 下降到 20.6%，有限责任公司和股份有限公司从 894 万人上升到 3389 万人，占城镇就业人员总数的比例从 4.1% 上升到了 10.9%；私营单位和个体经济就业人员从 3232 万人上升到了 9789 万人，占城镇就业人员总数的比例从 15.0% 提高到了 31.5%。其中 2007 年，在企业职工中，非公有制企业职工占 58.6%，公有制企业职工只占 41.4%。特别是人数大幅增加的城市农民工，绝大多数集中在非公有制企业。

第二节　农民工成为工人阶级重要组成部分

进入21世纪，中国城镇化过程继续保持快速发展。2002年至2011年，中国城镇化率以每年1.35个百分点的速度发展，城镇人口平均每年增长2096万人。2011年，城镇人口比重达到51.3%，比2002年上升了12.2个百分点。这种城镇化水平相较发达国家75%以上的城镇化率而言，还有较大差距。随着我国工业化、城镇化进程的加快和社会主义市场经济体制的不断完善，劳动力在城乡间自由流动的障碍越来越少，促进了大量农村富余劳动力向非农部门转移，总数逐年上升，形成了规模庞大的农民工大军，成为职工队伍的一支重要力量。

调查显示，2003年全国农民工大约2.15亿人，相当于全国职工总数的一半以上，其中跨乡镇外出农民工约1.1亿人。根据经济社会发展中的新情况和新问题，2003年9月召开的工会十四大鲜明地提出“一大批进城务工人员成为工人阶级的新成员”。2004年中央一号文件明确提出：“进城就业的农民工已经是产业工人的重要组成部分。”2006年，农村乡镇从业农民工占城镇从业人员的46%。农民工大部分集中在非公有制企业，占到了67.9%。到2008年，我国农民工总量已达2.25亿人，其中外出农民工数量为1.40亿人。2011年总量达到2.53万人，2012年增加到2.60亿人，其中大部分成为产业工人的主要力量，为社会创造了巨大财富，为中国的工业化、城镇化、现代化建设作出了重大贡献。

随着农民工群体人数的不断增加，其内部也出现了代际更替。农民工的主体是青壮年，他们的加入缓解了城镇人口老龄化给职工队伍年龄结构带来的压力，使职工队伍在总体上仍然保持年轻化的特征。

新生代农民工群体是外出农民工的主体，并且在整个经济社会中发挥着越来越大的影响。调查显示，2009 年外出新生代农民工总人数大约 8487 万人，占全部外出农民工总数的 58.4%，成为外出农民工的主要组成部分。

由于城乡二元分割的体制因素，农民工的工人身份长期得不到制度承认，在融入职工队伍的过程中面临一些制度性障碍，他们在城市中的工作和生活权利难以得到有效保障。调查表明，2003—2007 年 5 年间，农民工主要集中在劳动密集型、技术含量低、工作强度大的一些苦、脏、累、险行业，其中在建筑业、住宿和餐饮业、采矿业、制造业中，农民工比重分别达到 78.2%、71.8%、65.7%、61.3%。他们平均受教育程度较低，工作条件艰苦，收入水平低，居住环境恶劣，未被纳入城市社会保障体系，不能像城镇职工一样平等地分享到经济社会发展的成果。就业、分配、教育、保障、住房等方面的制度安排，人为地把农民工与城镇职工划分为不同的群体。

而新生代农民工与老一代农民工相比，在受教育水平、利益诉求、权利意识、自主意识等方面都与其父辈有着明显的不同，体现出许多新的时代特征。全总相关调查显示，新生代农民工这一群体最大的特点在于关注自己与企业共同发展的意愿最强烈，比传统农民工高 20 多个百分点。相比较传统农民工，他们文化程度比较高，自我发展意识、职业发展理想要求比较强烈。新生代农民工大部分生活经历比较简单，多半没有结婚，大部分就业都在东部、沿海地区，外出谋求发展动机强烈。这一群体大多聚集在第二、第三产业就业，绝大部分在非公有制企业工作。这个将近 1 亿人的群体，整体上工资偏低，限制了他们对城市的渴望，他们的收入水平仅为城镇职工一半左右，比传统农民工也低 10% 左右。有 31.6% 的新生代农民工认为劳动报酬是引发争议的最重要因素。新生代农民工劳动合同签订率低于城镇职工

4.1个百分点，并有近7成农民工在合同中没有具体约定月工资数额。养老保险中，超过一半的新生代农民工要么没有正常接续，要么对于是否接续不知情。这些都使得他们的工作稳定性差、流动性强，跳槽比较频繁，比传统农民工高3倍左右，有80%的农民工是主动提出要结束劳动关系的，这也高出传统农民工近17个百分点。由于新生代农民工年龄较轻、专业技能较为欠缺、对工作和生活期望较高等原因，在劳动关系领域更多地出现工作变动频繁、生活幸福感较低、社会保障水平不足、劳资冲突加剧等问题，对构建和谐劳动关系提出了更高的要求。

新生代农民工调研

2010年3月，全总成立新生代农民工问题课题组，在对大连等地实地调研基础上，形成了第一阶段研究成果《关于新生代农民工问题的研究报告》，中央领导同志作出批示，该报告发表后引起人民日报、新华社等媒体广泛转载和社会高度关注。2011年2月，课题组形成第二阶段调研报告《关于对新生代农民工现状的调查与对策建议》。中央领导同志对报告给予充分肯定和高度重视，作出重要批示，要求继续深入研究新生代农民工的特点和需求，加强对他们的思想引导和人文关怀，帮助他们解决在工资分配、社会保障、职业培训、进城落户等方面遇到的实际困难，增强他们对未来成长发展的信心。

第三节　职工队伍内部结构分化加速

伴随改革开放的深入和社会结构的变迁，我国职工队伍内部结构也发生了深刻变化。大批乡镇企业职工、农民工、非公有制企业职工、新兴产业职工源源不断地加入职工队伍，一方面使职工队伍的规模不断扩大，另一方面也使职工队伍内部阶层、地位出现分化。普通职工、专业技术人员、管理人员、农民工、公务员、以下岗失业职工为主体的困难职工，由于拥有不同的组织资源、经济资源和文化资源，在平均受教育程度、权益实现情况、社会态度等方面都存在比较明显的差异，构成了职工队伍内部的几个主要群体，成为生活方式和发展条件有所不同的社会阶层。2007 年以后的几年，劳务派遣工、灵活就业人员等作为新的群体也逐渐形成并不断扩大。

职工内部群体的特性主要体现在以下几个方面。

一是部分群体分类标准相关性减弱，一些职工群体之间出现融合趋势。随着市场经济的发展、法制的完善以及社会建设的推进，职业、收入、所有制、户籍等群体分类标准之间的一致性逐步打破，不同群体之间的交流加大。如普通职工与专业技术人员、经营管理人员之间的界限开始模糊，普通职工素质的提高和企业业态的变化，使专业技术人员不再局限于传统的拥有专业技术资格的人员，许多普通职工同时也是专业技术人员。

二是一些群体之间的差异性变得明显。如企业科层化的发展使得管理者与被管理者之间的差别更加明显。一方面，非公有制企业形成了一支专职的经营管理者队伍，这支队伍并非企业所有者，但在经济和社会地位上也不同于普通职工；另一方面，一些企业特别是大型、特大型国有企业不断强化不同层级之间差异，普通职工与企业管理人员之间收入相差悬殊，使得职工内部管理者与被管理者之间的矛盾也日益复杂。行业垄断形成的收入畸高，垄断行业职工与其他行业职工在工资收入、福利待遇、住房保障等方面存在反差，社会上也往往将垄断行业职工视为一个既得利益群体，一定程度上强化了社会收入分配不公的心态。

三是职工队伍中形成一些特征鲜明的亚群体。公务员群体相对比较稳定，据统计，2012 年底，我国公务员总数为 708.9 万人，总体上福利待遇、社会地位、社会保障比较好，但其内部存在着很大的差别，高层与中低层、东部地区与中西部地区、发达地区与贫困落后地区不一样，不同部门之间也不一样，很多贫困落后地区的基层公务员仍面临收入低、工作压力大的问题。除企业化经营的事业单位之外，一些事业单位实行参公管理，职工具有“准公务员”的特点，一般也被作为“公务员”的亚群体看待，第二次全国经济普查数据显示，事业单位从业人员已达 3051 万人。但是在分类推进事业单位改革的背景下，其逐渐成为一个特殊的群体，受到越来越多的关注。

总而言之，我国职工队伍内部群体结构是适应社会主义市场经济发展要求的，不同群体之间的差异是根本利益一致基础上的具体利益差异，各群体之间的关系总体上呈现功能互补性，在经济社会持续发展和社会公平正义不断实现的过程中，其利益的一致性将不断得到发展。

职工队伍内部各个群体在根本利益上是一致的，在推动我国经济社会发展中发挥着各自独特的作用。但同时，群体之间也存在着具体利益上的差异和矛盾。调查显示，2003—2007 年，影响职工队伍内部群体关系的问题主要有以下几个方面。

一是普通职工群体和农民工群体收入明显偏低。普通职工群体在收入水平上与其他群体存在较大差距，而在大多数行业中，农民工群体的平均货币收入更低于城镇普通职工。收入差距拉大在一定程度上影响了职工的劳动热情。在劳动积极性的发挥程度上，普通工人的平均得分是 3.62（最高值为 5，最低值为 1，下同），而企事业单位高层管理人员或负责人平均得分为 4.07。

二是普通职工群体的政治参与程度较低。绝大多数普通工人（71.6%）不是党员，也未加入其他党派，这一比例远远高于其他群体（50.3%）；在最近的一次人大代表选举中，普通职工中参加投票的只占41.8%，而其他职工群体的投票率为54.5%。

三是以下岗职工为主体的困难职工群体问题仍然突出。下岗职工群体是20世纪末国企改革中出现的特殊群体，当时其中大部分人已经进入退休年龄。党和政府高度重视解决困难职工群众的生产生活问题，取得了明显成效。但由于种种原因，仍有部分职工收入水平较低，基本生活缺乏必要的社会保障，在经济社会生活中处于相对弱势地位，这部分职工以下岗职工为主体，成为职工队伍中的困难群体。困难职工群体在职工队伍中虽然是少数，但因其发展机会少，致困原因复杂，其生活困境已逐渐被固化，且开始形成贫困的代际传递。

四是非正规就业职工权益实现问题日益明显。调查表明，由于劳动力市场长期供大于求，加之社会分工日益复杂，职工就业形式发生了很大变化，非全日制用工和非正规就业日益成为新的就业方式。有资料表明，我国95%以上的新增就业机会是由非正规就业构成的，占就业人数75%左右，非正规就业已成为城市中吸纳新增劳动力与剩余劳动力的主要渠道。由于非正规就业的规范化程度低，相关制度与法律法规不完善，相关人员多数是农民工，其利益实现程度很低，权利很容易受到冲击。

其中，以劳务派遣工问题最为突出。随着中国加入世界贸易组织和劳动力市场的不断开放，20世纪末，劳务派遣作为一种新的用工方式在国内城市出现。尤其是自2008年1月1日《劳动合同法》实施以来，越来越多的用人单位出于用工灵活性的考虑，将直接雇用改为劳务派遣。大量劳务派遣工的使用，超越了《劳动合同法》中“临时性、辅助性、替代性”工作岗位规定，实质上成为用人单位缩减人力成本的一种方式。根据人社部估算数据，《劳动合同法》实施之前，我国劳务派遣工的总数约2000万人，而到2009年初，劳务派遣工的总数达到2700万人左右。随着劳务派遣用工方式的规模不断扩大，适用范围越来越广，相关的劳动关系问题也随之出现。由于劳务派遣使劳动力的雇佣单位与使用单位相分离，劳务派遣行业准入门槛低，监管机制不够完善，导致在劳务派遣工的劳动经济权益方面出现很多新的矛盾和问题，劳动纠纷和冲突时有发生，对劳动用工制度的公平性和社会关系的和谐造成不利影响。2007—2012年5年间，由于一些企业大量使用劳务派遣工，在一些单位形成了“正式职工—劳务派遣工”的二元用工结构，据全国总工会统计，包括机关和事业单位在内，劳务派遣工总数已超过4000万人。这种状况在一些国有大中型企业中表现得比较明显，劳务派遣工在就业质量、工资收入和福利待遇等各方面都与正式职工存在差别。

第四节 职工群众权益意识逐渐增强

2003—2012年10年间，在党中央的坚强领导下，广大职工更多地享受到经济社会发展成果，合法权益实现和保障不断取得进展。大多数职工生活水平得到提高，劳动就业权利进一步实现，工资收入不断增加，社会保障权益得到维护，劳动条件逐步改善，职工民主管理权利进一步落实。2012年全国职工队伍状况调查显示，77.4%的农民工和65.1%的城镇职工表示，家庭生活水平有所提高。多数职工对未来家庭生活的改善抱有良好预期，60.7%的职工认为未来5年家庭生活水平还会提高。从总体上看，我国职工队伍仍保持着工人阶级的崇高品格和优良传统，爱国主义、集体主义仍然是职工价值观念的主流，奉献精神对职工思想仍然起着重要引领作用，广大职工能够正确地对待国家、集体和个人的关系，职工队伍思想道德观念总体上积极向上。

职工价值取向更加理性和现实，劳动经济权益意识逐渐加强。在市场经济环境下，表现出更多关注物质利益的趋向。

一是从注重实现理想转向追求现实利益。如 2012 年调查发现，63.9% 的职工把舒适安定的家庭生活、稳定的工作以及赚更多的钱作为自己的理想追求，只有 10.7% 的职工把为社会作贡献作为自己的理想。又如，职工对工会组织的期望变得更加现实，排在前几位的分别是提高自己的工资待遇、维护自己的劳动就业权利、督促单位给职工上保险、帮助职工解决实际的生产生活困难等，说明职工更加注重解决实际问题。

二是从注重履行义务转向重视实现权益。调查发现，25.3% 的职工认为工人社会地位下降了，并且认为工人社会地位下降的原因，主要是工人的收入太低、就业岗位不稳定、民主权利得不到保障和政府政策落实不好，这些因素都与职工的合法权益相关，表明职工把合法权益的实现程度作为判断工人社会地位的主要依据。另外，在回答找工作最看重的因素是什么时，排在前 4 位的分别是收入高、职业稳定、社会保障待遇好、福利待遇好，共占 74.3%，表明职工十分关注自身的合法权益。

三是从注重集体转向强调个体。以职工参加劳动竞赛为例，只有 23.2% 的职工把提高单位经济效益、推动单位技术进步作为动机，而 72% 的职工是将提高个人技术水平和素质、增加收入、为个人发挥积极性和创造性提供途径和机遇作为动机。又如，在参与管理方面，71.0% 的职工倾向于自己直接向单位管理者反映意见，只有 43.2% 的职工倾向于通过单位的职代会反映意见或要求。

工人阶级权利意识的逐渐提高，很多工人积极要求组织和加入工会，维护自身的劳动和经济权益，这既为工会扩大组织覆盖面、增强组织影响力提供了难得的机遇，也对工会组织创新工作思路和工作机制、提高处理复杂问题的能力提出了严峻的挑战。职工注重现实、强调利益、关注个体是自主意识、权利意识、民主法治意识逐步增强的表现，但是过分关注自身利益也给职工树立主人翁意识带来一定影响，并进而影响到职工积极性、创造性的发挥。

第五节　工人阶级伟大品格和劳模精神引领全社会

伟大的事业需要伟大的精神，伟大的精神推动伟大的事业。在伟大的事业中不断涌现出来的劳动模范和先进人物，是工人阶级和广大劳动群众的杰出代表。在他们身上体现出来的“信念坚定、立场鲜明，艰苦奋斗、勇于奉献，胸怀大局、纪律严明，开拓创新、自强不息”的工人阶级伟大品格和“爱岗敬业、争创一流，艰苦奋斗、勇于创新，淡泊名利、甘于奉献”的劳模精神，是在长期奋斗实践和创造活动中锤炼出的，是社会主义核心价值体系的集中展示，既承载着工人阶级的光荣传统，又凸显出工人阶级的时代特征，是推动社会前进的强大动力，是伟大民族精神的重要体现。

进入21世纪，一大批先进工人代表站在时代前列，与劳模一脉相承的品格又被赋予新的时代内涵。2003年召开的中国工会十四大，提出5年工会工作的目标任务之一：大力弘扬劳模精神，促进全社会形成“尊重劳动、尊重知识、尊重人才、尊重创造”的良好氛围。一些省（区、市）举办具有影响力劳模评选等活动，发动公众参与，劳模在公众心目中的地位不断提高。2007年，有241名全国劳模和全国五一劳动奖章获得者当选党的十七大代表。

2008年10月，中国工会十五大提出，要大力弘扬劳模精神，把职工群众的创造性劳动同劳动模范的先进性引领结合起来，进一步增强广大职工投身改革和建设的主人翁意识与创造活力，用工人阶级的先进思想和劳动行为引领带动全社会。2009 年 4 月，全国总工会举办“时代领跑者——新中国成立以来最具影响的劳动模范”评选活动，共收到 1375 万多张选票，马恒昌、王进喜、袁隆平等 60 名劳模成为公众心中最具影响的劳动模范，他们涵盖了各个历史时期和各个方面的劳动模范，其中有 37 人入选“100 位新中国成立以来感动中国人物”。

2009 年 4 月 28 日，全国总工会召开庆祝五一国际劳动节暨保增长促发展劳动竞赛推进大会，习近平同志代表党中央、国务院发表重要讲话，充分肯定新中国成立 60 年来特别是改革开放 30 年来，祖国大地发生的翻天覆地的变化，是工人阶级和劳动群众辛勤劳动、不懈奋斗、无私奉献的结果，要求工人阶级积极参加到“同舟共济保增长、建功立业促发展”劳动竞赛中来，充分发挥劳动模范的示范带头作用，与企业同舟共济、共克时艰。

2010 年 2 月，全国总工会召开十五届五次主席团（扩大）会议和三次执委会议，王兆国同志提出，要大力弘扬中国工人伟大品格，并概括了伟大品格的丰富内涵，强调在新的历史起点上发展中国特色社会主义，实现中华民族伟大复兴，必须大力弘扬中国工人伟大品格，充分激发他们的创造活力。

2010 年 7 月 26 日，全国总工会十五届四次执委会议通过《关于深入学习劳模精神、大力弘扬中国工人阶级伟大品格的决议》，提出要准确把握深入学习劳模精神、大力弘扬中国工人阶级伟大品格的主要内容和要求，用劳模的崇高理想凝聚职工，用劳模的先进事迹感召职工，用劳模的高尚情操陶冶职工，用劳模的进取意识引领职工。

2010 年 4 月 27 日，全国劳动模范和先进工作者表彰大会在北京人民大会堂隆重举行。大会表彰了2985名全国劳动模范和先进工作者，其中74名农民工被评为全国劳模，比2005年增加53名。胡锦涛同志在讲话中强调，实现全面建设小康社会、进而基本实现现代化的宏伟目标，必须依靠全体人民热爱劳动、勤奋劳动，必须依靠全社会尊重劳动、保护劳动，必须使通过诚实劳动创造美好生活成为亿万人民的共同追求，提出一定要在全社会大力弘扬劳模精神，用劳模的先进事迹感召人民群众，用劳模的优秀品质引领社会风尚，在全社会进一步形成崇尚劳模、学习劳模、争当劳模、关爱劳模的良好氛围。

2013年4月28日，习近平总书记来到全国总工会机关大楼，同全国劳动模范代表座谈。他高度赞扬在中国共产党团结带领人民进行革命、建设、改革各个历史时期，劳动模范始终是中国工人阶级中一个闪光的群体，享有崇高声誉，备受人民尊敬，以高度的主人翁责任感、卓越的劳动创造、忘我的拼搏奉献，谱写出一曲曲可歌可泣的动人赞歌，为全国各族人民树立了光辉的学习榜样。强调指出："我们已经确定了到中国共产党成立100年时全面建成小康社会，到新中国成立100年时建成富强民主文明和谐的社会主义现代化国家，努力实现中华民族伟大复兴的中国梦的奋斗目标。实现这一奋斗目标，开创美好未来，必须紧紧依靠人民、始终为了人民，必须依靠辛勤劳动、诚实劳动、创造性劳动。希望工人阶级一定要在坚持中国道路、弘扬中国精神、凝聚中国力量上发挥模范带头作用，万众一心、众志成城，为实现中华民族伟大复兴的中国梦而不懈奋斗。"

2008—2012年，全国总工会先后表彰全国五一劳动奖章先进个人6738人、全国五一劳动奖状先进单位2237个、全国工人先锋号6538个、全国职工职业道德建设标兵51人、标兵单位50个。为适应非公有制经济不断发展的新形势，加大了非公有制企业从业人员和集体的评选比重，非公有制企业及其职工在全国五一劳动奖状、奖章和全国工人先锋号中的比例分别为34.3%、33.7%、34.9%。在2013年10月召开的中国工会第十六次全国代表大会上，来自企业的码头工人许振超和矿山工人郭明义作为工人阶级的先进代表当选为全国总工会副主席，充分体现了党、国家和工会组织对劳动的尊重，对工人阶级的依靠，对工人阶级先进品格和劳模精神的弘扬和践行。他们的当选鼓舞了广大职工，在全社会引起热烈反响。

10年间，一批批先进模范人物在各自的岗位上作出卓越贡献，他们身上体现的工人阶级伟大品格和劳模精神，丰富了民族精神和时代精神的内涵，成为中国精神的重要内容，得到职工群众的广泛认同。这充分说明，工人阶级伟大品格和劳模精神，对于凝聚社会共识、激发奋斗热情，培育积极向上的社会道德风尚，纠正精神缺失、信仰危机带来的社会失范现象，积聚实现中国梦的强大正能量，发挥了十分重要的作用。

“金牌工人”、全国总工会兼职副主席许振超

许振超，男，汉族，1950年1月出生，中共党员，全国总工会兼职副主席，退休前任青岛前湾集装箱码头有限责任公司固机高级经理，曾荣获全国劳动模范、中华技能大奖、全国优秀共产党员等荣誉称号。工作40多年来，他以“干就干一流，争就争第一”的精神，苦练技术、自学成才，练就了“一钩准”“一钩净”“无声响操作”等绝活，创出了“振超工作法”，在技术、机制和管理等方面提出了许多富有建设性的理念和方法；他带领团队先后八次刷新集装箱装卸世界纪录，使“振超效率”享誉全球；他领衔组织实施了轮胎吊“油改电”技术改造，填补了该技术的国际空白，年节约资金2000万元

以上，噪声和尾气污染接近于零。他是产业工人的杰出代表，被誉为“知识改变命运、学习成就未来”的楷模。

“当代雷锋”、全国总工会兼职副主席郭明义

郭明义，男，汉族，1958 年 12 月出生，中共党员，全国五一劳动奖章获得者，辽宁省特级劳动模范。现任中国共产党第十九届中央委员会候补委员，鞍钢集团矿业公司齐大山铁矿生产技术室采场公路管理业务主管，中华全国总工会副主席（兼职）。他担任公路管理员 10 多年来，坚持每天提前两个小时上班，节假日、双休日不休息，巡查、维护公路里程累计达 6 万多公里，公路达标率在 98% 以上，为企业创效 3000 多万元；他 20 年来累计无偿献血 6 万多毫升，相当于自身血量的近 10 倍；他先后为“希望工程”、困难职工和灾区群众捐款 12 万多元，资助贫困生 180 多名，自己却过着清贫的生活，被身边人誉为新时期的“雷锋传人”。

第十一章
向实现体面劳动进发

和谐劳动关系是和谐社会的主要内容，而和谐劳动关系的形成和维持，依赖于劳动法对劳动关系的调整。在劳动力供求矛盾的紧张期和劳动争议的多发期，构建和谐劳动关系更依赖于社会主义劳动法律体系的建立，依赖于法律公平公正的实施。新世纪新阶段以来，我国劳动和社会保障方面的立法进程明显加快。

第一节　社会主义劳动法律体系基本建立

2007年，因全国人大常委会先后制定《劳动合同法》《就业促进法》《劳动争议调解仲裁法》，并且对《社会保险法》（草案）进行第一次审议，因而，这一年被有的人称为“劳动立法年”。其大背景是，我国已处在以经济优先发展转向经济与社会协调发展，城乡二元经济转向城乡一体化经济，主要靠投资、出口拉动经济增长转向由消费、投资、出口协调拉动经济增长为主要内容的经济和社会转型中。这几部劳动保障法律法规相继出台和实施，为促进就业、保障劳动者权益、构建和谐劳动关系提供了更加有利的法治环境。

一、《劳动合同法》的出台

早在1994年7月，全国人大常委会就通过了《劳动法》，在《劳动法》中就确立了劳动合同制度。这一制度的确立，对于破除传统计划经济体制下行政分配式的劳动用工制度，建立与社会主义市场经济体制相适应的用人单位与劳动者双向选择的劳动用工制度，实现劳动力资源的市场配置，促进劳动关系和谐稳定，起到了十分重要的作用。但是随着市场主体和利益关系的多元化，劳动合同制度在实施中也出现了一些新情况、新问题，劳动合同签订率低，劳动合同短期化，用人单位利用自己在劳动关系中的强势地位侵犯劳动者合法权益等，影响了劳动关系的和谐稳定，已经不能完全适应新形势的要求，有必要根据《劳动法》确立的原则，制定一部专门规范社会主义市场经济条件下劳动合同制度的法律，对劳动合同的订立、履行、变更和解除、终止以及相应的法律责任作出更为明确、具体的规定。

早在1994年下半年，当时的国家劳动部和全国总工会就已经启动了《劳动合同法》的立法程序，但是到1998年下半年，准备提交国务院法制办进行审查的时候却被暂时搁置。其原因主要是当时中央提出到20世纪末建立起社会主义市场经济体制，但诸如就业、社会保险等配套法律尚未启动立法，单独制定《劳动合同法》存在衔接问题，即使制定《劳动合同法》，其所产生的实际效应也未必理想。因此，直到2004年底，《劳动合同法》的起草工作才重新启动。

重新起草的《劳动合同法（草案）》于2005年12月24日提交全国人大常委会审议，并于2006年3月20日向社会公开征求意见，社会反响十分强烈，全国人大常委会收到的反馈意见达19万条之多。我国出台《物权法》的时候，就曾引起社会各方面的高度关注，审议七次才通过，但就是这部关注度非常高的法律，在公开征求意见的时候，也只收到1万多条反馈意见。而《劳动合同法》不但创造了收集意见之多的纪录，其各方意见差异之明显，也给人们留下了深刻的印象。不仅因为这部法律与每个劳动者的切身利益息息相关，更反映出劳动合同制度须通过法律进一步规范和完善的现实需要。其中，最为集中的争议莫过于立法宗旨，即《劳动合同法》究竟应该是平等保护劳资双方利益的“平等法”，还是侧重保护劳动者权益的“倾斜法”。

经过4次审议之后，2007年6月29日，《劳动合同法》提交十届全国人大常委会第二十八次会议进行表决，当天参加表决的146人中有145人投了赞成票，《劳动合同法》以高票获得通过并颁布。全国总工会在立法宗旨、防止劳动合同短期化、终止劳动合同的经济补偿、工资调整机制、非全日制用工、劳务派遣的限制、集体合同、经济性裁员及工会作用等诸多问题上提出了意见和建议，绝大多数在法律条款中得以体现。

《劳动合同法》的出台

在《劳动合同法（草案）》审议期间，山西发生了骇人听闻的“黑砖窑”事件。2007年5月，山西省一些地方公安机关根据群众举报，在运城、临汾和晋城一带查处了几处涉嫌非法用工的黑砖窑，但是在搜查过程中，却发现这些黑砖窑存在着拐骗农民工、限制人身自由、雇用童工，甚至殴打农民工致人死亡的严重违法犯罪行为。在接受检查的3347户砖窑厂中，涉及非法使用农民工53036名，经调查，立案534件，取缔非法砖窑厂315个，补发拖欠农民工工资72万元，涉及农民工1024人。黑砖窑问题反映了我国劳动制度、劳动监督检查制度、工商登记制度以及公安管理方面存在的漏洞。针对这一严重事件，《劳动合同法》的第九十三条和第九十四条，乃至第九十五条作出了相应的回应。第九十三条和第九十四条规定了不具备合法经营资格的用人单位和个人承包经营违法招工，给劳动者造成损害的，要承担相应的责任，第九十五条更是第一次对劳动行政部门和有关主管部门及其工作人员玩忽职守等行为规定了具体赔偿责任。与此同时，“黑砖窑”事件还直接造成了第三十八条的修改，增加了第二款，遇到这种暴力、威胁和摧残，不需要通知就可以走人，剩下的权利接下来再来主张就可以。“黑砖窑”事件的发生，在很大程度上推动了《劳动合同法》立法进程的加速。

《劳动合同法》有 8 个方面鲜明的特点。

一是扩大了适用范围。《劳动合同法》在《劳动法》的基础上，扩大了适用范围，增加了民办非企业单位等组织作为用人单位，并且将事业单位聘用制工作人员也纳入本法调整。还对非全日制用工作了专门规定。

二是强调劳动关系双方应当通过规范形式确立劳动关系。为解决劳动合同签订率低的问题，作出明确规定，对不签订书面劳动合同规定了相应的法律责任。

三是引导劳动关系双方建立稳定的劳动关系。针对劳动合同短期化导致劳动关系不稳定，劳动者合法权益易受侵害的突出问题作出了明确规定。

四是为保证劳动者及时足额取得劳动报酬提供了强有力的法律救济手段。在立法上对解决工资拖欠问题作出规定，提出建立工资支付长效机制是从根本上解决这一问题的重要途径。

五是对竞业限制作出规定。对用人单位与劳动者双方都会起到制约和保护作用。用人单位与劳动者可以在劳动合同中约定保守用人单位的商业秘密和与知识产权相关的保密事项。

六是对集体合同作了进一步规范。明确了集体合同的订立程序、效力，并首次在法律层面上明确规定了区域性、行业性集体合同以及专项集体合同，这有利于充分发挥集体合同制度在协调劳动关系中的作用。

七是对劳务派遣作出了明确的法律规范。从派遣单位与用工单位义务分配、劳动合同期限、劳务派遣使用范围、同工同酬、连带责任等方面，对劳务输出进行了规范和限制，为建立健全劳务派遣制度、维护劳务派遣职工权益提供了重要依据。

八是加强了监督检查和法律责任。明确了劳动行政部门负责劳动合同制度实施的监督检查。对用人单位和劳动者违反劳动合同的行为应承担的法律责任给予细化，并着重规定用人单位的罚则，突出了保护劳动者合法权益的主旨，加强了劳动合同制度的普遍推行，有利于构建与发展和谐稳定的劳动关系。

《劳动合同法》的主要作用，是完善劳动合同制度，保障劳动者的合法权益不受侵犯；明确用人单位以及劳动者之间的权利和义务，使双方有法可依；明确劳动合同双方当事人的权利和义务，保护劳动者的合法权益，构建和发展和谐稳定的劳动关系。它的出台意义重大而深远。

二、《就业促进法》的出台

《就业促进法》是为了让更多人实现就业，促进经济发展与扩大就业相协调，促进社会和谐稳定以及解决劳动力问题而制定的法律。作为一部与民众利益密切相关的法律，《就业促进法》在起草之初就受到社会各界的广泛关注，人们期待这部法律的制定和实施能为扩大就业、发展和谐劳动关系带来福音。历经 3 次审议，反复修改，《就业促进法》正式出台。禁止就业歧视、扶助困难群体、规范就业服务和管理等诸多人们关心的就业问题，在这部法律中都有体现。

2007 年 8 月 30 日，《就业促进法》在十届全国人大常委会第二十九次会议上表决通过，自2008年1月1日起施行。《就业促进法》的颁布，使劳动就业工作在法律规范上出现了一系列新的亮点与突破，最重要的有以下一些规定。

一是要求政府密切关注劳动就业工作。由于劳动就业工作对经济的发展具有重要的意义，国家应实施积极的就业政策，促进就业的发展。为此在本法第四条中规定："县级以上人民政府把扩大就业作为经济和社会发展的重要目标，纳入国民经济和社会发展规划，并制定促进就业的中长期规划和年度工作计划。"此外，还分别规定了各级政府有关劳动就业工作的职责，这为推行劳动就业提供了保障。

二是要求政府对劳动就业予以财政支持。开展劳动就业需要有一定的资金，为此本法第十五条规定："国家实行有利于促进就业的财政政策，加大资金投入，改善就业环境，扩大就业。"为了落实这一要求，还具体规定县级以上人民政府应在财政预算中安排就业专项资金用于促进就业工作，从而为开展劳动就业工作创造了物质条件。

三是为劳动者提供平等就业机会和公平就业条件，反对就业歧视。平等就业是国际劳动立法的准则之一，我国劳动法也确立了平等就业的原则。本法详细规定了对妇女就业权利的保护，要求"用人单位招用人员，除国家规定的不适合妇女的工种或者岗位外，不得以性别为由拒绝录用妇女或者提高对妇女的录用标准"。还规定在劳动合同中不得规定限制女职工结婚、生育的内容。为了实现平等就业的原则，本法还明确规定了"各民族劳动者享有平等的劳动权利"，"国家保障残疾人的劳动权利"，"用人单位招用人员，不得以是传染病原携带者为由拒绝录用"，并分别规定了不得推行就业歧视。这些规定具有针对性，为纠正时弊、推行平等就业提供了法律武器。

四是为农业富余劳动力有序地向城市异地转移就业创造了条件。我国农村存在着大量的富余劳动力，国家应为改善农村劳动者进城就业提供条件。为此本法要求："国家实行城乡统筹的就业政策，建立健全城乡劳动者平等就业的制度，引导农业富余劳动力有序转移就业。"为了使农业劳动力有序地转移，农业劳动力进城就业享有与城镇劳动者平等的劳动权利，禁止对农村劳动者进城就业设置歧视性限制。

五是加强对劳动就业的管理与服务，政府应建立就业服务机构。为了纠正劳动就业工作中的问题，本法要求县级以上人民政府应"设立公共就业服务机构，免费为劳动者提供下列服务：1. 就业政策法规咨询；2. 职业供求信息、市场工资指导价位信息和职业培训信息发布；3. 职业指导和职业介绍；4. 对就业困难人员实施就业援助；5. 办理就业登记、失业登记等事务；6. 其他公共就业服务"。这一措施有利于引导就业工作健康发展。

六是加强对就业中介机构的管理，坚决纠正职业中介机构的违法行为。由于存在就业难的问题，一些不法的就业中介机构往往设置陷阱，骗取就业人员财物。针对这一问题，本法规定了职业中介机构应当具备的条件，"设立职业中介机构，应当依法办理行政许可，经许可的职业中介机构，应当向工商行政部门办理登记"。并明确规定了职业中介机构不得出现的违法行为。这为整顿职业中介机构提供了法律依据。

七是设立失业预警制度，保障社会的安定团结。失业问题会严重影响社会的安定，是政府应予关注的社会问题之一。为了防止较大规模失业现象的出现，本法规定："县级以上人民政府建立失业预警制度，对可能出现的较大规模的失业，实施预防、调节和控制。"与此相联系的是应建立失业登记制度，进行失业调查和统计，根据掌握的情况以找到相应对策。

八是依法发展职业教育，鼓励开展职业培训，增强劳动者就业能力和创业能力。为了提高劳动者就业能力，本法规定了有关职业教育和职业培训的标准，要求企业应提供职工教育经费，职业院校、职业技能培训机构应与企业密切联系，培养实用人才和熟练劳动者。这些规定有利于劳动者增强就业能力。

九是建立健全就业援助制度，加强基层就业援助服务工作。社会上存在着一些就业困难人员，他们因身体状况、技能水平、家庭因素、失去土地等原因难以实现就业，或连续失业一定时间未能实现就业。本法要求对这些人员给予就业援助。对就业困难人员应实施重点帮助，提供技能培训，采取特别措施，促进残疾人就业；开发就业岗位，消除城镇现有零就业家庭，即“街道、社会公共就业服务机构经确认属实的，应当为该家庭中至少一人提供适当的就业岗位”。

十是加强监督检查，严格追究违反就业促进法的法律责任。为了保障就业促进法的贯彻落实，本法规定了相应的监督检查办法和违法行为应当承担的法律责任。第六十一条中规定：“违反本法规定，劳动行政等有关部门及其工作人员滥用职权、玩忽职守、徇私舞弊的，对直接负责的主管人员和其他直接责任人员依法给予处分。”针对职业中介机构违法的状况，本法特别规定了一系列的惩治办法。为了保护就业者的合法权益，第六十二条规定：“违反本法规定，实施就业歧视的，劳动者可以向人民法院提起诉讼。”第六十八条规定：“违反本法规定，侵害劳动者合法权益，造成财产损失或者其他损害的，依法承担民事责任；构成犯罪的，依法追究刑事责任。”这些规定为本法的贯彻实施确立了法律保障。

《就业促进法》与《劳动合同法》在2008年一起付诸实施，引起全国上下关注。社会广泛认为，要认真领会《就业促进法》的立法精神和主要的法律规范，给贯彻实施创造良好的条件，同时，人们都热切期望这一法律在构建和谐社会的和谐劳动关系中发挥其应有的作用，事实也初步达到了预期效果。企业用工行为得到有效规范，劳动用工短期化的现象得到遏制，逐步建立起稳定就业的机制，职工就业创业能力得到了加强。

三、《劳动争议调解仲裁法》的出台

2007 年 12 月 29 日，十届全国人大常委会第 31 次会议审议通过了《劳动争议调解仲裁法》。这是 2007 年出台的第 3 部劳动保障方面的重要法律。有学者评价称，《劳动争议调解仲裁法》的重要性不亚于《劳动合同法》，因为《劳动合同法》以及《就业促进法》等实体法实施后出现的争议，要通过《劳动争议调解仲裁法》这部程序法来处理。

劳动争议处理立法实际启动是在 2005 年 10 月。启动这部立法的根本理由是建设和谐社会的需要。2005 年，全国人大常委会在对《劳动法》进行专项执法大检查过程中，各地对劳动争议案件处理时间长等问题反映比较强烈，不少人建议加快劳动争议处理方面的立法，完善制度。正是在这样的背景下，劳动争议处理立法列入了计划。在起草过程中，全国人大法工委反复同劳动保障部、全国总工会以及其他有关方面共同研究，广泛征求意见，不断修改完善。从着手起草草案到正式颁布，前后用了两年多的时间。

这部法律完善了我国解决劳动争议的立法，为解决劳动争议提供了完备的法律依据，其贯彻实施对及时化解劳动争议、促进劳动关系的和谐稳定起到了重要的推动作用。2007 年 12 月 29 日，胡锦涛同志签署主席令，公布了《劳动争议调解仲裁法》，并决定自 2008 年 5 月 1 日起施行。这部法律作为劳动法体系中劳动争议处理程序法的基本法，其出台背景有以下几个特殊因素。

一是劳动争议案件逐年增多。在市场化劳动改革过程中，伴随着

劳动关系的合同化、多元化和复杂化，20年的时间，劳动仲裁立案受理的劳动争议案件以年均25%的幅度递增。二是由于劳动争议预防和处理能力的不足，致使那些年劳动争议出现群体化迹象，以1987年至2004年为例，共立案受理群体性劳动争议案件8.8万件，涉及劳动者287.7万人。三是劳动关系存在新的特点。劳动争议呈现不断增长的趋势，劳资矛盾已经成为影响经济和社会发展的重要因素，是构建和谐社会的重要障碍之一；劳资双方的维权意识不断增强，权益争议成了劳动争议的重点，需要更好地调整劳动关系双方的权利和义务；劳动争议集体化趋势明显，集体争议占劳动争议人数的三分之二以上。由于认识、操作等原因，采取劳动争议仲裁解决劳动争议的数量偏少，劳动仲裁虽然是解决劳动争议的必经程序，但并未发挥应有的作用；劳动关系日趋复杂，劳动争议日益呈现多样化、复杂化的特点，劳动争议解决难度有所增加；旧法时效短、周期长、维权成本高，已经不能适应新时期解决劳动争议的要求。四是劳动争议处理体制改革。“一调一裁两审”的劳动争议处理体制自1987年恢复以来，在实践中已暴露出企业内调解虚化、仲裁后起诉率高、裁审关系不顺、案件处理周期长等诸多问题。

曾有阶段性调查统计资料表明，3.7%的职工与单位发生过劳动争议，其中得到全部解决的占13.2%，得到部分解决的占27%，没有得到解决的占59.8%，7.7%的职工与所在单位发生过群体性劳动争议，其中没有得到解决的占38.7%。全国范围内不服仲裁裁决起诉到法院的案件连续增多。

《劳动争议调解仲裁法》的实施，对完善劳动关系调整体系和推动相关实体立法特别是《劳动合同法》的贯彻落实起到了重要作用。从1987年恢复劳动争议处理制度到2007年，20年的时间，相关立法几经变化。同过去的立法相比，《劳动争议调解仲裁法》在内容上有了很多变化。首先就表现在适用范围方面。《劳动争议调解仲裁法》的调整范围更加宽泛了，把劳动和人事的争议全部包括进来了。该法适用范围的一个基本原则是涉及劳动关系运行过程中发生的争议，除了劳动保障监察或者行政渠道能够解决的以外，都尽可能通过《劳动争议调解仲裁法》来解决，来化解矛盾。

四、《社会保险法》的出台

2007 年底，《社会保险法》草案提请全国人大常委会初次审议。2010 年 10 月 28 日，十一届全国人大常委会第十七次会议审议通过《社会保险法》，并于2011 年7 月1 日起施行。此前，尽管各种社会保险制度已在中国实施多年，却没有一部专门的综合性法律。

《社会保险法》是中国特色社会主义法律体系中起支架作用的重要法律，是一部着力保障和改善民生的法律。它的颁布实施，是中国人力资源社会保障法制建设中的又一个里程碑，对于建立覆盖城乡居民的社会保障体系，更好地维护公民参加社会保险和享受社会保险待遇的合法权益，使公民共享发展成果，促进社会主义和谐社会建设，具有十分重要的意义。《社会保险法》有 6 大亮点惠民生。

一是解决了缴费不足 15 年人员的养老待遇问题。《社会保险法》规定，缴费不足 15 年的人员达到退休年龄可以继续缴费至满 15 年，然后按月领取基本养老金，也可转入新型农村社会养老保险或者城镇居民社会养老保险，按照国务院规定享受相应的养老保险待遇。

二是健全了养老保险待遇遗属抚恤和病残津贴制度。《社会保险法》规定，参加基本养老保险的个人，因病或者非因工死亡的，其遗属可以领取丧葬补助金和抚恤金；未达到法定退休年龄时因病或非因工致残完全丧失劳动能力的，可以领取病残津贴。

三是增加了工伤保险基金支出项目。《社会保险法》规定，将工伤保险待遇中原来由用人单位支付的“住院伙食补助费”，“到统筹地区以外就医的交通食宿费”，“终止或者解除劳动合同时应当享受的一次性医疗补助金”等3项费用，改由工伤保险基金支付。

四是建立了工伤保险先行支付制度。《社会保险法》规定，用人单位未按规定支付工伤职工工伤保险待遇的，由工伤保险基金先行支付。即职工所在用人单位未依法缴纳工伤保险费，发生工伤事故的，由用人单位支付工伤保险待遇。用人单位不支付的，从工伤保险基金中先行支付，然后由社会保险经办机构依照本法规定追偿。

五是加强了对失业人员的医疗保障。《社会保险法》规定，失业人员在领取失业保险金期间参加职工基本医疗保险，其应当缴纳的基本医疗保险费从失业保险基金中支付，个人不缴纳基本医疗保险费。

六是加强了对职工未就业配偶的生育医疗保障。《社会保险法》规定，参加生育保险的职工未就业配偶按照国家规定享受生育医疗费用待遇，所需资金从生育保险基金中支付。

第二节　职工合法权益保障程度大幅提升

2003—2012年10年间，我国经济持续发展，社会建设加速推进，劳动法律法规逐步完善，特别是党和政府以改善民生为重点的社会建设各项政策的贯彻落实，为保障和发展职工利益创造了有利的条件，大多数职工生活水平得到提高，职工群众的经济、政治、文化、社会等各方面的权益得到进一步保障和发展。主要表现在以下8个方面。

一、职工劳动就业权利进一步实现

党和政府将就业再就业工作放在经济社会发展更加突出的位置，实施就业优先战略和更加积极的就业政策，建立健全“劳动者自主择业、市场调节就业和政府促进就业相结合”机制；工会积极开展职业介绍、就业培训、小额信贷等工作，努力促进职工就业再就业，维护职工的劳动就业权利；社会各界也高度关注就业问题，职工劳动就业权利有了进一步保障。职工就业总体上向好的方向发展。

一是就业规模继续扩大。我国就业人员数、在岗职工数都有明显增加。据统计，2007 年就业人员为7.70 亿人，比2002 年增加3250 万人；2006 年在岗职工为1.12 亿人，比2002 年增加603 万人。2007—2012 年，政府累计投入就业专项资金1973 亿元，平均每年城镇新增就业超过1000 万人，城镇登记失业率维持在4%左右。2007 年在岗职工（含农民工）占92.4%，农民工的就业比例更高。全国总工会2012 年开展的第七次全国职工队伍状况调查（以下简称2012 年调查）显示，绝大多数职工对政府采取的积极就业政策给予高度评价，96.0%的职工认为，政府为零就业家庭提供工作岗位等措施有力地促进了社会和谐；有21.2%的职工对自己的工作表示“非常满意”，47.5%的职工对自己的工作表示“比较满意”，两项合计68.7%。

二是越来越多的下岗失业人员实现了就业再就业。工会开展的就业援助月、民营企业招聘周、困难职工家庭高校毕业生阳光就业工程、家政服务工程、千万农民工援助行动、技能培训促就业行动、下岗职工再就业等工作，有效地促进了就业和再就业。在国际金融危机对我国劳动力市场造成持续不良影响的情况下，工会开展的企业与职工“共同约定行动”，对稳定就业起到了重要的作用。全国总工会2007 年开展的第六次全国职工队伍状况调查（以下简称2007 年调查）显示，2007 年在岗职工中，21.6%有过下岗失业经历，说明下岗失业职工中有不少实现了再就业，其中在下岗（失业）一年以内实现再就业的占到了61.2%。各种形式的职业培训在促进下岗失业职工再就业方面起到了重要作用，调查表明，在有下岗失业经历的职工中，接受过再就业培训的职工占33.2%。总的来看，体制转轨遗留下来的下岗问题基本解决，职工大规模下岗和被推向社会的情况逐渐减少。

三是职工就业方式多样化。调查显示，随着市场在劳动力资源配置中的基础性作用逐步增强，自主择业、双向选择日益成为职工就业的主要方式。2007 年接受调查职工中，25.6%是通过单位招工就业，25.1%是通过亲友帮忙就业，15.5%是通过应聘就业，12.9%是通过毕业分配就业，6.1%是通过劳务市场就业，仅有5.2%的职工是通过政府安置就业的。从中可以看出，在市场中自主寻找就业机会成为职工就业的主要方式。非公有制企业日益成为吸纳就业的主渠道，在全部企业职工中，非公有制企业职工占了58.6%。除传统的就业方式之外，网络创业就业累计创造岗位超过1000 万个，缓解了就业压力，成为创业就业一个新的增长点。

四是职工就业总体上相对比较稳定。2007 年调查表明，有62.5%的职工认为工作很稳定和比较稳定，其中，在城镇职工中占了64.7%，在农民工中占了60.3%。与2002 年相比，“工资收入高”取代“职业稳定”而成为职工择业时最为关注的因素。这表明，随着经济社会不断发展，职工更希望改变长期以来工资收入低、增长缓慢的状况，对增加收入的愿望日益强烈，超过了对稳定的就业岗位的追求。而劳动就业日趋市场化，也使职工择业观念更加适应市场竞争的要求，对劳动力市场的多变性、灵活性的适应能力有所提高，择业观念更加务实。2012 年调查显示，职工在本单位平均工作年限7.4 年，占到平均工龄13.3 年的一半以上，56.7%的职工在本单位工作年限都超过工龄的一半以上。

二、职工工资收入水平总体上有较大提高

我国职工工资收入总体上持续增长，职工特别是农民工工资收入

权利得到进一步实现，用人单位拖欠职工工资问题得到有效缓解，职工家庭生活日益改善。

一是广大职工支持拥护有关解决职工工资收入问题的一系列政策措施。调查显示，政府调整收入分配格局，维护社会公平正义，所采取的一系列政策措施深得职工群众的拥护和赞成。2007 年调查显示，有 96.2% 以上的职工认为政府提高最低工资标准、帮助农民工追讨欠薪有力地促进了社会的和谐，87.7% 的职工拥护政府有关“农民工和城市职工同工同酬”的政策。职工对企业工会与行政开展工资集体协商，发挥其在调节工资收入中的积极作用表示支持，在开展了工资集体协商的企业中，70.1% 的职工表示本人的工资有所增加。2012 年调查显示，有 79.3% 的职工希望工会代表职工与企业行政进行工资集体协商。

二是职工工资总体水平有较大提高。城乡居民生活水平也得到一定改善。调查表明，2007 年城镇职工月平均工资为 1520.3 元，比 2002 年的 1037.2 元增加 483.1 元，提高了 46.6%。2012 年职工上月从单位获得的全部货币收入平均为 2562.5 元，比 2007 年的 1366.7 元提高 87.5%，扣除价格上涨因素，增长幅度约为 63%，年均增长 10.3%。2012 年调查显示，9.7% 的职工表示自己的工资收入水平在所在城市属于中等偏上或高收入，40.4% 的职工表示自己的工资收入水平在所在城市属于中等。最低工资标准和工资指导线的提高在一定程度上促进了职工特别是低收入职工收入的提高。2012 年，25 个省份上调了最低工资标准，平均增幅为 20.2%；23 个省份发布年度工资指导线，基准线普遍提高了 14% 左右。

三是农民工工资收入增长较快。党和政府重视解决农民工问题，取得显著成绩。调查表明，2007 年有 93.3% 的农民工认为，党和政府相关政策使农民工得到了实惠。农民工月平均工资达 1210.92 元，比

2002年的844.14元提高了43.45%，年均递增7.48%，这表明农民工工资有了一定增长。调查还表明，在维护农民工工资收入权益上，工会发挥了重要作用，加入工会的农民工2006年人均年工资收入15128.07元，比没有参加工会的农民工高29.3%。此外，农民工和城镇职工的收入差距扩大趋势减缓，调查显示，农民工与城镇职工上月从单位获得的全部货币收入之比由2007年的1：1.26，缩小为2012年的1：1.13。

四是拖欠职工工资的情况有明显缓解。党和政府加大了治理工资拖欠的力度，取得良好效果。调查表明，2007年工资被拖欠的职工占全部职工的4.6%，其中，城镇职工占4.3%，比2002年减少了3.5个百分点，与2002年城镇一线职工中约有9%职工的工资不能按时发放的情况相比，有很大改善。同时，农民工工资被拖欠情况有了显著改善，被雇主或单位拖欠工资的农民工比例逐年下降，2008年至2011年分别为4.1%、1.8%、1.4%和0.8%。

三、职工的社会保障权益得到较好实现

国家进一步加大了社会建设力度，社会保障体系逐步建立健全，养老、医疗、失业、工伤和生育保险制度覆盖范围不断扩大，社会保障总体水平有所提高。

一是职工的社会保障权益总体上得到较好实现。截至2012年底，全国参加城镇职工基本养老保险、基本医疗保险、失业保险、工伤保险和生育保险人数分别为3.04亿人、5.36亿人、1.52亿人、1.90亿人、1.54亿人，分别比2007年增长50.9%、197.4%、30.7%、56.0%、98.6%。到2011年底，全国共有530多万未参保集体企业已退休人员纳入企业职工基本养老保险，312万国有企业“老工伤”人员等纳入工伤保险统筹管理。2005年至2012年，国家连续8年调高

企业退休人员养老金，全国企业参保退休人员月人均基本养老金达到1721元；城镇职工基本医疗保险最高支付限额由职工年均工资的4倍提高到6倍，部分地区实现省内异地就医直接结算。

二是农民工的社会保障状况逐步改善。10年间，各地针对农民工的特点，陆续出台了一些社会保障措施，越来越多的农民工参加了社会保险，不少农民工不同程度地享受到了社会保障。调查显示，到2007年，在单位就业的农民工中，享受到养老保险的占42.6%，享受到医疗保险的占39.3%，享受到失业保险的占23.1%，享受到工伤保险的占44.2%，享受到生育保险的占13.9%。由于农民工多从事一线体力劳动，对工伤保险需求十分迫切，因而工伤保险的参保率最高，这对保障农民工的生命安全和身体健康起到了重要作用。

三是签订劳动合同和集体合同对维护职工社会保障权益起到了积极作用。以养老保险参保率为例，调查显示，2007年签订劳动合同的职工中养老保险的参保率达到73.2%，比没有签订劳动合同的职工高出48.9个百分点；单位有集体合同的职工中养老保险参保率达到68.1%，比单位没有集体合同的职工高了20个百分点；单位建立了职代会的职工中养老保险参保率达到74.4%，比单位没建立职代会的职工高了33.6个百分点。

四是工会在维护职工社会保障权益方面发挥了重要作用。以养老和医疗保险参保率为例，调查显示，到2007年，建立了工会的单位，职工养老保险参保率达77.5%，而未建立工会的单位，职工参保率只有33.8%，前者较后者高出43.7个百分点；建立了工会的单位，职工医疗保险参保率达68.6%，而未建立工会的单位，职工参保率只有30.4%，前者较后者高出38.2个百分点。工会送温暖和帮扶困难职工工作在保障职工权益方面发挥了重要的补充和辅助作用。2008年至2012年，工会共筹集帮扶资金137.7亿元，发放帮扶款物121.8亿元，帮扶困难职工 3810.3 万人次。

四、职工的劳动安全卫生条件趋于好转

党和政府高度重视劳动安全卫生工作，国家有关法律法规逐步健全，安全生产工作力度不断加大。各级工会积极维护职工的劳动安全卫生权益，取得明显成效。

一是职工劳动安全卫生条件逐步改善。改善主要体现在安全事故发生和职业病防治方面。从 2003 年开始，我国事故总量和事故死亡人数连续 9 年“双下降”。职业病防治能力不断加强，2012 年，全国职业健康检查机构和职业病诊断机构总数分别达到 3077 家和 562 家，设置重点职业病监测哨点 120 个，每个县至少有一所医疗机构承担劳动者职业健康体检工作，有效维护了广大职工健康及相关权益。女职工劳动保护工作不断推进，2012 年颁布实施的《女职工劳动保护特别规定》，调整女职工禁忌从事的劳动范围，规范产假假期和产假待遇，调整女职工劳动保护监督管理体制，进一步加强了女职工劳动保护工作。

二是多数职工接受过安全生产方面的培训。2007 年调查表明，72.5% 的职工接受过所在单位的安全生产培训，其中农民工为 79.9%，私营、个体企业职工为 68.8%。在劳动关系相对稳定的单位中，职工接受安全生产培训的比例更高，单位有集体合同的职工为 87.8%，单位有职代会的职工为 85.2%，单位建立了工会组织的职工为 82.1%。

三是多数职工对自己工作岗位的安全生产和劳动保护设施持认可的态度。2007 年调查表明，有 96.5% 的职工认为政府采取关闭小煤窑、防止发生煤矿安全事故等措施，有力地促进了社会和谐。74.8% 的职工认为自己工作岗位的安全生产和劳动保护措施较为有效，其中

企业职工为78.3%，普通工人为77.1%，采矿业、建筑业、制造业等安全事故多发行业的职工持这种看法的均超过80%。

四是工会在改善职工劳动安全卫生条件方面发挥了重要作用。2012年，全国各级工会建立劳动保护监督检查组织达90多万家；工会积极配合政府和企业开展安全隐患排查治理，参与重、特大安全事故的调查处理，连续多年组织开展了“安康杯”竞赛等群众性安全生产活动。2008—2012年，全国各级工会参加安全生产检查2342.1万次，参加职工伤亡事故调查处理63.7万件，参加劳动安全卫生设施与主体工程同时设计、同时施工、同时投入生产和使用“三同时”审查验收项目93.4万项，有力地保障了职工群众生命财产安全和职业健康。

五、职工参加职业教育和培训的权益进一步实现

适应调整产业结构、提高经济竞争力的需要，各级政府加强职业技能培训和技能人才培养工作，一些企业也更加重视对职工的职业技能培训。各级工会广泛开展“创建学习型组织、争当知识型职工”活动，积极参与职工教育培训工作，促进职工技术素质的提高。

一是职工职业教育权益得到更好的落实。各级政府和工会大力实施职工素质建设工程，推动企业加强职工素质建设，职工职业教育条件不断改善，受教育机会不断增多。2011年底启动的全国专业技术人才知识更新工程，累计为40多个行业培养培训2万多名高层次人才，开展的急需紧缺人才培养培训和岗位培训，参加人员109万人。全国各类技工学校、就业训练中心、民办培训机构等共组织开展各类职业培训2200万人次，1482万人取得不同等级职业资格证书，其中取得技师、高级技师职业资格的有35.8万人。调查表明，2007年有65.9%的职工参加过职业技能培训，2012年达到79.4%，比2007年

增长13.5个百分点。

二是职业培训对实现和发展职工权益产生重要作用。2007年调查显示，参加过职业技能培训的职工月工资收入平均为1434.3元，比没有参加培训的职工高28.0%；在受教育程度为初中及以下、无技术等级、从事制造业、在私营企业工作的农民工中，参加职业培训的工人月工资收入比没有参加培训的高出16.8%，表明职业技能培训对提高职工工资收入具有重要作用。2012年调查显示，有74%的职工提高了技术等级或专业技能，73.1%的职工提升了就业竞争力，45.2%的职工增加了工资收入，35.5%的职工调到了更理想的工作岗位，25.2%的职工晋升了职务。

三是职工学习专业技术知识的积极性进一步提高。2007年调查显示，加强业务学习、提高专业技术技能已成为职工群众的自觉追求，93.6%的职工希望参加技术技能、文化知识等各类培训，职工最希望参加的学习和培训项目是技术技能培训和职业资格认证培训，其中，48.5%的职工最希望参加技术技能培训，其次为职业资格认证培训，占15.7%。广大职工积极投身工会"大学校"，参加各级工会开展的"创建学习型组织、争做知识型职工"活动、"工人先锋号"创建活动、"安康杯"竞赛活动等，不断提升自身素质。

六、职工民主政治权利进一步落实

参与企事业单位民主管理是我国职工合法权益的重要内容。调查表明，我国职工民主管理权利的实现和保障情况总体上呈良好发展态势。

一是广大职工参与民主管理的愿望强烈，拥护党和国家关于职工参与民主管理的政策措施。调查显示，有90%左右的职工认为参与企事业管理有利于促进企事业发展，有利于维护职工利益，表明广大职工对实行企事业民主管理的目的、意义有正确的认识，形成了高度共识。71.3%的职工表示愿意参加本单位的民主管理、民主监督、民主参与、民主选举，表明广大职工有着强烈的参与民主管理愿望。2012年调查显示，超过半数职工表示单位制定规章制度时有工会或职代会代表参与，制定过程中曾事先张贴出来征求职工意见。

二是职代会制度的坚持和发展，有效保障了职工的民主管理权利。广大职工对职代会作用发挥情况给予较积极的评价。2012年调查显示，有75%的职工参加过本单位选举职代会代表的投票，职代会代表中普通职工占52.4%，专业技术人员21.7%，一般管理人员13.5%，高层管理者只占2.5%，职工代表构成也比较合理，具有普遍的代表性。61.7%的职工认为单位职代会作用发挥好，56.8%的职工把在单位职代会（议事会、恳谈会）上提出提案作为发表意见和反映愿望的渠道。58.7%公有制企业职工认为单位职代会作用发挥得好，这一比例在非公有制企业中为62.7%。在建立职代会的企业中，有80.4%的职工表示其所在单位经营管理者和普通职工之间的关系融洽。

三是厂务公开制度的普遍推行，有效保障了职工群众对企事业单位经营管理的知情权。10年来，厂务公开不断发展，内容日益丰富，形式趋于多样。2007年调查表明，有32.3%的职工认为所在单位已经建立厂务公开制度，21.8%的私营（民营）、个体企业职工表示本单位建立了厂务公开制度，比2002年高出约16个百分点。通过厂务公开，职工参与意识明显增强，更多职工了解到本单位经营管理的情况，对扩大和保障职工的知情权、监督权起到了良好的促进作用。2012年，全国已建工会企事业单位实行厂务公开的达到395.5万个，其中，非公有制企业330.6万个。企业厂务公开形式除以职代会为主要载体外，还有公开栏、墙报、报刊、厂情发布会、广播等方式，陆续又创新了局域网、内部电视等平台。

四是非公有制企业职工参与民主管理渠道得到进一步拓展。2007年调查显示，在私营、个体经济职工中，25.0%表示本单位建立了职代会，21.8%表示本单位建立了厂务公开制度；在台港澳和外商投资企业职工中，32.8%表示本单位建立了职代会制度，28.7%表示本单位实行了厂务公开制度，各项比例都比2002年高出约10个百分点，说明非公有制企业职工的民主管理权利实现情况有了较大改善。

五是公司制企业职工董事、职工监事制度不断推进。2008年以来，各地按照《公司法》等法律法规，进一步加强职工董事、职工监事制度建设，规范制度运作，职工董事、职工监事与董事会、监事会其他成员平等地参与企业决策、管理和监督，代表和维护职工合法权益，强化了企业职工在参与企业管理和内部监督方面的作用。调查显示，2007年，有22.3%的职工表示所在单位实行了职工董事、职工监事制度，截至2012年，48.5%的已建工会公司制企业董事会中设立了职工董事，60.0%的已建工会公司制企业监事会中设立了职工监事。

六是工会代表职工进行源头参与的水平不断提升。工会通过参与立法、推动执法、开展法律监督等形式，努力从制度上、源头上维护职工权益。2003—2012年，全国总工会参与了多部涉及职工权益的法律法规规章和司法解释的制定和修改。各地工会也参与了地方性劳动法律法规的制定和实施。仅2012年，全国省、市（地）级地方工会参与制定地方法规290个，其中涉及职工权益的法规213个，占73.4%；涉及工会工作的法规31个，占10.7%。在各级工会大力推动下，全国人大多次对《工会法》《劳动法》《劳动合同法》开展执法检查；各级工会与政府有关部门联合开展企业用工管理、社保缴费、工资清欠、劳动安全卫生等方面的维权专项行动，参与查处严重违反劳动法律法规的案件，参与重大安全生产事故和职业危害事件的调查处理。工会代表职工参与劳动法律监督，在监督企业贯彻落实劳动法律法规方面发挥了基础性作用。截至2012年，全国各级工会建立劳动法律监督组织77.9万个，受理违法、违规案件12.6万件，自行处理案件8.1万件，提请劳动监察部门处理案件2.3万件。此外，工会与政府联席会议制度、协调劳动关系三方机制成为工会源头参与的重要形式。各级地方及产业工会参与建立的协调劳动关系三方机制近2.5万个。截至2013年初，国家协调劳动关系三方召开18次专项会议。

七、职工精神文化权益进一步得到发展

一是职工精神文化生活多样化需求不断得到满足。随着职工物质生活条件的改善，精神文化生活越来越受到重视，需求日益多样化。调查显示，2011年全国36个大中城市居民消费支出中，13.2%用于教育文化娱乐服务，职工家庭上月平均花费在教育和休闲娱乐方面的支出占户均总支出的19.6%；职工参加单位文体活动的积极性比较高，92.6%的职工表示愿意参加单位组织的文体娱乐等活动，53.6%的职工表示本单位拥有职工文体活动场所，54.6%的职工经常参加活动，63.9%的职工对单位文体活动的开展情况表示满意。

二是职工获取和交流信息渠道不断拓宽。随着科技进步和信息传播方式的发展，新闻网站、微博、手机报等新渠道对职工的吸引力不断增加。调查显示，2012年69.8%的职工将广播电视作为获取信息的主要渠道，66.0%的职工将新闻网站作为获取信息的主要渠道，19.6%的职工将手机报作为获取信息的主要渠道，16.6%的职工将微博作为获取信息的主要渠道。10年间，互联网在社会事件传播和社会大众表达意见方面作用日益凸显，已经成为职工信息获取、社会交往、教育培训和参与社会交流的重要途径。微博、微信作为新媒体的

代表受到职工的普遍关注，特别是年轻职工受网络影响较大，不仅是获取信息的手段，更是进行社会交往的渠道。互联网的开放性降低了职工获取信息的成本和职业培训的门槛，为职工的工作和生活带来了许多便利。

三是职工思想更加积极活跃。职工队伍思想观念总体乐观进取。多数职工具备正确的劳动观念，比较认同积极向上的劳动价值取向。2012 年调查显示，52.0% 的职工认同“靠劳动能够过上富裕生活”；52.0% 的职工“希望自己成为劳动模范”；在回答对劳动模范的看法时，41.6% 的职工认为“劳模是工人学习的榜样”。职工对未来预期普遍乐观，58.5% 的职工认为“自己未来的生活会变得越来越好”。

八、职工社会权利进一步得到扩展

一是拥有依法参加和组织工会的权利。职工组织化率不断提高。全国各级工会依法推动企业普遍建立工会组织，会员数和基层工会组织数显著增长。截至 2012 年 9 月底，全国建立基层工会 266.3 万个，覆盖单位 616.7 万个，工会会员达 2.8 亿人，其中农民工会员约 1.0 亿人，比 2008 年分别增长 76.6%、93.1%、45.0%、79.8%。各级工会组织通过开展维护职工群众合法权益等各项工作，赢得了职工群众的信赖。在 74.4% 的职工心目中，工会与“职工代表”这个关键词的联系最为紧密，说明多数职工把工会当作是自己的代表。

二是拥有更广泛的社会参与渠道。职工社会参与的渠道不断增多。在国家政治层面，职工通过制度化的渠道为国家发展建言献策，选举人大代表参与国家政治生活，工会代表职工参与立法、执法和法律监督，在国家和社会管理中发挥重要作用。在工作单位层面，职工通过职代会等渠道参与单位民主管理，为促进所在单位的和谐发展发声出力。24.2% 的职工表示所在单位实行了民主议事会制度，20% 的职工表示所在单位实行了工会与单位行政平等协商制度。在社会生活层面，职工通过参加社会组织，参与社会监督、社会公益、社区事务等方式，积极融入社会，主人翁意识和社会责任感不断增强。调查显示，50.9%的职工表示关心工作和生活所在城市，认为城市发展与自身利益关系密切。职工从城市建设的“旁观者”逐步转变为真正意义上的“当事人”，越来越多的职工借助网络等渠道，表达对社会事务的意见，积极参与社会监督，在一些重大问题上充分表达自身的意愿，得到了广泛关注，产生了重要影响。

——· 第十二章 ·——

矛盾和问题的显现

新世纪新阶段，在我国职工队伍不断发展壮大的同时，职工队伍结构、自身素质和权益实现等方面依然存在一些矛盾和问题，这些问题是经济社会发展不平衡在职工队伍中的反映。

第一节 职工队伍结构性就业压力依然较大

就业是民生之本，也是我们党和政府一直高度关心和重视并且花大气力要做好的工作。进入新世纪新阶段，为了促进就业，党和国家采取了一系列有效措施，就业状况总体上是稳定的。但从总体来看，我国就业压力大的现状仍未从根本上改变。

在劳动力供给方面，我国 15—59 岁劳动年龄人口在 2011 年达到峰值 9.25 亿人，2012 年开始逐年下降，2012 年比 2011 年减少 345 万人，占总人口的比重为 69.2%，比上年末下降 0.6%，这是劳动年龄人口的首次下降。尽管劳动人口的总量在稳步下降，但是总量依然很大。据社科院“在全面深化改革中创新社会治理”课题组研究，“到 2018 年我国城镇化水平可达 60%”。按这个水平粗略估算，今后 5 年城镇人口将增加近 1 亿人，大量的农村富余劳动力向城市转移。“大学持续扩招使每年应届大学毕业生数量不断增加，2013 年将达到 699 万人，今后若干年大学毕业生数量将继续处于上升态势”，国家每年要保证新增就业1000万人。

在劳动力需求方面，导致劳动力需求扩大和缩减的因素并存，就业问题存在许多变数。在城镇化发展带动投资增长、消费增加、现代服务业发展的同时，随着制造业的转型升级和劳动生产率的提高，就业弹性逐步减小，单位资本所需的劳动力数量逐步缩小，纺织、煤矿、冶金等一些传统行业吸纳就业能力减弱。国际经济形势持续低迷，特别是受国际金融危机的影响，导致出口型企业订单减少，短期内难以出现有效反弹，对相关劳动密集型产业的劳动力需求产生不少影响。因此，人口多、就业压力大的现状短时间内还难以改变，实现职工充分就业仍然是维护职工权益和保持劳动关系和谐稳定的重要问题。

在就业总量压力大的同时，就业市场中存在着劳动者技能与岗位需求不相适应、劳动力供给与企业用工需求不相匹配的结构性矛盾，就业和招工“两难”现象并存。职工队伍素质不能完全适应转变经济发展方式和企业转型升级的需要，传统行业的转型升级和高技术行业、新兴行业的发展对劳动力素质的要求不断提高，电子信息、生物技术、新能源、金融、物流等一些新兴行业技术门槛高，对高技能人才需求量大，很多行业和企业技术工人严重短缺。据人力资源和社会保障部统计，我国仅制造业高级技工缺口就达400余万人。据国家统计局“我国服务业区域发展研究”课题组研究，珠江三角洲、长江三角洲、环渤海经济区等三大经济圈服务业普遍同时存在缺乏高技术职称人才和缺乏技术工人（特别是高级技工）的“双短缺”现象，其中，高级技术职称的从业人数仅占到总人数的12.0%左右，在珠三角经济圈，服务业从业人数中高级技工占比为7.1%，长三角经济圈占比为5.2%，环渤海经济圈占比为5.0%。与此同时，一些“苦、累、脏、险”的工作岗位，因长期待遇过低、工作条件差、社会地位低，职工往往不愿意从事这方面的工作，出现了一方面有大量富余劳动力，另一方面企业却招不到普工而用工短缺的现象。

第二节　职工各项权益的落实还存在一定差距

改革开放以来，我国职工收入快速增加，职工各项权益得到落实。但同时，由于我国发展的不均衡性，不同职工群体的各项权益落实还存在不小差距。

一、不同行业间的职工收入差距依然较大

根据国家统计局数据，我国全国居民收入的基尼系数，2003 年是 0.479，2004 年 0.473，2005 年 0.485，2006 年 0.487，2007 年 0.484，2008 年 0.491，呈逐步增长的趋势，2008 年以后呈现逐步回落的态势，2009 年 0.490，2010 年 0.481，2011 年 0.477，2012 年 0.474。按照联合国有关组织规定，基尼系数若低于 0.2 表示收入绝对平均；0.2—0.3 表示比较平均；0.3—0.4 表示相对合理；0.4—0.5 表示收入差距较大；0.5 以上表示收入差距悬殊。国际上通常把 0.4 作为收入分配差距的“警戒线”，按照这个标准，2008 年以后，我国居民收入的差距虽然有所缩小，但仍大于“警戒线”。

我国居民收入的差距，在职工队伍中突出的表现就是不同行业职工收入差距较大。2012 年调查显示，金融业、科学研究和技术服务业、房地产业等行业工资收入较高，而劳动密集型的住宿和餐饮业等行业工资收入较低，住宿和餐饮业职工平均工资收入最低，为 2202.15 元，仅是金融业的 67.1%。从最近一次涨工资的情况来看，金融业、科学研究和技术服务业、房地产业工资涨幅也高于其他行业。收入较高的职工群体往往工资增长额度也比较高，不同行业之间

工资收入差距仍然比较明显。

普通职工收入偏低，工资增长缓慢。普通职工工资收入水平仅为高层管理人员的53.2%，普通职工最近一次涨工资的幅度也不到高层管理人员的一半，13.9%的普通职工反映，2009年以来就没有涨过工资。大部分职工家境不宽裕，特别是多数低收入职工家庭入不敷出。在月收入1000元以下的职工家庭中，65.0%的家庭支出超过收入。从职工的主观感受来看，60.5%的职工认为，收入低使自己感觉压力最大；61.2%的职工认为影响社会和谐稳定的最突出问题是“收入分配差距大”。

二、社会保险制度尚需完善

完善的社会保障制度是社会的“安全网”和“稳定器”。由于历史原因，我国存在不同单位、不同身份的多种社会保险制度，不同社会保险制度之间缺乏有机衔接，突出表现为养老金“双轨制”问题，造成职工社保权益实现不公。企业退休人员月均养老金虽已经过多次调整，但与机关事业单位退休金还有不小差距。有研究指出，机关事业单位养老金替代率接近100%，而企业养老金替代率不足50%。调查显示，85.6%的职工担心“将来的养老金不够用”，39.2%的职工担心“退休后领不到养老金”，企业职工对养老金“双轨制”问题反映强烈。

养老、医疗等社会保险因统筹层次不高，各地社保缴费率、支付办法等方面存在较大差异，导致职工特别是农民工跨省区流动时社会保险关系转移接续存在障碍，农民工社会保险参保率一直不高。2012年调查显示，农民工参加职工基本养老保险的仅为59.1%，加上参加新型农村养老保险的16.1%，仍比城镇职工有近低10个百分点的差距。农民工参加基本医疗保险的仅为62.2%，参加工伤保险仅为

67.4%，参加失业保险的仅为46.5%，离“应保尽保”还有差距，农民工群体社会保障权益难落实的问题较为突出。

三、职工休息休假权利落实状况堪忧

休息休假是职工依法享有的基本权利。劳动者由于生理上的原因，身体机能是存在一定极限的，不可能一直处于工作状态，劳动者需要通过休息休假来恢复精力并进行生产。同时，经济社会高速发展，市场竞争愈演愈烈，对劳动者素质的要求也随之提高，保障劳动者的休息休假权，才能使劳动者更好地从繁重的工作中暂时解脱，并有机会在工作以外的时间参加进修、学习等活动，全面提高自己的职业技能。对于劳动者休息休假权的保障，不仅可以缓解劳动者身体和心理上的疲倦状态，使其脑力和身体得以恢复，保障身心健康，而且可以激发劳动者潜在的能力，使劳动者有更多的机会发展业余爱好，有机会把潜在的创造力付诸实践，提高劳动者的职业技能和工作效率。

健全的法制是保障劳动者包括休息休假权在内的各项权利的基础，为权利的实现创造良好的环境。在保护劳动者休息休假权方面，1994年颁布的《劳动法》，对职工的休息休假权作出了较为具体的规定，但随着劳动关系更加复杂和多元，尽管劳动法规也在作出相应的调整，但是劳动法规的稳定性和抽象性不能很好适应具有复杂性、具体性的劳动实践，劳动者休息休假权被侵害的现象普遍存在，职工休息休假保障总体上仍处于较低水平。2012年调查显示，职工加班加点现象较为普遍，22.3%的职工上周实际工作时间在48小时以上，且14.1%的职工表示几乎每天或经常加班加点。21.6%的职工加班加点没有得到任何补偿，或者得不到足够时间的倒休和足额的加班工资。职工的带薪休假权益难落实，仅45.3%的职工能享受到带薪年假，

46.2%的职工完全没有享受到带薪年假，还有8.5%的职工虽然享受了带薪年假但没有达到规定天数。总体上看，普通职工享受带薪年假的比例低于平均水平，为41.5%，非公有制企业职工、小微企业职工分别为44.2%、41.2%。

四、企事业民主管理存在形式化的倾向

我国以公有制为主体多种所有制经济共同发展的基本经济制度，从制度上确立了我国职工参与管理国家和管理企业的主人翁地位，即使在非国有企业如私营企业、外商投资企业中的职工，都可以通过各种法定的有效途径和方式参与单位的民主管理。这不仅是社会主义制度在经济生活中的必然、内在的要求，同时也是我国社会主义制度下企业的基本特征。

但在实践中，少数企事业单位把民主管理制度视同“历史包袱”或“外在强迫”，没有真正得到企事业单位经营者的自觉认可，一定程度上存在图形式、走过场的现象。2012年调查显示，56.0%的职工明确表示有机会对单位经营管理和自身权益发表意见或反映愿望，表示没有机会或说不清的占到44.0%；在明确表示单位劳动规章制度经过职代会讨论和审议的职工中，仍然有24.7%的人同时表示规章制度由单位领导个人说了算，有34.1%同时表示规章制度由管理部门单独制定，从而导致劳动关系双方制度化的沟通渠道不畅，职工权益和诉求得不到及时解决。

五、职工的心理健康问题不容忽视

随着经济社会的快速发展，生活节奏急剧加快，社会竞争压力增大，各种社会心理应激因素大幅度增加，职工心理健康问题凸显。特别是2010年富士康发生惊人的员工“十三跳”事件，引起了全社会

对职工特别是青年职工心理健康问题的高度关注。

不良心理健康状况对社会的影响十分明显。一方面，不健康的心理状态将加重社会经济负担，有数据表明，2012 年我国精神疾病发病率在 15% 左右，其中严重精神疾病发病率为 1%—1.5%。心理或精神障碍造成的负担，在目前中国疾病总负担中排名第一，已超过心脑血管疾病、糖尿病和恶性肿瘤等。另一方面，心理不健康会在一定程度上影响人力资源开发，中国各种心理疾患所致的劳动力丧失占全部疾患的 20%。必须采取必要措施，从根本上消除职工心理障碍产生的原因，引导职工及时化解不良情绪。

职工的不良心理健康状况对企业生产经营同样也产生严重影响。职工是企业的主体，职工心理健康存在问题，就会导致职工工作积极性和工作热情的下降，引起企业内人际关系的紧张，直接影响企业生产效益。企业管理层的心理问题有可能导致决策失误，特殊行业职工的心理问题甚至还可能给社会和环境造成重大影响，给企业带来严重的形象损失和经济损失。2012 年调查显示，92.6% 的职工都感觉生活有压力，其中 41.8% 的职工表示压力很大，50.8% 职工表示有一定压力，仅 7.4% 职工表示没什么压力。这在低收入职工群体中体现得尤为突出。通过对不同收入职工生活压力感受的分析，可以看出，职工收入越低，感受到的生活压力越大。调查显示，22.2% 的职工表示，在遇到困难和问题时，因无从求援，只能默默忍受。

职工思想和心理健康状况调研

工会组织高度关注职工思想和心理健康状况。为了解国有企业职工思想变化的状况，全总于 2005 年 8—11 月，在北京等 9 个省市和铁路系统的40家国有大中型企业开展职工思想状况调查，发放调查问卷4000份，对国有企业职工思想状况进行了综合分析。2006年8月，全总就企业职工思想状况开展调研，在石家庄等10个研究室建的网点城市（区）500个企业开展万名职工思想状况问卷调查，组成5个调研组分赴辽宁等5个省的10个城市进行典型调查。2010年4—10月，全总在北京等10省市组织开展职工思想状况调查，发放问卷5000余份，形成《2010年全国职工思想状况调查总报告》、调查数据分析及14篇相关省市调查报告等。2011年3—5月，全总在天津等9省（区、市）抽样选取1万名职工开展调研，4—7月在安徽9个省（区、市）对1万名职工进行思想状况调查。在5年一次的全国职工队伍状况调查中，都有很多涉及职工思想和心理健康状况的问题。

六、看病、住房和子女教育等仍然是职工广泛关注的问题

经济社会快速发展，在取得巨大成就的同时，也伴随着不少阵痛，特别是在公共服务领域，职工群众对看病、住房和子女教育等方面存在的一些问题反映强烈。

医疗服务供给总量相对不足且资源配置不均衡，过多的资源特别是优质资源集中在城市公办大医院，偏远农村、城市社区和厂矿基层等医疗服务缺乏，医疗费用逐年上升，一些医疗机构存在过度诊疗行为，超出个人及家庭支付和承受能力，困难职工因大病致贫的占一定比例；商品房房价持续上涨，保障性住房供应不足，房租租金居高不下；职工子女入托成本高，高校改革的产业化倾向在一定程度上超出了一般职工家庭的供给能力，部分收入偏低的职工举债供子女上学，子女毕业后却难以找到工作，农村义务教育教学点布局不合理、规模萎缩、质量不高，职业教育缺口明显，不少农民工就业技能偏低。看

病难、看病贵，住房难、住房贵，上学难、上学贵成为一些职工的心头之痛。据统计，全国 35 个大中城市商品房平均销售价格由 2002 年的 2483 元/平方米上涨到 2012 年的 8144 元/平方米，上涨了将近 4 倍，平均每年上涨 11.86 个百分点。2012 年调查显示，43.8% 的职工认为让自己压力最大的问题是“看病就医费用高”，43.7% 的职工认为是“房价越来越高”，39.5% 的职工认为是“子女教育”。在职工认为对社会和谐稳定影响最突出问题的排序中，房价贵、看病贵、教育机会不均等都比较靠前。

同时，一些职工对物价上涨、食品安全、环境污染等感到担心。调查显示，97.5% 的职工认为现在物价上涨对生活有影响，69.0% 的职工认为影响很大；94.4% 的职工对食品安全表示担心；93.8% 的职工对环境污染表示担心，据中国社科院“在全面深化改革中创新社会治理”课题组研究，“在信访总量、集体上访总量、群体性事件总量下降的情况下，因为环境问题而发生的群体性事件却在快速上升”。

第三节　部分职工群体出现利益固化现象

改革开放以来，我国职工队伍内部虽然出现了一定程度的分化，但各个群体在根本利益上是一致的，在推动我国经济社会发展中发挥着各自独特的作用，只是在一些具体利益上存在着差异和矛盾。针对我国职工队伍内部群体的分化，党和政府采取了一系列措施，遏制收入分配上的两极分化，在平衡普通工人、专业技术人员、经营管理人员群体利益，整合职工队伍上取得了一些成效。但是受市场经济加速发展、劳动力市场供求关系和劳动、资本、技术、管理等生产要素按贡献参与分配原则确立的影响，加之制度、体制、政策等方面的原因，不同职工群体之间的利益固化趋势明显，突出表现为农民工、劳务派遣工等群体向上流动困难，一线职工、农民工、劳务派遣工群体高度重合，群体结构弹性降低，这些问题在职工思想和心理认知上有比较明显的反映，影响社会和谐。

农民工群体在城市中向上流动的空间狭窄。2012 年外出农民工达 1.6 亿人，且举家外出的比重逐年加大。与早期农民工的迁移流动模式不同，越来越多的农民工或者打算一直工作到退休，或者选择留在城市生活，因而在社会保障、住房、子女教育、公共服务等方面需要与城镇居民享受均等的权利，希望更多地融入城市生活。但由于城市公共服务资源的限制，农民工往往受到不平等对待。从农民工自身的流动来看，农民工群体在人力资本方面处于弱势，就业层次低，职业发展空间有限。2012 年调查显示，农民工平均受教育年限为 11.50 年，低于城镇职工的 13.77 年；76.0% 的农民工受教育程度在高中或中专以下，城镇职工该项比例仅为 49.6%。同时，城市的高房价也影响农民工在城市的居住和长远发展。农民工子女难以公平享受在教育资源、成长环境上的城市公共服务，使得其代际之间向上流动的能力和渠道受限，导致农民工群体相对缺乏对社会的信任和认同，成为城市社会中一个相对封闭的边缘化群体。

劳务派遣工问题凸显。劳务派遣在我国最早兴起于 20 世纪 70 年代末，是全球就业形式多样化发展趋势在我国的具体表现，随着中国加入世界贸易组织和劳动力市场的不断开放，上世纪末本世纪初，顺应国有企事业单位改革、下岗职工再就业、农村劳动力有序转移、企业节约劳动力成本等形势发展，劳务派遣现象逐渐增多。它在促进劳动力市场发育、满足企业灵活用工需求等方面发挥了积极作用。但一个时期以来，尤其是在 2008 年 1 月 1 日《劳动合同法》实施后，一些行业、企业出于用工灵活性的考虑，滥用劳务派遣工，将直接雇用改为劳务派遣，超越了《劳动合同法》中“临时性、辅助性、替代性”

工作岗位规定，劳务派遣工数量急剧上升。根据人社部估算数据，《劳动合同法》实施之前，我国劳务派遣工的总数约2000万人，而到2009年初，劳务派遣工的总数达到2700万人左右。由于劳务派遣使劳动力的雇佣单位与使用单位相分离，劳务派遣行业准入门槛低，监管机制不够完善，随着劳务派遣用工方式的规模不断扩大，适用范围越来越广，劳务派遣导致的一系列问题逐渐突出，对劳动用工制度的公平性和社会关系的和谐造成不利影响，引起了社会各方面的高度关注。王兆国同志多次就规范劳务派遣问题作出重要指示，要求工会组织深入调查研究、全面摸清情况，找准症结、提出对策。2011年，全总组织成立劳务派遣问题课题组，形成《当前我国劳务派遣用工的基本状况、存在问题及对策建议》，调查显示，根据全总研究室2011年企业职工劳动经济权益实现状况及思想动态调查测算，2011年全国企业劳务派遣工占企业职工总数13.1％（比2010年增加了2.1个百分点），约3700万人，若加上机关和事业单位的劳务派遣工人数，总数约为4200万人。各省（区、市）和全国产业工会的调查结果显示，劳务派遣工数量近年来呈不断增长态势。如上海市调查所涉1805家企业420296名职工中，劳务派遣工占25%，比2007年增长了36.1%；江苏省调查的20家企业40136名职工中，劳务派遣工占32%，比2008年增长了47.1%；天津市截止到2010年底，有50%的企业使用劳务派遣工，总数达40万人，比21世纪初增长了10倍。与劳务派遣工过度使用相伴随的是“同工不同酬”和“同工不同权”。劳务派遣工与正式职工工资福利往往差距明显，有的只相当于正式工的一半，甚至只略高于当地最低工资标准；一些企业为了降低用工成本，逃避社保义务的现象时有发生；在许多企业中，劳务派遣工对企业的民主管理没有发言权，职代会中也往往没有劳务派遣工的代表；劳务派遣工被用工单位视为“外人”，单位不重视对其人力资本的投资，职业发展的空间有限。这种因身份差异形成的“同工不同酬”和“同工不同权”现象，直接影响了劳务派遣工合法权益的实现，导致其对单位缺乏归属感，造成不同职工群体间的对立和不满，影响了劳动关系的和谐稳定。

劳务派遣

劳务派遣是指劳务派遣单位（用人单位）分别与被派遣劳动者（劳务派遣工）签订劳动合同、与用工单位签订劳务派遣协议，劳务派遣工在用工单位的调配和管理下提供劳动，劳务派遣单位从用工单位获取派遣费，并向劳务派遣工支付劳动报酬的一种用工形式。其主要特点是劳动关系主体涉及派遣单位（用人单位）、用工单位和被派遣劳动者三方，劳动力招聘与使用相分离。

2012 年调查显示，74.1% 的农民工都是普通职工，比总体中普通职工 60.8% 的比例高出 13.3 个百分点。农林牧渔业、制造业、住宿和餐饮业、采矿业等行业普通职工中，农民工的比例均比农民工的总体比例高，这说明农民工的就业存在向劳动密集型传统行业的一线岗位集中的特点。全国总工会有关调查显示，劳务派遣工中农民工占 52.6%，且大部分劳务派遣工是普通操作工和一般技术工人，在使用劳务派遣规模较大的国企中，一线操作人员大量长期使用劳务派遣工，而绝非仅限于短期可替代岗位。如某省电力公司在农村电网管理和维护上使用的劳务派遣工达 85% 以上。这些群体自身权益实现难、自我救济能力差，群体身份的高度重合将导致弱势叠加。群体之间的利益固化，难以破除，群体内部相对封闭，具有高度内聚力。

第四节　事业单位职工群体面临改革带来的挑战

除了企业职工出现一些新情况新问题，事业单位职工也面临改革带来的新问题。由于历史原因，改革开放前，事业单位是新中国高度集权的计划经济时代形成的单位体制的重要组成部分。事业单位作为党政机关的附属物存在，它们被赋予了一定的行政级别，其业务目标、工作任务、经费投入、人事任免和物资分配等，都由主管部门负责，统一按计划进行调配和管理，形成政事不分的“行政事业一体化”管理体制。事业单位的内部机构设置大多仿照党政部门，运行与管理也主要依靠行政手段。这种管理体制催生了事业单位的“行政化”倾向，造成权责不清、效率低下、人浮于事、资源空耗和衙门习气等弊端。在这种形势下，事业单位改革势在必行。

改革开放以来，适应形势发展变化，事业单位进行了一系列大刀阔斧的改革。比如，从1978年党的十一届三中全会到1992年党的十四大期间，事业单位改革的重点主要是拨乱反正，恢复社会事业，适当下放各类事业单位的管理权，大多数事业单位实行行政首长负责制，行政首长对本单位有经营管理权、机构设置权、用人自主权和分配决定权；从1992年党的十四大到2002年党的十六大期间，事业单位改革的重点主要是提出要实行政事分开，推进事业单位的社会化。1996年，中办、国办印发《中央机构编制委员会关于事业单位改革若干问题的意见》，这是党和国家就事业单位改革下发的第一个专门文件。按照这一文件，主要从事生产经营活动但作为事业单位管理的事业单位，原则上改为企业；一些实行企业化管理可以主要由市场引导资源配置的应用技术开发单位等，并入企业或改办为科技先导型企业。

进入新世纪，事业单位改革也进入新阶段。2002年，党的十六大报告明确提出，“按照政事分开原则，改革事业单位管理体制”；十六届三中全会提出“继续推进事业单位改革”；四中、五中全会进一步提出“加快推进事业单位分类改革”。按照这些精神，各省区市都选择了一些领域和若干地市开展分类改革的综合试点。党的十七大提出进一步深化事业单位的分类改革，十七届二中全会通过《关于深化行政管理体制改革的意见》，对深化事业单位改革提出了具体要求，明确按照政事分开、事企分开和管办分离的原则，对事业单位分三类进行改革。2012 年 4 月，中共中央、国务院发布了《关于分类推进事业单位改革的指导意见》，这是我国对事业单位改革进行的全面谋划和重要顶层设计。

作为事业单位改革的主要承受者，职工对改革有着切身的感触，改革对他们产生了直接的影响。具体地说，分类推进事业单位改革，牵扯到大量事业单位职工的身份转换及其相关权益的变化，职工群体中的不稳定因素有所增加。一方面，部分事业单位职工对改制动力不足，一些从事生产经营活动的事业单位职工对于“转企”所带来的身份转换和福利待遇的变化表示担忧，还有一些高等教育机构、非营利医疗机构等职工，因担心养老待遇下降而对改革有抵触情绪。据了解，许多职工虽然认同事业单位改革的大趋势，但主观上准备不充分，对改革前景担忧，有的甚至认为，事业单位改革说到底就是把事业单位当作包袱甩，担心改革造成待遇降低或下岗。据部分省市事业单位的不完全统计，43% 的人担心收入会减少；26% 的人担心会下岗失业；31% 的人担心会影响自己的职业生涯。另一方面，我国事业单位在承担公共服务职能的同时，大量地行使了行政管理职能，积累了许多社会资源，具有较强的社会影响力和号召力。有职工提出，事业单位改制如果在人员安置、福利待遇等方面不能实现顺利转换过渡，势必影响改革的推进，甚至会影响社会安定。

第五节　互联网对职工队伍的影响加大

网络信息技术的发展使人类社会迈入了一个以网络为主要技术支撑的信息时代。我国的互联网从发展到普及仅仅用了十多年的时间，但是它给社会带来的变化却是翻天覆地的。人们的生活与互联网息息相关，互联网已经不仅仅作为一种工具而存在，更是已经渗透到社会生活的方方面面，成为了一种社会变革的力量，深刻地改变着社会的生产方式、生活方式与思维方式，推动着政治、经济、文化、社会各个方面的发展。根据中国互联网络信息中心（CNNIC）发布的第31次《中国互联网络发展状况统计报告》显示，截至2012年底，我国网民规模达到5.64亿人，全年共计新增网民5090万人，互联网普及率为42.1%，较2011年底提升3.8%。与此同时，手机网民数量快速增长。2012年手机网民数量为4.2亿人，年增长率达18.1%，远超网民整体增幅，网民中使用手机上网的比例由69.3%上升至74.5%；微博用户规模为3.09亿人，较2011年底增长了5873万人，网民中的微博用户比例达到54.7%。手机微博用户规模2.02亿人，占所有微博用户的65.6%，接近总体人数三分之二，微博在手机网民中的使用率为48.2%，相比2011年增长了9.7个百分点；手机即时通信用户数为3.52亿人，使用率为83.9%，自2011年大幅增长后使用率趋于稳定。

随着互联网、微博、微信等新兴媒体快速兴起，互联网在社会事件传播和社会大众表达意见方面作用日益凸显，已经成为职工信息获取、社会交往、教育培训和参与社会交流的重要途径。2012年调查显示，下班后上网人数已经远远超过了读书看报和唱歌跳舞健身的人数，微博、微信作为新媒体的代表受到职工的普遍关注，特别是年轻职工受网络影响较大，不仅仅以其作为获取信息的手段，更是进行社会交往的渠道。互联网的开放性降低了职工获取信息的成本和职业培训的门槛，为职工的工作和生活带来了许多便利。广大职工通过互联网参与社会监督、参加社会公益活动，成为维护自身权益、实现民主政治权利的一种新形式。

但随着互联网带来的职工社会交往渠道不断拓展，不同意识形态和不同价值观念间的交流、交融、交锋也日益加剧，人们的思想空前活跃，主流意识形态受到一定冲击，互联网曝光也已成为一些弱势群体寻求救助的重要选择，借助互联网强大的社会动员能力，实现“网上联动，网下行动”，在一定程度上有助于推动解决职工群众切身利益问题，但也使劳动关系矛盾易于积聚、传播和发酵，甚至被一些别有用心的人利用，肆意扭曲和放大个别偶发事件，导致个别的、小范围的劳动关系矛盾演变为地区性、行业性的停工怠工事件，有的演变为具有一定规模的群体性事件，对社会和谐稳定产生不良影响。网络上的不良信息影响职工身心健康发展，个别职工沉迷于网络游戏、赌博、迷信等，在工作和学习中产生懈怠心理，影响职工自身职业发展和正常的人际交往。境内外敌对势力利用网络媒介大肆搜集国内涉及职工权益的各种信息，传播并放大其中的一些负面信息，混淆视听，制造不良社会舆论，对我国职工队伍稳定和国家安全构成威胁。

第十三章

投身经济建设主战场

进入新世纪新阶段，在党的领导和各级工会的组织下，广大职工群众积极投身全面建设小康社会的伟大事业，支持改革，促进发展，维护稳定，提升素质，以主人翁姿态发挥主力军作用，为国家发展和社会进步取得的新成就作出了积极贡献。

第一节　踊跃投身全面建设小康社会生动实践

在全面建设小康社会的伟大实践中，工人阶级坚决跟党走中国特色社会主义发展道路，积极主动投身经济建设和社会发展主战场，立足岗位、创新创造、建功立业。

一、广大职工以辛勤劳动、诚实劳动、创造性劳动为我国经济平稳较快发展作出了突出业绩

在包括广大职工在内的全体中国人民共同努力下，我国综合国力大幅提升。2003 年到 2012 年的 10 年间，我国的国内生产总值由 13.6 万亿元上升到 51.9 万亿元，增长 281.6%，跃升到世界第二位；公共财政收入由 2.2 万亿元增加到 11.7 万亿元，增长 431.8%；进出口贸易总额由 0.85 万亿美元增长到 3.9 万亿美元，增长 358.8%。基础设施基础产业建设取得长足进展。一批重大工程相继建成，青藏铁路

提前一年建成通车，京沪高速铁路顺利建成通车，三峡工程防洪、发电、航运等综合效益全面发挥，西电东送、西气东输全面投产，南水北调工程进展顺利，溪洛渡水电站、红沿河核电站建设顺利推进或建成投入使用，普光气田、南堡油田等勘查开发取得重大进展，一批跨江跨海大桥、连岛工程相继建成。新增公路 80.1 万公里，其中高速公路 7 万公里，高速公路总里程达 9.56 万公里；新增铁路营运里程 2.58 万公里，其中高速铁路 8951 公里，一批高铁和城际铁路相继投入运营。建成万吨级以上泊位 1170 个。非化石能源快速发展，水电、风电装机位居世界第一；重建后的汶川、玉树、舟曲等灾区发生了翻天覆地的变化。

在经济建设主战场，广大职工以主人翁的姿态，积极参与各行各业的劳动竞赛，辛勤劳动、诚实劳动、创造性劳动，有力地推动了经济平稳较快发展。据全国总工会统计，截至 2012 年底，劳动竞赛企事业单位覆盖面达到 78.4%，职工参与率 74.2%，其中已建会的非公企业劳动竞赛覆盖面和职工参与率分别达到 67.4% 和 63.7%，同比增长 5.1% 和 6.3%。2012 年，全国总工会、人力资源社会保障部、卫生部、全国妇联联合举办了全国女职工岗位创新技能大赛，210 余万名女职工踊跃参赛。仅 2008—2012 年，全国 3732 万女职工就参与不同类型技能竞赛 55.1 万场，参与技术革新、发明创造、合理化建议等 1431.2 万项。

二、广大职工为建设创新型国家贡献了聪明才智

面对世界科技的迅猛发展和日益激烈的国际竞争，科技创新已经成为经济和社会发展的主导性力量。知识分子作为工人阶级的一部分，大大增强了工人阶级的科学文化素质。截至 2011 年底，我国科技工作者队伍已达 5800 万人。广大科技工作者和职工群众以其艰苦劳动

和创造性实践，为推动我国科技进步和产业结构升级作出了杰出贡献。我国在重要科学前沿和战略必争领域取得了一批重大创新成果，“神舟”系列飞船载人航天，“嫦娥”一号、二号探月卫星发射，“蛟龙号”载人深潜，北斗卫星导航系统开发应用，“天河”一号、二号超级计算机系统开发，“辽宁舰”入列，等等。

包括工程技术人员在内的广大职工为推动企业技术进步、增强自主创新能力提供了可靠的人力资源保障，促进企业技术改造不断升级，高科技产业、新兴产业蓬勃发展。“中国制造”开始向“中国创造”转型，传统制造业产品质量整体水平不断提高，高技术制造业不断发展。仅以2008年至2012年的5年为例，我国高技术制造业增加值年均增长就高达13.4%，成为国民经济重要先导性、支柱性产业；企业节能减排工作不断推进，累计淘汰落后炼铁产能1.17亿吨、炼钢产能7800万吨、水泥产能7.75亿吨；新增城市污水日处理能力4600万吨；单位国内生产总值能耗下降17.2%，化学需氧量、二氧化硫排放总量分别下降15.7%和17.5%。清洁能源、节能环保、新一代信息技术、生物医药、高端装备制造等一批战略性新兴产业不断涌现；信息服务业、现代物流业、商务服务业、高技术服务业等迅速发展。

与此同时，广大职工适应形势的发展，刻苦学习、增长本领，为企业技术革新、技术进步贡献自己的聪明才智。据全国总工会统计，仅2008—2012年，职工就向企业提出合理化建议4000多万条，被采纳实施建议2000多万条，共产生经济效益2000多亿元；职工技术革新项目、发明创造项目和推广先进操作法项目高达400多万项，荣获国家专利项目34.4万项。

三、工人阶级积极支持和参与各项改革

广大职工既是改革和发展的受益者，也是改革成本的承担者。调

查结果显示，广大职工总体上对各项改革措施表示认同，认为改革符合最广大人民的根本利益。

2003 年，党的十六届三中全会制定和通过了《中共中央关于完善社会主义市场经济体制若干问题的决定》。决定强调，按照统筹城乡发展、统筹区域发展、统筹经济社会发展、统筹人与自然和谐发展、统筹国内发展和对外开放的要求，更大程度地发挥市场在资源配置中的基础性作用，增强企业活力和竞争力，健全国家宏观调控，完善政府社会管理和公共服务职能，为全面建设小康社会提供强有力的体制保障。

2007 年调查显示，广大职工支持改革开放，拥护科学发展观，期盼社会和谐。94.2% 的职工认为，党和政府提出的科学发展观“符合中国经济发展现实”，“能让广大群众得到实惠，得到广大群众的拥护”，“有利于促进经济社会和城乡协调发展”；88.2% 的职工认为，党和政府提出构建社会主义和谐社会的战略思想，要让广大群众在共建中共享，在共享中共建，“符合中国社会实际，有利于促进社会稳定”，“合民心，顺民意，能让广大群众得到实实在在的好处”。

2012 年调查显示，82.3% 的职工认为改革开放是大势所趋，应该继续坚持；88.4% 的职工认为必须重视改革开放中出现的消极腐败现象。广大职工对社会主义市场经济的拥护和支持，为社会主义市场经济体制的完善夯实了广泛的群众基础。

第二节　积极应对国际金融危机

2008 年初，美国次贷危机引发了国际金融危机，各国经济受到重创，特别是对欧美发达国家经济有严重依赖和自身经济发展具有脆弱性的发展中国家。这次金融危机大致经历了美国次贷危机、全球金融危机和欧洲主权债务危机三个阶段。

在美国次贷危机（2007 年 2 月—2008 年 9 月）阶段，由于美国长期的低利率政策刺激，21 世纪初，美国房地产市场呈现繁荣发展趋势；同时诸多高风险的金融创新产品不断扩张，进一步催生了房地产市场的泡沫。到 2007 年第一季度，美国房屋抵押贷款余额高达 10.4 万亿美元，次级贷款在房屋抵押贷款的比重也从 1999 年的 2% 上升到 2004 年的 12%。在经济过热的背景下，美联储连续 17 次加息，致使房价大跌，购房者难以通过将房屋出售或抵押获得新融资。这导致违约情况越来越多，次级抵押贷款机构也相应亏损和破产，投资基金被迫关闭暂停发债，次贷危机由此产生。2007 年 3 月底，美国新世纪金融公司因无力偿还债务，宣布申请破产保护，成为次贷危机中第一个倒下的美国大型金融机构。随后，标准普尔和穆迪分别一次性调降高风险抵押贷款支持的债务评级，引发全球金融市场大震荡，次贷危机正式爆发。

在全球金融危机（2008 年 9 月—2010 年 2 月）阶段，次贷危机的爆发导致诸多大型金融机构纷纷倒闭破产，危机升级为全球金融危机。到 2008 年 9 月底，美国五大投行在这次金融危机中均受重创。随后危机进一步蔓延至全球：在欧洲，以英国、德国、比利时、荷兰等国诸多知名银行为首的大型金融机构频频告急，欧洲各国金融市场出现剧烈震荡和波动，英、法、德股指大幅下挫，2009 年 9 月较 2008 年底平均跌幅达 25% 左右；在新兴市场，很多国家的股市、债市和汇市均向下出现剧烈波动，至 2008 年 12 月，MSCI 新兴市场股价指数累计下跌 64%。

在欧洲主权债务危机（2010 年 2 月至今）阶段，由于在债务危机前的几年，欧元区国家特别是非核心国家的银行大量投资于本国房地产项目和美国次级债券，因而在全球金融危机期间，房地产泡沫的破灭和美国次贷危机对这些银行造成重创。相比美国政府而言，欧元区国家为救助银行，只能运用财政收入对银行注资，这无疑使财力有限的非核心国家进一步加大了财政负担，并导致政府负债率明显上升，债务违约风险增大。债务危机造成银行资产损失，使银行危机不断恶化并致使其陷入困境，欧债危机不断升级。

对中国而言，由于中国经济对外依存度相当高，贸易顺差逐年增大。2008 年，美国是中国的第二大贸易伙伴，仅次于欧盟，而美国次贷危机所造成美国消费的大幅萎缩使得中国以外贸为主的出口类型制造业出现倒闭潮。金融危机通过金融系统和实体经济传导给中国，2008 年和 2009 年，中国国内生产总值的增长速度开始出现明显下滑。出口商品锐减，使出口依赖程度相对较高的东部地区企业、民营企业受到很大打击，同时，民众收入增长有限、物价持续上涨等因素也使得国内有效需求不足。

2008 年 10 月起，全国各地出现不少农民工提前回乡的“返乡潮”现象，尤其以广东、浙江、江苏等劳动力需求大省最为明显。返乡农民工主要是从事制造业和建筑业等低技术行业的岗位职工，特别是一些中小型加工企业的职工。国家统计局的全国农民工监测调查显示，受金融危机影响，2009 年春节前夕，全国返乡农民工为 7000 万人左右，约为全国外出农民工总数（约 14041 万人）的一半。在春节后，返乡的这 7000 万农民工中大约 80% 的农民工重新进城务工，其中有 4500 万人找到工作，有 1100 万人难以找到工作。

为应对国际金融危机的影响，中国党和政府采取了一系列重要举措。工会围绕中心、服务大局，积极履行职责，既维护职工权益，又考虑企业利益，把企业这个矛盾统一体、利益共同体统一起来，共同克服国际金融危机带来的不利影响。

关于国际金融危机对我国企业和职工影响的调研

为了解国际金融危机对我国企业发展和职工队伍稳定的影响，2008 年 11 月，全总领导同志分 11 路到 23 个省（区、市）75 市（区、县）87 个行业开展调研，形成《关于应对国际金融危机对职工队伍稳定影响的调研报告》。12 月，全总十五届二次执委会提出开展工会与企业、职工的“共同约定行动”。2009 年 2 月，全总下发《关于深入推进“共同约定行动”的意见》。5—6 月，全总研究室对北京朝阳区等 20 个城市（区）1000 家企业 1 万名职工进行问卷调查，形成《国际金融危机背景下企业劳动关系和职工权益状况调查数据分析报告》。10—12 月，全总组成专题调研组，在 10 个城市抽取 500 家企业和 5000 名职工开展调研，形成《当前企业职工收入分配中存在的突出问题及对策建议》。

全国各级工会通过开展“共同约定行动”，一方面，使企业的管理者更充分地认识到，职工是企业的宝贵资源，是企业发展的主体，摆脱困境离不开职工的支持和参与，促进发展离不开职工的创造和贡献，从而牢固树立依靠职工办企业的思想，千方百计地依靠职工改善生产经营，努力做到不裁员不减薪，稳定工作岗位，按时足额发放工资，利用开工不足的间歇加强职工培训，切实提高职工技术技能水平；另一方面，引导职工正确认识个人利益与企业发展、国家发展的辩证关系，动员广大职工积极参加“同舟共济保增长、建功立业促发展”竞赛活动，以主人翁的姿态，立足本职、争创一流，为提高企业自主创新能力，优化产品结构，加快产业升级和结构调整，增强企业竞争力献计出力，与企业同舟共济，共克时艰，共渡难关，推动形成企业关爱职工、职工关心企业、共谋企业发展的良好氛围。截至2009年8月，全国开展“共同约定行动”的企业已超过53万多家，覆盖职工7323万人，占建会企业职工的43.7%，在全国基本形成了企业不裁员、少裁员，不减薪、少减薪，协商确定薪酬的良好氛围，取得了多方共赢的积极成效。全国80%的企业和职工参加了“同舟共济保增长、建功立业促发展”竞赛活动。

广大职工坚决拥护党和国家采取的一系列保增长保民生保稳定的应对举措，识大体、顾大局，在各级工会组织下，通过广泛参加工会、企业、职工共同参与的以保岗位、保工资、稳员增效为重点的“共同约定行动”和“同舟共济保增长、建功立业促发展”竞赛活动，积极应对国际金融危机冲击，使我国经济在世界范围内率先实现回升向好，不仅为中国经济平稳较快发展发挥了主力军作用，而且为世界经济走出国际金融危机的阴霾作出了贡献。创刊于1923年的美国最大的新闻周刊——《时代》周刊，2009年12月16日揭晓年度人物，刊登了身着工装的深圳年轻工人的合影，“中国工人”作为榜单中唯一一个群体荣登亚军位置，该刊评价，“中国经济顺利实现‘保八’，在世界主要经济体中继续保持最快的发展速度，并带领世界走向经济复苏，这些功劳首先要归功于中国千千万万勤劳坚韧的普通工人”。

第三节　在抗击非典和雨雪冰冻灾害、抗震救灾、筹办奥运会中展现工人阶级风采

2003年初，我国广东省首先发生传染性非典型肺炎（简称“非典”）。随后，广西、山西、北京等地也陆续发生非典疫情，一场突如其来的非典型性肺炎疫病在我国一些地方开始蔓延开来，严重威胁了人民群众的身体健康和生命安全，也影响了我国的经济发展、社会稳

定和国际往来。面对严峻的非典疫情，党和政府采取了一系列果断措施，号召医务工作者和全国人民一定要打赢抗击“非典”这一仗。

全国各族人民众志成城、群防群控，地方和军队的广大医务工作者与科技工作者迎难而上、奋不顾身，临危不惧、救死扶伤，组成了战胜非典的强大突击队，给患病群众无微不至的关爱，给发病地区切实有力的帮助，同呼吸、共命运、心连心，共同应对疾病的挑战，表现出高度的责任感和崇高境界，为取得抗击“非典”的重大胜利作出了突出贡献。2003 年“五一”节前，全国总工会书记处决定，授予北京佑安医院等 3 个单位全国“五一劳动奖状”、叶欣（已殉职）等 6 人全国“五一劳动奖章”，以表彰他们在防治“非典”疫情中作出的突出贡献，号召全国广大职工向他们学习。

2008 年初，我国南方部分地区发生了百年不遇的严重雨雪冰冻灾害，灾损程度、救灾难度历史罕见。铁路、交通、城建、电力、煤炭、石油、通信等系统职工积极投身生产自救和灾后重建工作，打赢了保交通、保供电、保民生三场战役，涌现出许多可歌可泣的英雄事迹和先进模范人物。

2008 年 5 月 12 日，四川汶川发生里氏 8. 0 级特大地震，共造成 69227 人遇难，17923 人失踪，37 万多人受伤。这是新中国成立以来破坏性最强、波及范围最广、救援难度最大的一次地震，受灾面积 44 万平方公里，其中四川灾区面积达到 28 万平方公里，受灾人口达 2961 万人，直接经济损失 8451 多亿元。面对重大灾难，中国共产党领导中国人民万众一心、众志成城，团结一致、共同行动，互相帮助、互相关心，积极投身这场规模空前、难度空前的伟大斗争，形成了全国抗震救灾的强大合力，铸就了“万众一心、众志成城，不畏艰险、百折不挠，以人为本、尊重科学”的伟大抗震救灾精神，展示出不可战胜的民族精神和强大的民族凝聚力，在人类抗灾救灾史上写下了无比壮美的精彩华章。

在这场气壮山河的抗震救灾斗争中，全国广大职工发扬一方有难、八方支援的社会主义互助精神，心系灾区、奉献爱心，积极投身抗震救灾，在全国总工会组织的“重建家园、再献爱心”大行动中，踊跃向灾区群众捐款捐物；工厂职工加紧生产灾区急需物资，积极参加以“抗震救灾作贡献、重建家园立新功”为主题的“工人先锋号”创建活动，帮助灾区恢复生产、重建家园，为夺取抗灾斗争的胜利作出了重大贡献，涌现出许多可歌可泣的模范人物和英雄事迹，充分展现出工人阶级顾全大局、甘于奉献，互助友爱、共克时艰，不畏艰险、敢于胜利的英雄本色。

灾难当前，党中央、国务院在立即动员一切力量抢救生命、安置受灾群众的同时，果断作出“建立对口支援机制，举全国之力，加快恢复重建”的重大决策，颁布《汶川地震灾后恢复重建对口支援方案》，向全党全国发出了汶川特大地震灾后恢复重建的总动员。灾区广大职工群众感恩奋进、自强不息，与全国人民一道，担负起重建美好家园的历史使命。一年后，灾后恢复重建取得重要阶段性成果，两年后，“三年任务两年基本完成”目标如期实现，经过五年的努力，当年的地震灾区基础设施有效改善、城乡面貌焕然一新、产业发展结构优化、民生保障持续加强、社会事业全面进步，灾区群众住上了好房子、过上了好日子。工人阶级以实际行动书写了从灾难走向新生、从恢复重建走向发展振兴的壮丽篇章，取得灾后恢复重建的重大胜利，广大职工是推动国家发展和时代进步当之无愧的英雄。

2001 年，北京成功获得 2008 年奥运会主办权。2008 年 8 月 8 日，北京奥运会盛大开幕，吸引了来自全世界的目光。北京奥运会以“同一个世界，同一个梦想”（One world，One dream）为主题，真切地体现了奥林匹克精神的实质——团结、友谊、进步、和谐、参与和梦想，表达了全世界在奥林匹克精神的感召下，追求人类美好未来的共同愿望。2008 年北京奥运会从开幕到闭幕的整个过程堪称完美，它为全世界各国提供了一个实现梦想、超越梦想的舞台，也向全世界展示了中国改革开放 30 年以来在经济建设和社会发展领域所取得的伟大成就，充分彰显了中国的实力。

为世界奉献一届有特色、高水平的奥运会，是中国政府和中国人民对世界作出的庄严承诺，也极大地激发了中华儿女的爱国热情，把庄严承诺转化为奉献奥运、参与奥运的自觉行动，把爱国热情转化为建设祖国、强大祖国的实际行动，是13 亿中国人民的共同心声。在筹备北京奥运会和奥运会召开期间，我国工人阶级和广大劳动群众以主人翁的精神积极投身推动科学发展的火热实践，把支持奥运的爱国热情转化为做好本职工作的实际行动，发扬优良的作风，提供优质的服务，创造优美的环境，以饱满的精神状态、良好的时代风采支持奥运、参与奥运、迎接奥运、奉献奥运，为北京奥运会、残奥会的成功举办发挥了重要作用。

在北京奥运会、残奥会等重大建设项目中，广大职工积极参加“迎奥运、讲文明、树新风”活动，在各自岗位上、各项工作中自强不息、艰苦奋斗，为这些重大活动的成功举办贡献了自己的智慧和力量，以更高文明素质展示了中国人民的精神风貌。在维护奥运会、残运会期间社会稳定上，广大职工发挥维护社会和谐稳定的中流砥柱作用，主动与危害社会稳定的力量作斗争，彰显了工人阶级的伟大力量，赢得了世界的广泛赞誉。

‖第四编‖

梦想与辉煌：新时代的工人阶级

（2013 年以来）

党的十八大描绘了全面建成小康社会、加快推进社会主义现代化的宏伟蓝图，习近平同志提出实现中华民族伟大复兴的中国梦，成为团结凝聚中华儿女的精神旗帜。党的十九大站在历史和全局的高度，顺应浩浩荡荡的时代潮流，承载亿万人民的光荣梦想，郑重宣示中国特色社会主义进入新时代，擘画了实现中国梦的路线图和时间表，吹响了奋进的集结号，指明了“中华号”这艘巨轮驶向伟大复兴的前进方向。中国梦，点燃了亿万人民的美好希望，赋予了工人阶级庄严的历史使命。实现中国梦，必将造福工人阶级，也必须紧紧依靠工人阶级。中国工会十六大旗帜鲜明地提出了为实现中华民族伟大复兴的中国梦而奋斗这个当代我国工人运动的时代主题。

在追梦、筑梦、圆梦的历史进程中，中国工人阶级自觉承担起历史赋予的使命，肩负起国家、民族、人民寄予的重任，始终走在时代前列，踊跃投身改革发展，用劳动筑梦，以实干圆梦，为推进中国特色社会主义伟大事业作出了不可磨灭的历史贡献。新时代的工人阶级队伍在不断壮大，素质得到提升，权益得到保障，焕发着蓬勃向上的朝气、锐意创新的勇气，以崭新的精神面貌在中国大地上辛勤劳动、建功立业，他们是新时代的见证者、开创者、建设者，也是改革的参与者、推动者、受益者。同时，工人阶级队伍也呈现出新情况新问题，工人阶级队伍内部分化加大，就业形态日益多样化，技术技能仍需提升，保障水平亟待提高，新技术新业态新模式的蓬勃发展深刻影响着职工队伍及劳动关系。

展望新征程，任重而道远。工人阶级将担负起新时代赋予的新使命，争做新时代的奋斗者，以一往无前的奋斗姿态，在推动“五大建设”中展现新作为，唱响新时代劳动者之歌，以劳动托起中国梦。

第十四章
中国特色社会主义进入新时代

党的十八大以来，以习近平同志为核心的党中央坚持和发展中国特色社会主义，统揽伟大斗争、伟大工程、伟大事业、伟大梦想，统筹推进“五位一体”总体布局、协调推进“四个全面”战略布局，推动党和国家事业取得历史性成就、发生历史性变革，中国特色社会主义进入新时代，中华民族迎来了从站起来、富起来到强起来的伟大飞跃。这是以习近平同志为核心的党中央坚强领导的结果，是习近平新时代中国特色社会主义思想科学指引的结果，是工人阶级和广大劳动群众拼搏奋斗的结果。

第一节　新时代的思想指引

伟大时代需要伟大理论的引领。党的十九大确立习近平新时代中国特色社会主义思想为党必须长期坚持的指导思想，2018 年全国两会将习近平新时代中国特色社会主义思想载入宪法。党的主张成为国家意志，指引着工人阶级向着伟大梦想前进。

一、习近平新时代中国特色社会主义思想

党的十九大是在全面建成小康社会决胜阶段、中国特色社会主义进入新时代的关键时期召开的一次十分重要的大会。大会高举中国特

色社会主义伟大旗帜，以马克思列宁主义、毛泽东思想、邓小平理论、“三个代表”重要思想、科学发展观、习近平新时代中国特色社会主义思想为指导，分析了国际国内形势发展变化，回顾和总结了过去5年的工作和历史性变革，作出了中国特色社会主义进入了新时代、我国社会主要矛盾已经转化为人民日益增长的美好生活需要和不平衡不充分的发展之间的矛盾等重大政治论断，深刻阐述了新时代中国共产党的历史使命，确立了习近平新时代中国特色社会主义思想的历史地位，提出了新时代坚持和发展中国特色社会主义的基本方略，确定了决胜全面建成小康社会、开启全面建设社会主义现代化国家新征程的目标，对新时代推进中国特色社会主义伟大事业和党的建设新的伟大工程作出了全面部署。

大会选举产生了以习近平同志为核心的新一届中央领导集体，再一次明确了习近平同志在党中央、在全党的核心地位，充分代表了全党的共同意志、高度共识，集中反映了包括亿万职工在内的全国各族人民的共同愿望。这次大会是一次不忘初心、牢记使命、高举旗帜、团结奋进的大会，在党和国家发展史上具有重大里程碑和划时代的意义。

党的十九大一个突出亮点和重大历史贡献，就是把习近平新时代中国特色社会主义思想确立为我们党必须长期坚持的指导思想，并写入党章，实现了党的指导思想又一次与时俱进。习近平新时代中国特色社会主义思想包括“八个明确”的基本内涵、“十四个坚持”的基本方略等丰富内容，涉及改革发展稳定、内政外交国防、治党治国治军，是一个完整的科学理论体系，是对马克思列宁主义、毛泽东思想、邓小平理论、“三个代表”重要思想、科学发展观的继承和发展，是马克思主义中国化最新成果，是党和人民实践经验和集体智慧的结晶，是中国特色社会主义理论体系的重要组成部分，是全党全国人民为实现中华民族伟大复兴而奋斗的行动指南，必须长期坚持并不断发展。党中央的重大决策和一系列重要指示，进一步明确了我国工人阶级的奋斗目标，为我国工运事业指明了前进方向。

二、习近平总书记关于工人阶级和工会工作的重要论述

习近平总书记始终心系工人阶级，关怀劳动模范，每到一地考察都要深入基层看望劳模和职工群众，给广大职工群众和工会干部以巨大鼓舞。这些年，习近平总书记围绕全心全意依靠工人阶级、充分发挥工人阶级主力军作用、推进产业工人队伍建设改革、崇尚劳动、造福劳动者等，发表了系列重要讲话、作出系列重要指示，提出了许多新思想、新观点、新论断、新要求。

2013 年 4 月 28 日，习近平总书记在全国总工会机关同全国劳动模范代表座谈时明确指出："工业强国都是技师技工的大国，我们要有很强的技术工人队伍。"2013 年 10 月 23 日，习近平总书记在同全国总工会新一届领导班子成员集体谈话时强调："坚持全心全意依靠工人阶级，充分发挥工人阶级主力军作用，把广大职工群众紧紧团结在党和政府周围，这是我们党的一个突出政治优势，也是中国特色社会主义的一个鲜明特点。""实现中华民族伟大复兴的中国梦，根本上要靠包括工人阶级在内的全体人民的劳动、创造、奉献。"2014 年 4 月 30 日，习近平总书记在乌鲁木齐接见劳动模范和先进工作者、先进人物代表时指出："包括广大知识分子在内的我国工人阶级是改革开放和社会主义现代化建设的主力军。""当前，因为加快转变经济发展方式、促进经济结构战略性调整、化解过剩产能等原因，一些企业和职工遇到了种种困难。越是这样，越要发挥职工群众主人翁作用，越要关心职工群众生产生活和职业发展，把全心全意依靠工人阶级的方针落实好。"2015 年 4 月 28 日，习近平总书记在庆祝"五一"国际劳

动节暨表彰全国劳动模范和先进工作者大会上明确指出："在前进道路上，我们要始终高度重视提高劳动者素质，培养宏大的高素质劳动者大军。""我国工人阶级是我们党最坚实最可靠的阶级基础。我国工人阶级从来都具有走在前列、勇挑重担的光荣传统。""工人阶级和广大劳动群众始终是推动我国经济社会发展、维护社会安定团结的根本力量。不论时代怎样变迁，不论社会怎样变化，我们党全心全意依靠工人阶级的根本方针都不能忘记、不能淡化，我国工人阶级地位和作用都不容动摇、不容忽视。""要把全心全意依靠工人阶级的根本方针贯彻到经济、政治、文化、社会、生态文明建设以及党的建设各方面，落实到党和国家制定政策、推进工作全过程，体现到企业生产经营各环节。"2016 年 4 月 26 日，习近平总书记在知识分子、劳动模范、青年代表座谈会上指出："素质是立身之基，技能是立业之本。""无论从事什么劳动，都要干一行、爱一行、钻一行。在工厂车间，就要弘扬'工匠精神'，精心打磨每一个零部件，生产优质的产品。"2016 年 10 月 10 日，习近平总书记在全国国有企业党的建设工作会议上强调："坚持全心全意依靠工人阶级的方针，是坚持党对国有企业领导的内在要求，要健全以职工代表大会为基本形式的民主管理制度，充分调动工人阶级的积极性、主动性、创造性。"2017 年 2 月 6 日，习近平总书记主持召开中央全面深化改革领导小组第三十二次会议，审议通过《新时期产业工人队伍建设改革方案》，会议指出，工人阶级是我国的领导阶级，产业工人是工人阶级的主体力量。要从巩固党的执政基础的高度，从促进我国经济社会持续健康发展的高度，加快产业工人队伍建设改革，坚持全心全意依靠工人阶级的方针，按照"政治上保证、制度上落实、素质上提高、权益上维护"的总体思路，针对影响产业工人队伍发展的突出问题，创新体制机制，提高产业工人素质，畅通发展通道，依法保障权益，造就一支有理想守信念、懂技术会创新、敢担当讲奉献的宏大的产业工人队伍。2017 年 10 月 18 日，习近平总书记在党的十九大上强调，建设知识型、技能型、创新型劳动者大军，弘扬劳模精神和工匠精神，营造劳动光荣的社会风尚和精益求精的敬业风气；完善职业教育和培训体系，深化产教融合、校企合作；注重从产业工人、青年农民、高知识群体中和在非公有制经济组织、社会组织中发展党员。2018 年 4 月 30 日，习近平总书记在给中国劳动关系学院劳模本科班学员回信中强调，社会主义是干出来的，新时代也是干出来的。劳动最光荣、劳动最崇高、劳动最伟大、劳动最美丽。全社会都应该尊敬劳动模范、弘扬劳模精神，让诚实劳动、勤勉工作蔚然成风。

习近平给中国劳动关系学院劳模本科班学员的回信

中国劳动关系学院劳模本科班的同志们：

你们好！“五一”国际劳动节前夕，收到你们的来信，我感到十分高兴。你们为党和国家事业发展作出了突出贡献，被评为劳动模范，如今又在读书深造，这是对大家辛勤劳动、无私奉献的褒奖，也是党和国家对劳动者的关怀。

社会主义是干出来的，新时代也是干出来的。希望你们珍惜荣誉、努力学习，在各自岗位上继续拼搏、再创佳绩，用你们的干劲、闯劲、钻劲鼓舞更多的人，激励广大劳动群众争做新时代的奋斗者。

我一直强调，劳动最光荣、劳动最崇高、劳动最伟大、劳动最美丽。全社会都应该尊敬劳动模范、弘扬劳模精神，让诚实劳动、勤勉工作蔚然成风。

值此“五一”国际劳动节之际，我向你们、向全国所有劳动模范、向全国广大劳动者，致以节日的问候。

习近平

2018 年 4 月 30 日

这些重要论述，站在党和国家工作全局的战略高度，深刻回答了我国工运事业特别是推进职工队伍建设中一系列重大理论和实践问题，集中体现在以下几个方面：一是重申坚持全心全意依靠工人阶级方针，指出坚持和发展中国特色社会主义必须全心全意依靠工人阶级，不论时代怎样变迁、社会怎样变化，全心全意依靠工人阶级的根本方针都不能忘记、不能淡化。二是肯定工人阶级的地位和作用，指出工人阶级始终是我国的领导阶级，是我们党最坚实最可靠的阶级基础，是改革开放和社会主义现代化建设的主力军，是推动我国经济社会发展、维护社会安定团结的根本力量，产业工人是工人阶级的主体力量。三是提出产业工人队伍建设改革的总体思路和目标任务，指出按照“政治上保证、制度上落实、素质上提高、权益上维护”的总体思路，造就一支有理想守信念、懂技术会创新、敢担当讲奉献的宏大的产业工人队伍。四是明确工人阶级的精神追求，指出要大力弘扬劳模精神、劳动精神、工匠精神，营造尊重劳动、崇尚技能、鼓励创造的社会氛围，奏响“工人伟大、劳动光荣”的时代主旋律。五是重视工人阶级的素质提升，指出要始终高度重视提高劳动者素质，培养宏大的高素质劳动者大军。六是强调工人阶级的权益维护，指出要实现好、维护好、发展好广大普通劳动者根本利益。

这些重要论述，在中国特色社会主义理论体系的基础上，极大地丰富和发展了马克思劳动学说和党的工运理论，是习近平新时代中国特色社会主义思想的重要组成部分，是以习近平同志为核心的党中央贯彻落实以人民为中心的发展思想的政治宣示，从理论和实践层面回应和解决了在推进供给侧结构性改革、振兴实体经济、推动高质量发展形势下一系列重大理论和实践问题，进一步激发了工人阶级为实现“两个一百年”奋斗目标更好发挥主力军作用的创造热情和前进动力。

庆祝“五一”国际劳动节暨表彰全国劳动模范和先进工作者大会

2015年4月28日，庆祝“五一”国际劳动节暨表彰全国劳动模范和先进工作者大会在北京人民大会堂隆重举行。习近平总书记发表重要讲话，李克强总理主持大会，刘云山同志宣读《中共中央、国务院关于表彰全国劳动模范和先进工作者的决定》，李万君代表全国劳动模范和先进工作者宣读倡议书。大会表彰了2968名全国劳动模范和先进工作者，其中劳动模范2064名，先进工作者904名。

习近平总书记的重要讲话在人民群众中引起热烈反响，社会各界高度评价，大家深受鼓舞、倍感振奋，极大地增强了为实现中国梦而奋斗的信心和决心。

中央党的群团工作会议

2015年7月6日至7日，中央党的群团工作会议在北京召开。习近平总书记发表重要讲话。他强调，中国特色社会主义事业是亿万人民的事业，党的群团工作肩负着庄严使命。工会、共青团、妇联等群团组织一定要坚持解放思想、改革创新、锐意进取、扎实苦干，切实保持和增强党的群团工作和群团组织的政治性、先进性、群众性，组织动员广大人民群众更加紧密地团结在党的周围，把广大人民群众对美好生活的追求汇聚成强大动力，共同谱写实现“两个一百年”奋斗目标、实现中华民族伟大复兴中国梦的新篇章。

习近平总书记在讲话中指出，由党中央召开党的群团工作会议，在党的历史上还是第一次。这次会议的主要任务是分析研究新形势下党的群团工作面临的新情况新问题，贯彻落实《关于加强和改进党的群团工作的意见》，总结成功经验，解决突出问题，推动改革创新，努力开创党的群团工作新局面。

第二节　新技术新业态新模式的出现

进入21世纪，全球新一轮科技革命和产业变革正在孕育兴起，新技术替代旧技术、智能型技术替代劳动密集型技术趋势明显，全球科技创新呈现出新的发展态势和特征。这场变革恰与我国加快转变经济发展方式、建设制造业强国的目标形成历史性交汇，使我国现代化事业面临着前所未有的机遇和挑战，工人阶级也面临着前所未有的机遇和挑战。

一、经济与社会结构发生深刻变化

2008年国际金融危机以后，世界经济进入以长期结构性调整为基础的经济增长减速期、贸易发展低迷期，导致我国出口需求增速明显放缓。伴随世界经济复苏的不稳定不确定因素增多，世界经济格局正在发生重大变化，外部需求萎缩将成为常态。改革开放以来，我们用几十年时间走完了发达国家几百年走过的发展历程，经济总量跃升为世界第二，制造业规模跃居世界第一，创造了发展奇迹。同时，也面临不少困难和挑战。主要是发展不平衡不充分的一些突出问题尚未解决，发展质量和效益还不高，创新能力不够强，实体经济水平有待提高。当前，我国经济发展进入新常态，已由高速增长阶段转向高质量发展阶段，正处在转变发展方式、优化经济结构、转换增长动力的攻坚期，建设现代化经济体系是跨越关口的迫切要求和我国发展的战略目标。

经过近40年大变革大发展，中国已经走到了一个新的重要关头，改革进入深水区。从改革范畴看，已经从经济领域全面扩展到政治、社会、文化、生态、党的建设、国防军队等各个领域；从改革进程看，“容易的、皆大欢喜的改革已经完成了”，“剩下的都是难啃的硬骨头”；从改革面临的阻力看，过去强调放权、授权的阶段已经过去，接下来是要从体制机制上理顺、约束权力，让伸得过长的权力之手“断自己的腕”。继往开来的历史关口，中国的伟大变革，亟待揭开破旧立新的改革新篇，在直面问题中展开波澜壮阔的画卷。

随着改革开放深入推进，我国社会结构深刻变动，新的社会群体产生，有的是从原有的工人、农民、知识分子阶级阶层中分化出来的，有的完全是新的群体，其身份角色趋于重叠交织，人员分类细化。主要包括以下阶层：民营科技企业的创业人员和科技人员、受聘于外资企业的管理技术人员、个体户、私营企业主、中介组织从业人员、自由职业者等。改革开放的不断深入，社会主义市场经济的发展以及非公有制经济地位的提升，是这些新的社会阶层出现的主要因素，他们的数量也在不断增长，在社会总人口中占据不小的比重。新的社会阶层凭借自己的脑力和体力所创造出的社会价值，不但推动了经济的进步，增加了国家税收，而且为劳动者提供了数以万计的工作岗位，缓解了就业压力，促进了政治稳定和社会建设，对社会经济发展作出了重要贡献。

二、职工面临更加复杂多样的劳动关系

2016 年 3 月，李克强总理在政府工作报告中指出："要推动新技术、新产业、新业态加快成长，以体制机制创新促进分享经济发展，建设共享平台，做大高技术产业、现代服务业等新兴产业集群，打造动力强劲的新引擎。"新技术新业态新模式（简称"三新"）的蓬勃发展给职工队伍带来了影响和挑战。

劳动关系发生新的变化。平台就业呈现出关系灵活化、工作碎片化、工作安排去组织化的特征，对适应机器大工业时代的劳动关系、社会保障等政策体系带来较大冲击，增大了就业者面临的市场风险，包括收入不稳定、需求变动冲击、价格变动冲击、无就业保护、无社会保险等。全国总工会 2017 年开展的第八次全国职工队伍状况调查显示（下同），20.3% 的职工认为所在单位经营管理者与普通职工之间关系一般和不融洽。劳动争议案件居高不下，集体停工和群体性事件时有发生，劳动关系协调难度增加。调查显示，职工结束上一份工作时，没有拿到经济补偿金的高达 50.3%。网络调查显示，自雇就业、自由职业者中参加过工会法律援助活动的占 5.5%。劳动力市场供给发生较大变化，新生代逐渐成为劳动力主体且诉求多元化。他们更注重体面劳动，如休息休假、未来发展、工作环境等，特别是其在工作中是否得到尊重，对民主、公平、正义等方面也都有了更高的要求。这也是新时代社会主要矛盾在劳动关系领域中的变化和体现。

劳动关系灵活复杂。随着新经济、新业态的不断发展，分享经济、平台经济等新经济逐渐渗透到社会各领域，我国劳动关系日益复杂，不同性质和不同类型企业的劳动关系呈现不同特点，劳动关系主体由双方转向多方，显现出灵活复杂的趋势。自我雇佣、独立承包、众包等一系列新型灵活就业方式的出现，挑战了劳动关系的单一性。

新就业形态从业者与互联网平台型组织的复杂关系难以用现行的法律关系界定，在企业用工管理方式上也呈现明显不同的特点，而现有的法律法规难以完整定义劳动关系灵活化、高度自主化的状态。因为劳动关系界定不清而引发的新型劳资纠纷也呈现上升趋势。相关统计数据显示，截至 2016 年 11 月前，全国 1516 份劳动争议案件裁判文书中，判定存在劳动关系的案件占比约为 58%，判定不存在劳动关系的案件占比约为 42%。以网约车为例，专车司机与网约车平台之间是一种“新型劳动关系”，与传统的劳动合同关系并不完全匹配。

第八次全国职工队伍状况调查

为深入了解 2012 年第七次全国职工队伍状况调查 5 年来职工队伍的新变化新趋势新特征，全面展示广大职工在党的领导下推进改革发展的生动实践和历史性贡献，准确把握工会工作面临的新形势新任务，及时反映基层和职工的愿望呼声，深化对职工队伍发展规律的认识，全国总工会于 2017 年 1 月至 8 月组织开展了第八次全国职工队伍状况调查。

调查覆盖北京、山西、辽宁、江苏、浙江、安徽、福建、山东、河南、湖北、广东、广西、四川、陕西、甘肃等 15 个省（区、市）的 150 个城市。调查设置了 1 个总课题和 9 个分课题，采取问卷抽样调查、专题调研、典型调查、网络调查、文献研究相结合的方式，涉及职工队伍总体状况的新特点、内部结构的新变化、职工权益实现的新情况，聚焦职工队伍技术技能素质、新技术新业态新模式蓬勃发展的深刻影响、互联网和新媒体广泛应用对职工带来的巨大变化等问题，形成了 1 个总报告、9 个专题研究报告、14 个典型调查报告，以及15个省（区、市）总工会的职工队伍状况调查报告等。

第三节　产业工人队伍建设改革

产业工人是工人阶级中发挥支撑作用的主体力量，组织性、纪律性强，具有优秀的思想道德素质和文化素质，是创造社会财富的中坚力量，是创新驱动发展的骨干力量，是实施制造强国战略的有生力量。新时代新方位，只有大力推进产业工人队伍建设改革，才能充分发挥产业工人在建设新时代中国特色社会主义伟大事业中的生力军作用。

一、产业工人队伍建设改革的背景

推进产业工人队伍建设改革，是以习近平同志为核心的党中央着眼于巩固党的执政基础、实施制造强国战略、全面提高产业工人素质作出的重大决策部署，是管长远的战略性的制度安排，具有重大的现实意义和深远的历史意义。

推进产业工人队伍建设改革，是实现党的目标任务的内在需要。党的十九大提出，到2020年全面建成小康社会，2035年基本实现社会主义现代化，到本世纪中叶把中国建设成富强民主文明和谐美丽的社会主义现代化强国。这一目标描绘了未来30年我国发展的宏伟蓝图。把蓝图变为现实，是一场新的长征。这是全党全国人民的共同任务，更是工人阶级作为改革开放和现代化建设主力军的历史使命所在。推进产业工人队伍建设改革，有利于巩固党执政的阶级基础、群众基础，有利于维护改革发展稳定大局，有利于实现决胜全面建成小康社会、夺取新时代中国特色社会主义伟大胜利的奋斗目标。

推进产业工人队伍建设改革，是全面深化改革的重要内容。改革开放是当代中国最鲜明的特色。党的十九大报告讲“改革”70多次，涉及改革举措158项。“坚持全面深化改革”成为十九大最强音。党的十九届三中全会审议通过了《中共中央关于深化党和国家机构改革的决定》和《深化党和国家机构改革方案》，标志着全面深化改革进入了一个新阶段。产业工人队伍建设改革是在全面深化改革的大逻辑和大趋势下开展的一项重要改革，是全面深化改革的重要组成部分，是更好促进社会公平正义、增进人民福祉，努力解决好人民最关心最直接最现实的利益问题，更好满足人民美好生活需要的具体体现。

推进产业工人队伍建设改革，是建设现代化经济体系的重要举措。建设现代化经济体系是我国发展的战略目标，也是转变经济发展方式、优化经济结构、转换经济增长动力的迫切要求。作为制造业大国，我国已建成独立完整的现代工业体系，拥有41个工业大类、201个中类、581个小类，成为唯一拥有联合国产业分类中全部工业门类的国家，在500多种主要工业品中，中国有220多种产量世界第一。但同时也要看到，中国制造“大而不强”，存在创新能力不足、质量效益不高、技能人员欠缺等软肋。建设现代化经济体系，发展经济的着力点就在实体经济上，主攻方向是提高供给体系质量。振兴实体经济的主战场在制造业，制造业是技术创新的最主要承担者。广大产业工人身处生产制造领域的最前沿，在加快产业转型升级、推动技术创新、提高企业竞争力等方面具有基础性作用，在推动经济发展质量变革、效率变革、动力变革，提高全要素生产率等方面具有重要作用。推进产业工人队伍建设改革，建设一支宏大的高素质的产业工人队伍，有助于我国在日趋激烈的国际竞争中抢占先机、赢得主动，进而推动我国社会生产力水平实现整体跃升。

推进产业工人队伍建设改革，是提高产业工人队伍素质的迫切要求。党的十九大提出，要建设知识型、技能型、创新型劳动者大军。劳动者素质对一个国家、一个民族发展至关重要，一个国家发展能否抢占制高点，越来越取决于广大劳动者素质。当前，新一轮科技革命和产业变革与我国加快转变经济发展方式形成历史性交汇，国际产业分工格局正在重塑。我国经济发展进入新常态，从高速增长转为中高速增长，经济结构不断优化升级，从要素驱动、投资驱动转向创新驱动，经济向形态更高级、分工更优化、结构更合理阶段演进。但我国经济运行仍存在不少问题，产能过剩和需求结构升级矛盾突出，实体经济困难增大。加之，技术工人总量不足，在非公有制企业、小微企业，技术工人更是严重匮乏，产业工人队伍建设还存在着一些体制机制障碍，技能形成缺乏顶层设计，职业教育、普通教育和职业技能培训之间协调衔接还不够，产业工人发展通道不畅通，人力资本投入不足，相关法律法规政策需要进一步完善落实，等等。推进产业工人队伍建设改革，建设一支高素质的产业工人队伍，已经成为一项重要而紧迫的战略任务。

在此背景下，2016 年 8 月 21 日，中央全面深化改革领导小组办公室（以下简称中央改革办）印发《改革任务书》，要求全国总工会牵头，会同国家发展改革委、教育部、工业和信息化部、人力资源和社会保障部等部门，研究起草产业工人队伍建设改革方案。全国总工会等部门迅速成立产业工人队伍建设改革协调小组，集中人员、集中地点、集中时间，全力以赴开展工作，先后两次征求了中央和国家机关 30 多个部门和单位意见。2017 年 2 月 6 日，习近平总书记主持召开中央全面深化改革领导小组第三十二次会议，审议通过《新时期产业工人队伍建设改革方案》。4 月 14 日，党中央、国务院印发了《新时期产业工人队伍建设改革方案》（中发〔2017〕14 号）。制定和实施《新时期产业工人队伍建设改革方案》，就推进产业工人队伍建设改革专门进行谋划和部署，在我们党和国家历史上尚属首次，释放了我们党始终坚持以人民为中心的发展思想和全心全意依靠工人阶级方针的强烈信号。

《新时期产业工人队伍建设改革方案》（要点）

《新时期产业工人队伍建设改革方案》（以下简称《改革方案》）明确了新时期产业工人队伍建设改革的指导思想、基本原则、目标任务以及改革举措，厘清了为什么改、怎么改、通过什么途径、达到什么目标等一系列重大问题。《改革方案》的主要举措有：

（一）加强和改进产业工人队伍思想政治建设

1. 强化和创新产业工人队伍党建工作；

2. 突出产业工人思想政治引领；

3. 健全保证产业工人主人翁地位的制度安排；

4. 创新面向产业工人的工会工作。

（二）构建产业工人技能形成体系

5. 完善现代职业教育制度；

6. 改革职业技能培训制度；

7. 统筹发展职业学校教育和职业培训；

8. 改进产业工人技能评价方式；

9. 打造更多高技能人才；

10. 促进农民工融入城市、稳定就业。

（三）运用互联网促进产业工人队伍建设

11. 创新产业工人队伍建设网络载体；

12. 打造网络学习平台；

13. 推进“互联网+”普惠性服务。

（四）创新产业工人发展制度

14. 拓宽产业工人发展空间；

15. 畅通产业工人流动渠道；

16. 创新技能导向的激励机制；

17. 改进劳动和技能竞赛体系；

18. 加大对产业工人创新创效扶持力度；

19. 组织产业工人积极参与实施走出去战略和“一带一路”建设。

（五）强化产业工人队伍建设支撑保障

20. 加强有关产业工人队伍建设的法治保障；

21. 完善财政投入机制；

22. 建立社会多元投入机制；

23. 完善产业工人劳动经济权益保障机制；

24. 深化产业工人队伍建设理论政策研究；

25. 营造尊重劳动、尊崇技能、鼓励创造的社会氛围。

二、产业工人队伍建设改革方案的主要内容

《改革方案》明确了新时期产业工人队伍建设改革的重大意义、指导思想、基本原则和目标任务，厘清了新时期产业工人队伍建设改革为什么改、怎么改、通过什么途径、达到什么目标等一系列重大问题，具有很强的政治性、政策性、指导性、针对性和可行性。《改革方案》提出，要按照政治上保证、制度上落实、素质上提高、权益上维护的总体思路，造就一支有理想守信念、懂技术会创新、敢担当讲奉献的宏大的产业工人队伍。《改革方案》从加强和改进产业工人队伍思想政治建设、构建产业工人技能形成体系、运用互联网促进产业

工人队伍建设、创新产业工人发展制度、强化产业工人队伍建设支撑保障等5个方面，提出25条具体举措。

《改革方案》把加强和改进产业工人队伍思想政治建设放在突出位置，提出一系列创新举措，主要有4个方面：一是突出强化和创新产业工人队伍党建工作。加大在产业工人队伍中发展党员力度，把技术能手、青年专家、优秀工人吸收到党组织中来。适应新技术新业态新模式发展，探索不同类型企业党建工作方式方法。二是突出产业工人思想政治引领，加强理想信念教育、职业精神和职业素养教育，大力弘扬劳模精神、劳动精神、工匠精神，引导产业工人爱岗敬业、甘于奉献。三是突出围绕提升产业工人主人翁地位，健全一系列制度安排，适当增加产业工人在党的代表大会代表和委员会委员、人民代表大会代表、政协委员、群团组织代表大会代表和委员会委员中的比例，探索实行产业工人在群团组织挂职和兼职等。四是突出创新面向产业工人的工会工作。坚持党建带工建，进一步改进工会组织体制、运行机制、活动方式、工作方法，创新国有企业工会工作，加强非公有制企业和混合所有制企业工会工作。

《改革方案》注重加强产业工人的技能提升，提出"构建产业工人技能形成体系"的6个举措，这是在国家文件层面第一次明确规定。一是完善现代职业教育制度，包括加强职业教育、继续教育、普通教育的有机衔接，坚持产教融合、校企合作、工学结合、知行合一，创新各层次各类型职业教育模式等。二是改革职业技能培训制度，推进职业技能培训市场化、社会化、多元化改革，建立各类培训主体平等竞争、产业工人自主参加、政府购买服务的技能培训机制，强化企业主体责任等。三是统筹发展职业学校教育和职业培训，建立行业、企业、院校、社会力量共同参与的职业教育培训体系，促进学历与非学历教育纵向衔接连通、横向互通互认。四是改进产业工人技能评价方式，优化职业技能等级标准，支持企业、行业组织和社会组织自主开展技能评价等。五是打造更多高技能人才，实施国家高技能人才振兴计划，孵化拔尖技能人才，培育更多“大国工匠”。六是促进农民工融入城市、稳定就业，实施农民工学历与能力提升行动计划、农民工职业技能提升计划。

全国劳模、大国工匠高凤林

高凤林，中国航天科技集团公司第一研究院国营二一一厂（首都航天机械公司）特种熔融焊接工、发动机车间班组长，国家高级技师。

高凤林1980年技校毕业后，一直从事火箭发动机焊接工作至今。30多年来，他始终坚持以国为重、扎根一线、勇于登攀、甘于奉献，一次次攻克了发动机喷管焊接技术世界级难关，为北斗导航、嫦娥探月、载人航天、国防建设等国家重点工程的顺利实施以及长征五号新一代运载火箭研制作出了突出贡献。先后荣获国家科技进步二等奖、部科技进步一等奖、全军科技进步二等奖等科技成果奖20多项，发表论文36篇，著作3部。荣获全国十大能工巧匠、中华技能大奖、全国技术能手、中国高技能人才十大楷模、全国青年岗位能手、中央国家机关“十杰青年”、首次月球探测工程突出贡献者等先进荣誉称号30多项。2007年被授予全国五一劳动奖章；2009年获国务院政府特殊津贴；2014年荣获全国高端技能型人才培养实践教学二等奖、德国纽伦堡国际发明展三项金奖；2015年荣获全国劳动模范称号；2016年获中国质量奖最高政府奖唯一个人奖、全国十大最美职工称号；2017年获得第六届全国道德模范敬业奉献类奖项、2017北京榜样年榜人物当选者。

《改革方案》针对影响产业工人队伍发展的突出问题，从6个方面创新制度着力拓展产业工人的发展通道：一是拓宽产业工人发展空间，改革企业人事管理和工人劳动管理相区分的双轨管理体制，实行统一的人力资源管理制度，推进非学历教育学习成果、职业技能等级学分转换互认。二是畅通产业工人流动渠道，健全公共就业服务体系，提高人力资源配置效率。三是创新技能导向的激励机制，建立健全培养、考核、使用、待遇相统一的激励机制，引导企业在关键岗位、关键工序培养使用高技能人才，提高相应待遇，实现多劳者多得、技高者多得。增加产业工人在劳动模范和先进代表等评选中的名额比例。四是改进劳动和技能竞赛体系，建立以企业岗位练兵和技术比武为基础、以国家和行业职业技能竞赛为主体、国内竞赛与国际竞赛赛项相衔接的劳动和技能竞赛机制。五是加大对产业工人创新创效扶持力度，深化群众性技术创新活动，开展先进操作法总结、命名和推广，推动建立职工创新工作室、劳模创新工作室和技能大师工作室。六是组织产业工人参与走出去战略和“一带一路”建设，加强技能国际交流与合作。

《改革方案》强调充分发挥“互联网+”的重要作用，运用互联网促进产业工人队伍建设，体现了时代气息。主要有3个举措：一是创新产业工人队伍建设网络载体，建立健全产业工人队伍基础数据库，加强网上思想引领、技术交流，举办网上练兵活动等。二是打造网络学习平台，将产业工人终身学习纳入城乡信息化建设，加强网络公共学习平台建设。三是推行“互联网+”普惠性服务，建设网上“职工之家”，实现网上维权帮扶。

《改革方案》在支撑保障方面提出了6项具体举措：一是加强有关产业工人队伍建设的法治保障。二是完善财政投入机制。三是建立社会多元投入机制。四是完善产业工人劳动经济权益保障机制。五是深化产业工人队伍建设理论政策研究。六是营造尊重劳动、崇尚技能、鼓励创造的社会氛围。

《改革方案》从4个方面对改革举措的组织实施作出安排：一是构建合力推进改革的工作格局。坚持党委统一领导，政府有关部门各司其职，工会、行业协会、企业代表组织充分发挥作用，统筹社会组织的协同力量。建立贯彻落实的协调督查机制，由全国总工会牵头、各相关部门参与，形成整体合力。二是有力有序推进改革，着力在支柱产业、战略性新兴产业和骨干企业中推进，发挥国有企业的带动作用。三是做好改革宣传工作，营造关心、支持推进改革的良好社会环境。四是加强对改革实施的督促检查，确保《改革方案》落地见效。

三、产业工人队伍建设改革有力推进

按照党中央要求，推进产业工人队伍建设改革协调小组由全国总工会牵头，会同国家发展改革委、教育部、工业和信息化部、人力资源社会保障部、中组部、财政部和国务院国资委等部门组成，同时，吸纳中宣部、统战部等23个相关部委参与协调小组工作，整体推进产业工人队伍建设改革。目前，工作格局和工作机制不断完善，初步形成了全社会关心支持和参与的强大合力。

在加强和改进产业工人队伍思想政治建设方面。一是强化和创新产业工人队伍党建工作。加强企业党的组织建设和工作覆盖，以全国百强互联网企业为重点，将互联网企业、新经济组织中的新型产业工人党员、劳务派遣工党员纳入组织管理，督促企业党组织“应建尽建”。中央组织部拿出9.3万名党员发展计划，引导各地区、各系统加大在农民工和国有、非公企业等群体、领域中发展党员力度。二是突出产业工人思想政治引领。中央宣传部、全国总工会等围绕学习宣传贯彻党的十九大精神等重大政治任务，广泛开展线上线下宣传教育

活动，大力推进“中国梦·劳动美——喜迎党的十九大”主题宣传教育活动等。开展全国职工思想状况调研并形成调研成果，研究起草《加强和改进产业工人思想政治工作的意见》。三是健全保证产业工人主人翁地位的制度安排。通盘考虑适当增加产业工人在全国人大代表、政协委员中的比例，探索推进产业工人中的优秀人才到群团组织挂职、兼职工作。党的十九大代表中，生产和工作一线代表明显增加，共771名，占33.8%，比党的十八大增加79名，比例提高3.3个百分点。十三届全国人大代表人选中，一线工人、农民代表468名（其中有45名农民工代表），占代表总数的15.70%，提高2.28个百分点。四是创新面向产业工人的工会工作。推进《中华全国总工会关于深入推进产业工会工作创新发展的意见》贯彻落实，研究起草《关于企业集团建立工会组织的办法》《事业单位工会工作条例》《深入推进县级工会工作创新发展的意见》等文件。

在构建产业工人技能形成体系方面。一是完善现代职业教育制度。落实国务院有关文件精神，改革职业技能培训制度。教育部组织实施职业院校教师素质提高计划。人力资源社会保障部持续开展离校未就业高校毕业生技能就业行动；会同财政部研究出台失业保险支持参保职工提升职业技能等政策办法。二是统筹发展职业学校教育和职业培训。2018年4月18日，国务院常务会议确定了推行终身职业技能培训制度的政策措施，5月3日国务院印发《关于推行终身职业技能培训制度的意见》。人力资源社会保障部、财政部、国务院国资委推动全国22个省（区、市）158家企业开展企业新型学徒制试点，培养新型学徒制职工近2万人。教育部组织开展全国职业院校技能大赛，组织推动31个省（区、市）364家单位，培养现代学徒制学生5万余人。国务院国资委与德国职业教育联盟及美国应用技术教育联盟开展合作。人力资源社会保障部组织开发数控车工等10个职业培训包。2017 年，全年政府补贴性职业培训 1700 万人次，其中农民工 800 万人次。国家发改委会同有关部门起草并以国务院办公厅名义印发《关于深化产教融合的若干意见》，为培育更多技能产业工人奠定基础。三是改进产业工人技能评价方式。公布国家职业资格目录，明确政府管理的职业资格 140 项。四是培养更多高技能人才。人力资源社会保障部、财政部继续实施国家高技能人才振兴计划、农民工职业技能提升计划，2017 年新增高技能人才 280 万人。五是促进农民工融入城市、稳定就业。组织治欠保支专项行动、做好农民工劳动争议调处，全国总工会与教育部联合实施《农民工学历与能力提升行动计划——“求学圆梦”行动实施方案》等，切实维护农民工合法权益。

《关于推行终身职业技能培训制度的意见》

2018 年 5 月，国务院印发《关于推行终身职业技能培训制度的意见》（以下简称《意见》）。职业技能培训是全面提升劳动者就业创业能力、解决结构性就业矛盾、提高就业质量的根本举措，是适应经济高质量发展、培育经济发展新动能、推进供给侧结构性改革的内在要求，对推动大众创业万众创新、推进制造强国建设、提高全要素生产率、推动经济迈上中高端具有重要意义。

《意见》提出了推行终身职业技能培训制度的一系列政策措施。一是构建终身职业技能培训体系。完善终身职业技能培训政策和组织实施体系；围绕就业创业重点群体，广泛开展就业技能培训；充分发挥企业主体作用，全面加强企业职工岗位技能提升培训；适应产业转型升级需要，着力加强高技能人才培训；大力推进创业创新培训；强化工匠精神和职业素质培育。二是深化职业技能培训体制机制改革。

建立职业技能培训市场化社会化发展机制、技能人才多元评价机制、职业技能培训质量评估监管机制、技能提升多渠道激励机制。三是提升职业技能培训基础能力。加强职业技能培训服务能力建设、职业技能培训教学资源建设和职业技能培训基础平台建设。

在运用互联网促进产业工人队伍建设方面。一是创新产业工人队伍建设网络载体。全国总工会积极建设产业工人队伍数据库。二是加快“网络学习平台”建设。工业和信息化部成立产业工人“网络学习平台”专项工作小组，启动立项建设，编制《产业工人网络学习平台项目建议书》。全国总工会会同中央网信办广泛开展“网聚职工正能量　争做中国好网民”和“中国梦·大国工匠篇”网络主题活动，1.6亿职工参与。三是推行“互联网+”普惠性服务。落实“互联网+政务服务”试点工作。打造“工惠驿家”普惠示范项目，在20多个省份全面部署推进该项工作。

在创新产业工人发展制度方面。一是拓宽产业工人发展空间。国务院国资委指导推动部分中央企业探索建立职业资格等级与专业技术职称之间的互通机制，贯通了技术技能“双通道”。二是畅通产业工人流动渠道。人力资源社会保障部发布了全国部分省市人才服务机构市场供求情况分析报告。三是创新技能导向的激励机制。加大对产业工人创新创效扶持力度，国家发展改革委会同有关部门联合制发《关于开展城乡居民增收综合配套政策试点以及专项激励计划和收入监测试点的通知》，将技能人才激励计划作为城乡居民增收的重要组成部分；鼓励试点地区先行先试，建立企业首席技师制度，试行技能人才年薪制和股权制、期权制，对重点领域紧缺的技术工人在大城市落户、住房购租、子女入学等方面予以支持。四是推动劳动和技能竞赛工作蓬勃开展。上海成功获得2021年第46届世界技能大赛举办权；

在第44届世界技能大赛上，获得我国参加世界技能大赛以来的最好成绩，实现了申办、参赛双丰收。2项工人技术创新成果获得2017年度国家科技进步奖二等奖。围绕国家重大战略开展全国引领性劳动和技能竞赛，进一步完善竞赛机制，编制完成重大工程劳动和技能竞赛工作指南；开展劳动和技能竞赛绩效评估工作，指导部分地方建立了地市级评估机制。五是组织产业工人积极参与实施走出去战略和“一带一路”建设。人力资源社会保障部积极参加和举办国际性产业工人技能交流活动。商务部做好外派劳务人员培训，会同有关部委开展外派劳务市场专项行动。全国总工会开展“一带一路”建设推进中职工权益保障和工会组建情况调研，组织“一带一路”沿线国家职工开展技术技能比赛交流活动。

中国工会首次举办国际性职工技能大赛

2017年11月，在中国工会“一带一路”人文交流——上合组织国家职工技能大赛中，39名参赛选手摘得奖牌。大赛面对上合组织国家的一线职工，聚焦技能交流，不仅精心设计了竞技性大赛，而且成功举办了互助性培训，搭建起各国职工交流的良好平台，为深化“一带一路”沿线国家的双多边合作奠定了坚实的民意基础。这是党的十九大后中国工会首次举办的国际性职工交流活动，对于增进理解、加深友谊、推进合作、促进发展，具有重要意义。

此次活动是中国担任2017—2018上合组织轮值主席国以来，拉紧人文纽带的积极举措；是落实“一带一路”国际高峰论坛召开以来，夯实民心相通的创新之举；是全球产业链进入深入调整阶段以来，提升职工技能的有益尝试。

在强化产业工人队伍建设支撑保障方面。一是加强有关产业工人队伍建设的法治保障。人力资源社会保障部牵头，全国总工会积极配合、深度参与，共同研究起草《关于提高技术工人待遇的意见》。2018 年 1 月 23 日，习近平总书记主持召开十九届中央全面深化改革领导小组第二次会议，审议通过《关于提高技术工人待遇的意见》，该文件由中办、国办于 2018 年 3 月印发。教育部等部门着力推动职业教育法修订工作。二是完善财政投入机制。财政部会同相关部门制定印发了《关于进一步加强党的群团组织资产管理工作的指导意见》，进一步规范和加强党的群团组织资产管理，为党的群团组织健康发展创造条件。财政部、税务总局认真落实中央财政专项资金安排及关于企业职工教育经费支出的相关财税政策，促进建立社会多元投入机制。三是完善产业工人劳动经济权益保障机制。人力资源社会保障部会同全国总工会、全国工商联、中国企联等相关单位，以提高集体协商实效为重点，深入挖掘国内集体协商典型经验，开发集体协商培训教材，研究论证集体协商立法中的重点难点问题。做好劳动关系形势动态监测和分析研判工作。全国总工会建立全国工会劳动关系监测网络，建设 55 个信息直报点，已有 548 个企业样本点入库。人力资源社会保障部定期开展劳动关系形势分析研判，推动 15 个省份建立协调劳动关系三方委员会。全国工商联开展劳动关系状况监测，在全国 15 个省选取 3000 家民营企业进行调查，形成分析报告，研判劳动关系形势。四是深化产业工人队伍建设理论政策研究。全国总工会组织开展了第八次全国职工队伍状况调查和各专项课题调研。五是营造尊重劳动、崇尚技能、鼓励创造的社会氛围。全国总工会会同中央宣传部、新闻出版广电总局等单位大力宣传弘扬劳模精神和工匠精神，开展“大国工匠”系列宣传活动，与中央电视台联合制作并播放《大国工匠》系列专题节目。教育部举办以“共筑职教梦，喜迎十九大”为主题的第三届职业教育活动周。人力资源社会保障部与中央电视台联合制作播出3期技能公益广告和10期《中国大能手》（第3季）大型职业技能竞技节目，并在“五一”期间播出特别节目《匠心筑梦》。

《关于提高技术工人待遇的意见》

2018年3月，中共中央办公厅、国务院办公厅印发《关于提高技术工人待遇的意见》。《意见》是《新时期产业工人队伍建设改革方案》的配套文件，第一次把提高技术工人待遇上升到全局的高度，抓住了技术工人最关心、最直接、最现实的利益问题，将促进改革发展成果更多更公平惠及技术工人。

《意见》突出“高精尖缺”导向，聚焦高技能领军人才，进一步完善了技术工人培养、评价、使用、激励、保障等措施，特别是突出工资激励和技能提升，强化评价使用激励，实现技高者多得、多劳者多得。

《意见》提出以为国家作出突出贡献的高技能领军人才为重点支持对象，全面加强对高技能领军人才的服务保障，提高其政治待遇、经济待遇、社会待遇水平。

《意见》提出实施工资激励计划、构建技能形成与提升体系、强化评价使用激励工作等政策措施，全面改善技术工人的待遇水平。

《意见》提出了健全技术工人评价选拔制度，突破年龄、学历、资历、身份等限制，并建立职业资格、职业技能等级与相应职称比照认定制度。

31个省（区、市）和新疆生产建设兵团全面启动产业工人队伍建设改革，积极落实《改革方案》精神，各相关工作有序展开。一是争取党政重视，推动成立改革领导机构。截至2018年4月，大多数省（区、市）已经成立改革协调小组。天津等9个省（区、市）成立由党委领导任组长的协调小组；北京市成立由市委领导牵头的职工发展委员会。二是广泛开展调研，为起草方案提供依据。河北等17个省（区、市）组织开展了产业工人队伍建设专题调研。三是研究论证具体措施，明确责任分工。截至2018年2月，天津等16个省（区、市）已出台实施方案（意见）等落实具体措施；河南等5个省（区、市）的实施方案（意见）已报送深改组（办）或同级党委常委会审议；北京等11个省（区、市）和单位在起草中。一些地方和企业在实施中进行积极探索，创造了一些好经验好做法，提供了有益借鉴。河北省出台《关于提高技能人才地位若干意见》《企业技术创新条例》等政策性文件。上海市首次发布技能人才市场工资价位，促进高技能人才薪酬合理增长。内蒙古自治区组建校企合作实习基地和职教联盟（集团），产教结合推动培养高技能人才。贵州省设立500万元“工匠基金”，出台《贵州省工匠（助优）基金管理暂行办法》。产业工人队伍建设改革取得积极成效。

第四节　为实现中国梦而奋斗的工运时代主题

2012年11月29日，党的十八大刚刚闭幕不久，习近平总书记率中央政治局常委和中央书记处的同志来到国家博物馆，参观《复兴之路》展览。习近平总书记指出：“实现中华民族伟大复兴，就是中华民族近代以来最伟大的梦想。现在，我们比历史上任何时期都更接近中华民族伟大复兴的目标。”习近平总书记在十二届全国人大一次会议闭幕会上，在同全国劳动模范代表、各界优秀青年代表座谈时，在出访和接受外国媒体采访时，多次对中国梦进行了深刻阐述。

中华民族伟大复兴的中国梦一经提出，就释放出强大的号召力和感染力，反映了近代以来一代又一代中国人的美好夙愿，进一步揭示了中华民族的历史命运和当代中国的发展走向，指明了全党全国各族人民共同的奋斗目标。习近平总书记提出实现中华民族伟大复兴的中国梦，成为当今中国昂扬的时代旋律，成为团结凝聚中华儿女的精神旗帜。全面建成小康社会、推进社会主义现代化的宏伟蓝图，实现中华民族伟大复兴的中国梦，必将造福工人阶级，也必须紧紧依靠工人阶级。

2013 年 4 月 28 日，习近平总书记亲临全国总工会机关，同来自全国各地、各行各业的全国劳动模范座谈，同庆五一节，共话中国梦。中国共产党的总书记来全国总工会机关与劳动模范座谈，这在中国工运历史上是第一次。习近平总书记热情赞扬工人阶级的历史功绩和劳动模范的卓越贡献，强调弘扬劳模精神的重大意义；深刻阐述了发挥工人阶级主力军作用与实现中国梦的内在联系，指出实现我们的奋斗目标，开创我们的美好未来，必须紧紧依靠人民、始终为了人民，必须依靠辛勤劳动、诚实劳动、创造性劳动，必须充分发挥中国工人阶级的重要作用，焕发他们的历史主动精神，调动劳动和创造的积极性；要求工人阶级立足本职、胸怀全局，自觉把人生理想、家庭幸福融入国家富强、民族复兴的伟业之中，把个人梦与中国梦紧密联系在一起，始终做坚持中国道路的柱石、弘扬中国精神的楷模、凝聚中国力量的中坚，始终以国家主人翁姿态为坚持和发展中国特色社会主义作出贡献。习近平总书记的重要讲话，意义深远、语重心长，极大地激发和调动了工人阶级的劳动热情和创造活力，为工会工作在新的起点上创新发展指明了前进方向。

2013 年 10 月 18 日，中国工会第十六次全国代表大会在北京隆重举行。中央政治局委员、全国总工会主席李建国作了题为《高举旗帜、改革创新，团结动员亿万职工在实现中国梦历史进程中充分发挥主力军作用》的报告，明确提出了为实现中华民族伟大复兴的中国梦而奋斗这个当代我国工人运动的时代主题。10 月 23 日，习近平总书记同全国总工会新一届领导班子集体谈话，充分肯定了中国工会十六大确定的为实现中华民族伟大复兴的中国梦而奋斗的工人运动时代主题，强调工会要牢牢抓住这个主题，把推动科学发展、实现稳中求进作为发挥作用的主战场，把做好新形势下职工群众工作、调动职工群众积极性和创造性作为中心任务，把巩固党执政的阶级基础和群众基础作为政治责任，竭诚为职工群众服务，切实维护职工群众权益，不断焕发工会组织的生机活力。

中国工会在走出去战略中奋力构筑“中国梦”。在第 106 届国际劳工大会理事会换届选举中，中国工会代表高票当选国际劳工组织理事会工人正理事，进一步巩固了中国工会在国际劳工领域的地位。组织国际劳工组织和国外工会界别代表出席“一带一路”高峰论坛，举办 2017 年金砖国家工会论坛、首次上合组织国家职工技能大赛、中国·非洲工会领导人研讨会、21 世纪海上丝绸之路民心相通交流营。举办“海峡职工论坛”、海峡两岸工会论坛，积极开展与港澳台工会交流。

中国工会代表成功连任国际劳工组织正理事

2017 年 6 月，在第 106 届国际劳工大会理事会换届选举中，中华全国总工会副主席、书记处书记江广平以最高票 108 票，当选国际劳工组织理事会工人正理事。中国工会代表的当选进一步巩固了中国工会在国际劳工组织理事会中的地位。

国际劳工组织是联合国唯一负责劳工事务的专门机构，理事会是其决策机构，由政府、雇主组织和工人组织三方代表组成。理事会每3年经国际劳工大会选举产生，在国际劳工大会休会期间领导国际劳工组织工作。

习近平总书记在党的十九大上指出，在新时代中国特色社会主义的伟大实践中，要以党的坚强领导和顽强奋斗，激励中华儿女不断奋进，凝聚起同心共筑中国梦的磅礴力量。这既是对我国工人阶级为实现中国梦不懈奋斗的政治动员，又是在实现中国梦的新征程中开展党的职工群众工作的行动指南。

中国梦赋予了中国工人阶级庄严的历史使命，实现中国梦要依靠工人阶级的劳动、创造、奋斗、奉献。站在新的历史起点上，工会组织责任重大、使命光荣。广大职工牢记党中央的殷切希望，积极在推动高质量发展中建功立业，服务“一带一路”建设、京津冀协同发展、长江经济带发展等国家发展战略，投身防范化解重大风险、精准脱贫、污染防治三大攻坚战，焕发出火热的劳动激情和巨大的创造活力。在全面深化改革中勇当先锋，积极投身深化供给侧结构性改革，以实际行动做改革的促进派和排头兵。继承和发扬我国工人阶级的伟大品格，在伟大民族精神的感召下，大力弘扬劳模精神、劳动精神、工匠精神，勤于创造、勇于奋斗、善于团结、敢于梦想，以精神火炬点亮理想，用模范行动引领社会，始终紧跟党的前进步伐，坚定走在全民族奋斗的最前列。

第十五章
工人阶级呈现新特征

随着我国经济社会的持续健康发展，全面深化改革的步伐加快，特别是新技术新模式新业态的迅猛发展，社会关系、劳动关系更加复杂多样，工人阶级呈现新特征，职工队伍发生深刻变化。

第一节　职工结构分布出现新趋势

我国经济体制改革的逐步深入、发展环境的日益优化和经济全球化的深入发展，职工分布出现了新的变化，在非公有制单位、第三产业、战略性新兴产业以及海外企业中出现了大量增长的现象。

一、非公有制单位就业职工不断增加

党的十八届三中全会提出，公有制经济和非公有制经济都是社会主义市场经济的重要组成部分，都是我国经济社会发展的重要基础。“两个都是”的重要论述，第一次将非公有制经济与公有制经济置于同等重要的地位。2016 年 3 月 4 日，习近平总书记在全国“两会”期间，用“六个重要”来评价非公有制经济的重要地位和作用：非公有制经济在稳定增长、促进创新、增加就业、改善民生等方面发挥了重要作用，是稳定经济的重要基础，是国家税收的重要来源，是技术创新的重要主体，是金融发展的重要依托，是经济持续健康发展的重要

力量；在看望全国政协民建、工商联界委员并发表重要讲话，在重申“两个毫不动摇”的同时，特别强调了“三个没有变”：非公有制经济在我国经济社会发展中的地位和作用没有变，党和国家鼓励、支持、引导非公有制经济发展的方针政策没有变，党和国家致力于为非公有制经济发展营造良好环境和提供更多机会的方针政策没有变。

非公有制经济在党的领导下有了长足发展，走上规范化、规模化、科学化、现代化的发展模式，经济总量不断攀升、经济规模不断扩大、发展质量不断提升、社会贡献持续增加，活跃了各类商品市场和要素市场，促进了我国经济平稳较快发展，在国民经济中的地位日益凸显，代表了经济发展的新动力新业态新模式，是经济高质量发展的关键一环。据统计，截至 2017 年底，我国个体工商户已达 6579.4 万户，私营企业已达 2726.3 万户，从业人员合计达 3.41 亿人。非公有制经济的税收贡献超过 50%，在国民生产总值、固定资产投资、对外直接投资中占比均超过 60%，高新技术企业占比超过 70%。

非公有制经济的迅速发展产生大量的劳动力需求，创造大量的就业岗位，展现较大的就业包容能力，在缓解就业压力、实现再就业、改善就业结构和促进社会稳定等方面发挥了不可替代的作用。非公有制经济单位的职工人数近些年来呈现增加趋势。非公有制经济快速发展，职工队伍的就业结构发生重大变化，公有制企业职工人数所占比重有所下降，非公有制企业职工人数所占比重上升。大批非公有制企业职工源源不断地加入职工队伍。据全国工商联统计，全国城镇就业数 4.25 亿人，非公有制企业就业数 3.4 亿，城镇就业超过 80%，对新增就业贡献达到 90%。根据第八次全国职工队伍状况调查，私营、港澳台商、外商及其他单位职工总数为 32435.6 万人，占职工总数 82.9%；国有和集体单位职工总数为 6689 万人，占职工总数 17.1%。

二、第三产业职工增加趋势明显

随着我国改革开放的不断深入，第三产业正呈现出强劲的发展势头。根据国家统计局数据，2016 年中国第三产业国内生产总值为 384220. 50 亿元，同比增长 7. 80%；2017 年 1—3 季度中国第三产业国内生产总值为 313951. 00 亿元，同比增长 7. 80%。未来我国第三产业的发展空间仍然巨大。

在我国经济减速调整、人口红利消失、就业压力持续增大的大背景下，我国不断加快推进经济结构战略性调整，转变经济发展方式，深入推进供给侧结构性改革，大力推动产业结构升级，产业、行业及单位类别结构逐步优化，第三产业就业人数快速增加，成为城镇居民主要的就业选择。2017 年度人力资源和社会保障事业发展统计公报显示，第一产业劳动者逐步向第二、三产业转移，一、二、三产业就业比重从 2012 年的 33. 6：30. 3：36. 1 转变为 2017 年的 27. 0：28. 1：44. 9。第三产业从业人员连续 6 年以较大幅度提升。第三产业吸纳就业自 2014 年首次超过四成后，已经成为吸纳就业的主力。其中，就业增长最快的 3 个行业依次是租赁和商务服务业、科学研究技术服务和地质勘查业、信息传输计算机服务和软件业，分别增长 72. 7%、50. 3% 和 38. 7%。

三、战略性新兴产业职工迅猛增长

战略性新兴产业是以重大技术突破和重大发展需求为基础，对经济社会全局和长远发展具有重大引领带动作用，知识技术密集、物质资源消耗少、成长潜力大、综合效益好的产业。同时包含战略性、新兴性特征，即对国民经济发展具有重要意义又尚未形成规模的产业。2010 年 12 月在中央经济工作会议正式提出加快培育战略性新兴产业的总体思路，将战略性新兴产业的概念界定为掌握关键核心技术，具有市场需求前景，具备资源能耗低、带动系数大、就业机会多、综合效益好的新兴产业。根据我国设定的目标，到2020年，战略性新兴产业增加值占国内生产总值的比重力争达到15%左右。高产业关联属性能够带动相关产业就业增长，战略性新兴产业自身快速发展的同时，能够创造出对其他行业的产品需求，促使其他行业扩大生产规模，继而带动相关产业就业的增加。另外，由于战略性新兴产业发展对技术的引领作用，特别是随着新材料、新能源以及新技术的发明及应用，会进一步扩大社会分工的范围，创造生产活动的新领域，使同技术相适应的各种新职业应运而生，为就业提供扩容空间。

战略性新兴产业的发展，培育出大量的优秀人力资源，为经济的持续发展提供动力，直接推动科研机构、高等院校、企业的人才培养进程，并有效提高现有劳动力的素质。传统中国以廉价劳动力为主的局面逐渐得到改善，高素质人才比重稳步提高。由于战略性新兴产业利润高，发展潜力大，为产业劳动力提供了更优厚待遇，大大刺激低素质劳动力人群自身提高素质的积极性。调查显示，5年来，以节能环保、新一代信息技术、生物、高端装备制造、新能源、新材料、新能源汽车为代表的战略性新兴产业实现跨越式发展，就业职工人数也不断增加。仅2015年战略性新兴产业新设市场主体就吸纳就业人数500多万人，从业人员达2362万人，互联网+金融、信息传输计算机服务和软件业等行业用人需求增速远高于建筑、农林渔牧、批发和零售以及制造业等传统产业。同时，战略性新兴产业职工受教育水平普遍高于传统行业，以第八次全国职工队伍状况调查的信息传输、软件和信息技术服务业为例，本科及以上学历的职工占比达55%，仅次于教育、金融、公共管理和科技这4个行业。

四、职工境外就业增多

随着经济全球化的不断深入发展，世界各国之间的联系更加紧密，职工交流与合作也正朝着国际化方向发展。我国明确提出“走出去”战略，鼓励中国企业积极主动参与经济全球化、顺应世界经济发展趋势的需要，充分利用国内和国外两个市场、两种资源，通过对外直接投资、对外工程承包、对外劳动合作等形式积极参与国际竞争与合作，不断增强自身的国际竞争力、提高自身技能水平。2013 年 9 月 7 日，习近平主席在出访中亚国家期间，首次提出共建“丝绸之路经济带”。同年 10 月，他又提出共同建设 21 世纪“海上丝绸之路”，二者共同构成了“一带一路”重大倡议。这些战略的提出，使大量企业和职工走出国门。商务部数据显示，截至 2017 年 9 月，我国企业对“一带一路”沿线直接投资已覆盖 57 个国家，承包工程覆盖 61 个国家。中国与沿线国家贸易额达 7859 亿美元，同比增长 15%；中国企业对沿线国家直接投资 96 亿美元，在沿线国家新签承包工程合同额 967. 2 亿美元，同比增长 29. 7%；沿线国家在华实际投资 42. 4 亿美元，新设立企业 2893 家，同比增长 34. 4%。中国企业在沿线 24 个国家推进建设了 75 个境外经贸合作区，入区企业达到 3412 家，上缴东道国税费累计 22. 1 亿美元，为当地创造 20. 9 万余个就业岗位。

截至 2017 年 6 月底，“一带一路”沿线国家劳务人员共约 32 万人，其中承包工程项下和劳务合作项下各占约一半。外派劳务人员主要分布在制造业、建筑业、农林牧渔业，同时也有部分设计咨询人员、计算机服务人员、海员、民航空乘人员等高级技术劳务人员。境外重要企业的人员大多由三类群体组成：第一类是国内上级单位（总部）直接外派人员——企业称之为“正式员工”，这类人员与企业（或国内上级单位、总部）直接签订劳动合同，建立了正式的劳动关系，这类人员在境外企业人员中所占比例最低；第二类是中国籍社会聘用人员，即企业在国内劳务市场聘用的劳务人员；第三类是外国籍社会聘用人员，即企业聘用的外国人员，其中包括所在国本国的劳动者，也有第三国的劳动者。后两类人员，是多数我境外重要企业的用工主体。

第二节　农民工作为职工队伍的重要成员更加壮大

党的十八大以来，以习近平同志为核心的党中央高度重视农民工工作，强调农民工是我国工人阶级的重要组成部分，全社会都要关心关爱农民工，工会要把农民工组织起来，切实维护农民工合法权益，使他们在工业化、城镇化过程中成为工人阶级坚定可靠的新生力量，成为我们党执政的社会基础。党的十九大报告强调，提供全方位公共就业服务，促进高校毕业生等青年群体、农民工多渠道就业创业。2017 年 4 月，中共中央、国务院印发的《新时期产业工人队伍建设改革方案》，把促进农民工融入城市、稳定就业作为一项重要举措，将农民工培养成为稳定就业的产业工人，公平保障其作为用人单位职工、城镇常住人口的权益、提供基本公共服务。在党中央的重视下，在各级党委、政府和工会等各方共同推动下，我国农民工工作取得了一系列成就，农民工群体取得长足的进步。

一、农民工队伍发展状况

据国家统计局《2017 年农民工监测报告》，农民工规模、分布及流向呈现新趋势。一是农民工总量继续增加，外出和本地农民工双增长。2017 年农民工总量达到 28652 万人，比上年增加 481 万人，增长 1.7%，增速比上年提高 0.2 个百分点。在农民工总量中，外出农民工 17185 万人，比上年增加 251 万人，增长 1.5%，增速较上年提高 1.2

个百分点；本地农民工11467万人，比上年增加230万人，增长2.0%，增速仍快于外出农民工增速。在外出农民工中，进城农民工13710万人，比上年增加125万人，增长0.9%。二是西部地区农民工人数增长最快，增量占新增农民工一半以上。西部地区农民工人数增长明显快于其他地区，增量占新增农民工的52.2%。三是西部地区吸纳能力逐步增强，京津冀务工人数增长较快。从输入地看，在西部地区务工农民工5754万人，比上年增加270万人，增长4.9%，占农民工总量的20.1%；从重点地区看，在京津冀地区务工的农民工2215万人，比上年增加72万人，增长3.3%。

农民工代表、全国总工会兼职副主席巨晓林

巨晓林，中国铁路工程总公司中国中铁电气化局集团一公司工人。他坚持走自学成才、岗位成才之路，是一名改写了接触网施工教科书的普通农民工，用智慧和汗水谱写出知识型新型工人的精彩华章。

工作25年来，他先后参加了大秦线、京郑线、京秦线、哈大线、京沪高铁等几十项国家铁路重点工程建设，自学30多部电气化专业书籍，记读书笔记70本约230万字，熟练掌握了工程测量、机械制图、接触网软横跨的计算，能够解决接触网施工中的复杂问题，具备指导本工种高级工技能操作的能力，成为出类拔萃的能工巧匠。他创新施工方法43项，创造经济效益600多万元。他主编的《接触网施工经验和方法》，填补了我国铁路电气化接触网施工经验及方法类培训教材的空白。他带出的徒弟遍布在20多个项目部，20多人成了工程队长、项目总工或项目经理，6人成为“能工巧匠”。2011年3月，巨晓林

发布的“提高京沪高铁数据测量一次合格率”革新成果，获得全国工程建设QC成果发布会一等奖。2012年，他成为人力资源和社会保障部首批命名的国家级技能大师工作室（接触网专业）核心成员。

巨晓林同志被评为2007年度、2008年度北京市知识型职工先进个人；2009年荣获全国五一劳动奖章；2010年被评为中央企业优秀共产党员、北京市劳动模范，荣获全总火车头奖章；2011年荣获第十届中华技能大奖。2015年4月，巨晓林被评为全国劳模和先进工作者，2016年1月任中华全国总工会副主席。

二、农民工群体呈现新特征

农民工群体呈现出新特征。一是女性和有配偶的外出农民工占比均下降。在全部农民工中，男性占65.6%，女性占34.4%；未婚的占19.8%，有配偶的占77.8%，与上年基本持平。其中，女性和有配偶的外出农民工占比均下降，外出农民工中女性占31.3%，比上年下降0.4个百分点；有配偶的占64.5%，比上年下降0.3个百分点。二是50岁以上农民工占比不断提高。受农村人口结构变化、各年龄段特别是50岁以上农村劳动力非农劳动参与程度提高、农民工就地就近转移增加的影响，农民工平均年龄不断提高，50岁以上农民工所占比重提高较快。2017年，农民工平均年龄为39.7岁，比上年提高0.7岁。从年龄结构看，40岁及以下农民工所占比重为52.4%，比上年下降1.5个百分点；50岁以上农民工所占比重为21.3%，比上年提高2.2个百分点，自2014年以来比重提高呈加快态势。三是新生代农民工占比首次过半。1980年及以后出生的新生代农民工逐渐成为农民工主体，占全国农民工总量的50.5%，比上年提高0.8个百分点。四是大专及以上学历农民工占比显著提高。农民工中未上过学的占1%，小学文化程度占13%，初中文化程度占58.6%，高中文化程度占17.1%，大专及以上占10.3%。大专及以上文化程度农民工所占比重比上年提高0.9个百分点。五是接受技能培训的农民工占比与上年基本持平。接受过农业或非农职业技能培训的农民工占32.9%，与上年基本持平。其中，接受非农职业技能培训的占30.6%，比上年下降0.1个百分点；接受农业技能培训的占9.5%，比上年提高0.8个百分点；农业和非农职业技能培训都参加过的占7.1%，比上年提高0.6个百分点。六是从事制造业和建筑业的农民工比重继续下降。从事第二产业的农民工比重为51.5%，比上年下降1.4个百分点。其中，从事制造业的农民工比重为29.9%，比上年下降0.6个百分点；从事建筑业的农民工比重为18.9%，比上年下降0.8个百分点。

随着我国产业结构的调整优化和劳动力就业结构转型，目前我国部分第二产业的产能过剩日趋加重，越来越多的农民工从第二产业转而投身第三产业，如餐饮、家政、护工等行业。据国家统计局《2017年农民工监测报告》，从事第三产业的农民工比重为48%，比上年提高1.3个百分点。其中，从事批发和零售业的农民工比重为12.3%，与上年持平；从事交通运输、仓储和邮政业，住宿和餐饮业，居民服务、修理和其他服务业的农民工比重分别为6.6%、6.2%和11.3%，分别比上年提高0.2、0.3、0.2个百分点。此外，农民工在金融业，教育，文化、体育和娱乐业等服务业的从业比重虽然较低，但占比在逐年提高。

新生代农民工与老一代农民工相比，他们的就业和生活环境有了很大改善，对工作和生活有更高的、不同的要求，有自己的特点。一是教育水平相对老一代农民工要求高，他们多是高中、职高毕业，但与适应新产业、新业态、新功能的要求相比，水平又不够。二是利益诉求与老一代农民工有差别，他们不仅有挣钱养家的需求，还有实现自我价值的需求。三是与“农”“乡”二字越离越远，他们会种田的已经很少了，大多数向往在城市生活，追求城市文明。新生代农民工与传统农民工在观念上存在一些明显差异，概括起来集中体现为“六个转变”，一是外出就业动机从改善生活向体验生活、追求梦想转变；二是对劳动权益的诉求，从单纯要求实现基本劳动权益向追求体面劳动和发展机会转变；三是对职业角色的认同由农民向工人转变，对职业发展的定位由亦工亦农向非农就业转变；四是对务工城市的心态，从过客心理向期盼在务工地长期稳定生活转变；五是维权意识日益增强，维权方式由被动表达向积极主动转变；六是对外出生活的追求，从忽略向期盼精神、情感生活需求得到更好的满足转变。

三、农民工工作取得积极进展

农民工市民化政策体系和工作机制不断健全。党中央、国务院先后印发《国家新型城镇化规划（2014—2020年）》、《国务院关于进一步推进户籍制度改革的意见》（国发〔2014〕25号）、《国务院关于进一步做好为农民工服务工作的意见》（国发〔2014〕40号）、《国务院关于实施支持农业转移人口市民化若干财政政策的通知》（国发〔2016〕44号）等重要政策文件，确立了有序推进农民工市民化的总体目标和“四个着力”的工作布局，明确了一系列政策措施。各地区、各有关部门结合实际，制定了相关实施意见和配套政策。国务院成立了农民工工作领导小组，健全工作机制，完善统计监测，加强工作督察。县级以上地方政府也普遍成立了农民工工作领导小组，有力推动了农民工工作落实。

农民工就业政策不断完善。党中央、国务院将促进农民工就业与大学生就业并重，努力织好就业“经纬线”。完善失业登记管理办法，全面建立就业服务信息系统，连续13年组织“春风行动”促进农民工与用人单位对接。大力开展农民工职业技能培训，5 年来培训农民工超过1 亿人次。大力推动大众创业、万众创新，着力发展家庭服务、电子商务、快递物流等新业态，在培育发展新动能中开发农民工就业岗位。大力开展就业扶贫行动，600.2 万建档立卡农村贫困劳动力实现就业。大力开展对外劳务合作，促进农民工多渠道稳定就业。

农民工劳动权益得到更好维护。制定出台全面治理拖欠农民工工资问题的意见，建立健全农民工实名制管理、工资支付专用账户、工资保证金等制度，完善行政执法与刑事司法衔接制度，实行拖欠农民工工资“黑名单”管理制度和联合惩戒机制，定期开展专项执法检查和工作督查，健全处理农民工工资争议长效机制，加强农民工法律援助等公共法律服务，切实落实属地监管责任，被拖欠工资的农民工比重 2017 年下降到 0.5%。积极推进工资集体协商，稳慎调整最低工资标准，促进农民工工资水平合理增长，农民工月均收入从 2012 年的2290 元增加到 2017 年的 3485 元，年均增长 8.8%。大力实施全民参保登记计划，做好农民工跨地区流动就业社会保险关系转移接续等工作。大力推进建筑工程按项目参加工伤保险工作，2017 年新开工建设项目参保率 99.73%，累计将 4000 多万人次建筑业农民工纳入工伤保险保障。截至 2017 年底，农民工参加职工基本养老保险 6202 万人、职工基本医疗保险 6225 万人、工伤保险 7839 万人、失业保险 4897 万人，分别比 2012 年底增长 36.5%、24.6%、9.3%、81.2%。持续开展“打非治违”专项行动，维护农民工安全生产和职业健康权益。

面向农民工的基本公共服务不断改善。将持有居住证人口纳入基本公共服务保障范围，城镇基本公共服务常住人口覆盖率不断提高。积极统筹城乡义务教育，将坚持“两为主”扩大到“两纳入”，约1400 万农民工随迁子女实现“两免一补”资金和生均公用经费基准定额资金可携带，随迁子女在公办学校接受义务教育的比例保持在 80%

以上。异地高考政策从无到有，除西藏外，各地普遍落实农民工随迁子女在输入地高考政策，五年来在输入地参加高考人数达到41万人。积极推进基本公共卫生计生服务均等化，为农民工提供的健康教育、预防接种、孕产妇保健等服务水平不断提升。积极拓宽住房保障渠道，各地普遍把符合条件的农民工纳入当地住房保障范围。积极将农民工纳入常住地公共文化服务体系，大力开展示范性文化活动。各地在农民工相对集中的城市建设农民工综合服务平台，集中为农民工提供“一站式”服务。

农民工进城落户渠道更加畅通。围绕推进以人为核心的新型城镇化，统筹推进户籍制度改革，明确推动1亿左右农业转移人口和其他常住人口在城市落户的目标，户籍制度改革主体政策框架基本形成。制定出台“人地钱”挂钩机制等一些关键性配套政策，完善支持农业转移人口市民化的政策体系，建立农业转移人口市民化奖励机制，中央财政仅2017年就下达奖励资金200亿元。全国31个省区市均出台了户籍制度改革实施意见，普遍放宽了农民工进城落户条件，户籍人口城镇化率从2012年的35.3%增长到2016年的41.2%，8000多万农业转移人口成为城镇居民。

农民工社会地位不断提升。积极推荐农民工当选各级党代表、人大代表和政协委员，农民工在国家和社会治理中的参与度不断提高。因地制宜开展新市民培训，农民工文明素质进一步提升。加强对农民工的人文关怀，持续开展春运“情满旅途”“青少年维权在线”等关爱服务。加强农民工工作宣传，把握舆论导向，支持央视制播农民工专题系列节目《城市梦想》。召开全国优秀农民工和农民工工作先进集体表彰大会，表彰了981名优秀农民工和100个农民工工作先进集体。各地结合实际开展本地区优秀农民工评选表彰活动，关心关爱农民工的社会氛围进一步形成。

四、工会农民工工作有力推进

全国总工会认真贯彻落实党中央、国务院工作部署，始终把农民工工作作为工会重点工作之一，成立了农民工工作领导小组，确定了农民工入会数量和服务质量双提升的工作目标，并在权益保障部新设立了农民工工作处负责具体协调工作。各省（区、市）总工会均成立了由主要领导任组长的农民工工作领导小组，把做好农民工工作作为年度目标责任考核重要指标，工会为农民工服务工作取得初步成效。

截至2017年底，全国已有农民工会员1.4亿人。五年来，各级工会组织招聘活动4.85万场次，提供免费就业服务3392万人次；选树"金牌工人""首席技师""首席员工"249.9万人次，开展劳模（技能人才）师徒结对354.3万对；组织1.2亿人次职工参加工会组织的技能竞赛，3341万人次参加工会组织的技术培训；工会"两节"送温暖共筹集资金202.1亿元，走访慰问一线职工、困难职工和农民工4282万人次；金秋助学活动资助困难农民工子女90.77万人；配合有关部门开展农民工工资情况专项检查，为508.4万名农民工追回被拖欠工资301.3亿元。

在源头参与、服务大局方面，各级工会积极参与国家新生代农民工职业技能提升计划，组织动员农民工为完成国家"十三五"规划目标建功立业，引导农民工群体听党话、跟党走。2016年，全国总工会参与制定并推动下发《国务院办公厅关于全面治理拖欠农民工工资问题的意见》（国办发〔2016〕1号）。开展问卷调查，协助国家发展改革委编制《推动1亿非户籍人口在城市落户方案》（国办发〔2016〕72号）。

在创新方式、扎实建会方面，总结推广上海等地工会开展职工网上申请入会的实践做法，以开发区（工业园区）、大型在建项目、物流（快递）、家庭服务等为重点行业、区域，深入推进“农民工入会集中行动”，最大限度地把农民工包括回乡创业的农民工吸收到工会中来。农民工加入工会人数从2012年的约1亿人增加到2017年的1.4亿人。

在精准服务、切实维权方面，制定下发《中华全国总工会关于贯彻落实〈国务院办公厅关于全面治理拖欠农民工工资问题的意见〉的实施意见》（总工发〔2016〕15号），配合有关部门开展工资支付专项检查，引导和规范行业职工特别是农民工工资和薪酬待遇。会同有关部门推进建筑企业农民工参加工伤保险，联合国家十部门印发《加强农民工尘肺病防治工作的意见》（国卫疾控发〔2016〕2号）。制定下发《关于深入推进非公有制企业民主管理工作的意见》（总工发〔2016〕20号）、《关于加强公司制企业职工董事、职工监事制度建设的意见》（总工发〔2016〕33号）和年度《全国企业民主管理工作的意见》（国办发〔2016〕1号），保证农民工作为职工董事、职工监事候选人的权利。开展职工医疗互助活动，推进户外劳动者服务站点建设，借助“互联网+”技术，为包括农民工在内的广大职工提供多样化普惠性服务，将长期居住在城市、生活遇到特殊困难的农民工作为解困脱困工作重点对象。

“尊法守法·携手筑梦”服务农民工公益法律服务行动

为深入贯彻落实国务院《关于进一步做好为农民工服务工作的意见》，进一步做好新形势下为农民工法律服务工作，推动解决农民工权益维护问题，促进劳动关系和谐和社会稳定，中华全国总工会、司法部和中华全国律师协会决定自2017年起联合开展“尊法守法·携手筑梦”服务农民工公益法律服务行动。通过运用法律手段促进解决农民工权益维护问题，引导农民工以理性合法方式维护自身权益，督促企业经营者依法保障农民工合法权益，维护社会和谐稳定；为广大律师弘扬志愿服务精神、服务社会提供活动平台，充分发挥律师专业特长和职业优势，积极履行社会责任，拓展公益法律服务领域；落实工会组织增强“三性”、去除“四化”要求，提升工会联系服务职工群众的意识、能力和效果，不断增强吸引力凝聚力战斗力。

在宣传引导、示范引领方面，在人民日报推出农民工入会公益广告，在工人日报开设“农民工入会集中行动”等专题专栏，宣传工会服务农民工工作的做法成效。举办以“中国梦·劳动美”为主题的摄影、微影视、健步走大赛等活动，吸引农民工参赛，向农民工赠阅《工人日报》14 万多份，“文化送温暖”活动惠及农民工上万人次，开展“尊法守法·携手筑梦”服务农民工法治宣传和公益法律服务行动。在全总十六届四次执委会议上，农民工巨晓林当选全总兼职副主席。在工会改革中，全总把推动省、市、县级工会配备农民工兼职副主席作为重要内容。截至2017 年12 月，北京等10 个省（区、市）总工会配备了农民工兼职副主席。做好农民工劳动模范和先进典型培养选树工作。截至 2017 年，共有 275 名农民工当选全国劳动模范，862 名农民工荣获全国五一劳动奖章。

第三节　职工素质大幅提升

全国总工会第八次全国职工队伍状况调查显示，职工队伍的思想道德素质、科学文化素质、技术技能素质普遍得到提高，同时互联网技术和新媒体广泛应用给职工带来深刻影响。

一、思想道德素质不断加强

64.6%的职工认为，和以前相比，现在人们的道德水平“有所提高”；多数职工对“看待学习雷锋”都表现出了积极的评价，91.8%的职工认同雷锋精神的社会价值，比2012年增加6.6个百分点；82.4%的职工遇到摔倒的老人会帮忙，比2012年增加25.8个百分点；广大职工注重美好和谐的“家庭、家教、家风”，97.7%的职工家庭生活“和睦融洽”或“比较融洽”。

二、科学文化素质稳步提高

职工受教育程度进一步提升，职工平均受教育年限为13.6年，比2012年的13.0年提高0.6年。高中及以上学历达84.6%，比2012年提高5.8个百分点；大学本科及以上的占31.9%，比2012年提高10.1个百分点，特别是研究生及以上学历职工占比达到2.1%，比2012年提高0.9个百分点；中专（中技）以下的职工仅占40.6%，比2012年降低12.1个百分点。按行业划分，拥有大学本科及以上学历职工比例排在前5位的分别是：教育业，金融业，公共管理、社会保障和社会组织，科学研究和技术服务业，信息传输、软件和信息技术服务业，占比分别为74.9%、72.7%、66.4%、57.7%和55%。城镇职工文化素质相对较高，高中及以上学历的占比达92%，比全体职工高出7.4个百分点。农民工文化素质提升较为明显，在学历层次上，高中及以上学历的农民工达到71.8%，比2012年增长10.4个百分点，其中本科学历占15.7%，比2012年增长9.4个百分点。

三、技术技能素质普遍提高

拥有专业技术职称的职工人数不断增加，高层次、高技能人才不断涌现，职工技术素质显著提升。截至 2016 年末，全国累计有 2358 万人取得各类专业技术人员资格证书，比 2012 年增加 783 万人。5 年来涌现出一大批创新能手和高技能人才，多名职工荣登国家科技奖最高领奖台和荣获全国创新争先奖，高技能人才总量达到 4791 万人，获取相应等级职业资格证书共有 7625 万人次。在连续三届高技能人才表彰活动中，有 90 人获得中华技能大奖、899 人获得全国技术能手称号。

职工参加技术培训的比例普遍提升，单位职业培训、劳动和技能竞赛、劳模创新工作室对提升职工技术技能素质发挥了重要作用。77.8% 的职工参加过单位组织的培训，比 2012 年增加 13.2 个百分点。参加单位职业培训的职工中，90.4% 提高了技术等级或专业技能。据中国职工技协 2017 年 7 月数据，2011 年至 2016 年，各级职工技协举办的技术培训班达到 48.4 万场次，培训职工 4015.9 万人次，有 510.8 万人次的职工通过技能培训提升了技术等级；组织了 1.4 亿人次职工参加各类技能比赛，639.5 万人次的职工通过比赛提升了技术等级。调查显示，专业技术人员中具有职称的占 85%，其中高级、中级、初级职称分别占 12.6%、41.7% 和 30.7%。普通职工中有技术等级的占 27%，其中初级工占 12.7%，中级工占 8.3%，高级工占 3.6%，技师占 1.8%，高级技师占 0.5%。不同所有制单位、不同规模企业职工技术等级差异明显。国有单位的普通职工中有技术等级的占 39.3%，私营单位则占 24.6%。不同规模企业中技术工人的占比也存在明显差距，根据大、中、小、微企业规模的差别，技术工人的数量渐次减少，占比分别为 31.4%、27.3%、25.8% 和 21.4%。

“时代楷模”张黎明

张黎明，男，汉族，1969年8月出生，中共党员，国网天津市电力公司滨海供电分公司运维检修部配电运检室党支部副书记兼配电抢修班班长，曾荣获全国劳动模范、全国优秀共产党员、中宣部“时代楷模”。他爱岗敬业，工作30多年来始终奋战在电力抢修一线，累计巡线8万多公里，完成故障抢修作业近2万次，被称为电力抢修的“活地图”；他勇于创新，先后实现技术革新400余项，20多项填补电力行业空白，其创新工作室被评为全国示范性劳模和工匠人才创新工作室；他甘于奉献，模范践行全心全意为人民服务的根本宗旨，带领黎明共产党员服务队，十年如一日地开展学雷锋志愿服务，用爱心搭起了企业与群众的“连心桥”，被誉为“点亮万家的蓝领工匠”。

四、互联网成为职工生活的新空间

网络信息技术日新月异，全面融入社会生产生活，引领创新发展，加速经济社会转型。在线政务、共享出行、移动支付等领域的快速发展，成为改善民生、增进社会福祉的强力助推器，也深度渗透进职工生产、生活、学习的方方面面。一是职工行为习惯日益网络化，基于互联网获取公共服务已成常态。调查表明，职工特别是青年职工对互联网应用、移动支付、出行软件等认知度较高，带动消费习惯同步发生明显转变。职工最喜欢的业余休闲活动，有27.5%的职工选择了“上网”；上网的职工中，72.2%的职工会浏览新闻。经过多年市场培育，互联网已经成为职工日常获得服务和信息的主要平台之一。二是职工趋向于通过互联网表达意愿，舆论引领难度加大。职工在网络空间的发言呈现出积极态度为主流的趋势。58.9%的职工以发表正能量言论为主，也有3.9%的职工以抱怨为主，还有29.6%的职工看得多、说得少。职工通过互联网对经济社会、公共政策等方面情况表现出较高的关注度，比例达到80.9%，其中26.9%的职工发表过自身看法。三是互联网深入改变职工就业格局，行业平台效应愈加明显。调查显示，有48%的职工认为离开互联网无法或只能部分完成现在的工作。互联网行业的平台效应越来越明显，“平台型就业”浮现，“创业式就业”热潮快速发展。越来越多的职工通过互联网平台寻找工作机会、付出劳动并获得收益。四是职工使用互联网呈现移动化趋势，网络内容获取上更加顺畅和灵活。调查发现，绝大多数职工使用互联网的方式已经从PC端转移到移动端，集中在手机、PAD等移动设备上。以职工浏览新闻和获取信息的渠道为例，44.6%的职工通过微博、微信以及手机资讯APP方式来获取，比浏览新闻网站高出15.1个百分点。

第十六章

权益得到进一步保障

党的十八大以来，以习近平同志为核心的党中央提出了治国理政的新理念新思想新战略，我国社会主义经济建设、民主政治建设、精神文明建设稳步发展。全国总工会第八次全国职工队伍状况调查显示，广大职工劳动经济权益、民主政治权利、精神文化权益得到进一步保障。

第一节　职工劳动经济权益有效落实

在世界经济持续低迷的背景下，我国经济社会发展取得举世瞩目的重大成就，经济再上新台阶。广大职工的工作条件、生活水平不断改善和提高，劳动经济权益保障和实现状况明显改善，职工更加充分地享受到了经济社会发展成果。

一、就业进一步扩大，新就业形态趋势明显

2012—2016 年，全国城镇新增就业人数平均在 1300 万人以上，累计新增就业超过 6500 万人。城镇登记失业率保持在 4. 1% 以下的较低水平，城镇调查失业率基本稳定在 5. 1% 左右。与 2012 年第七次全国职工队伍状况调查相比，“担心”失业和“有点担心”失业的职工比例由 53. 3% 下降为 45. 3% ，表明职工就业的稳定性有所增强。伴随

着移动互联网、大数据、云计算等信息技术的广泛运用，新产业新业态新模式快速发展，创造了大量新职业、新工作、新岗位，成为就业增长的重要源泉。据测算，截至2016年，我国物流从业人员达203.3万人，分享经济平台就业人员约为585万人。

二、收入进一步提高，收入结构呈现多元化

调查显示，当前我国职工工资收入与5年前相比有明显提高。全国职工月平均工资为3604.4元，比第七次全国职工队伍状况调查时的2562.5元提高40.7%。劳动报酬占初次分配的比例2014年超过50%。随着央企高管限薪等措施，企业内部不同群体之间收入差距过大问题有所缓解。行业间工资分配差距呈缩小趋势。在19个行业门类中，城镇单位就业人员平均工资最高行业与最低行业工资倍数继续呈逐步缩小趋势，由2012年的3.96倍下降到2016年的2.98倍。

三、社会保险覆盖面不断扩大，职工社保待遇水平稳步提高

据人力资源社会保障部数据，截至2016年底，全国参加城镇职工基本养老保险、城镇职工基本医疗保险、失业保险、工伤保险和生育保险人数分别为37930万人、29532万人、18089万人、21889万人、18451万人，分别比2012年末增加了7503万人、3046万人、2864万人、2879万人、3022万人。全国企业退休人员月人均基本养老金从2012年的1686元提高到2016年的2362元，年均增长8.8%。城镇职工基本医疗保险最高支付限额提高到当地职工年均工资的6倍，政策范围内住院费用基金支付比例达到80%左右。失业保险金标准和物价上涨挂钩联动机制不断完善，全国月平均失业保险金水平由2012年的686元提高到2016年的1051元，增长365元，年均增长11.3%。工伤保险、生育保险待遇标准进一步提高，2016年因工死亡职工的一次

性工亡补助金标准达到62.4万元，比2012年（43.6万元）提高了18.8万元，年均增长9.4%；生育保险生育待遇水平达到15385元，比2012年（11287元）增加了4098元，年均增长8.1%。2016年全国三项基本医保参保（参合）人数达13.4亿人，参保率达98.8%。居民就医负担有所减轻，个人卫生支出占卫生总费用比重降到30%以下，为近20年来最低水平。

四、职业安全卫生问题进一步得到重视，职工工作条件和环境得到逐步改善

2012年以来，职业安全卫生法律法规进一步健全完善；安全生产形势总体平稳，事故总量以及较大事故、重特大事故均有所下降；职工工作条件和环境得到逐步改善，职业病危害检测、评价与控制，职业健康检查以及职业病诊断、鉴定、救治水平不断提升，职业病防治机构、化学中毒和核辐射医疗救治基地建设得到加强，重大急性职业病危害事故明显减少。

五、劳动关系总体稳定，劳动关系的调整进入多方治理阶段

劳动合同签订率和履行质量不断提高，截至2016年底，企业劳动合同签订率达到90%以上。从职工与单位签订合同情况调查看，没有签订任何合同的职工占比从第七次全国职工队伍状况调查的11.6%下降为9.2%。省级三方机制已全部建立，市（地）级覆盖率超过95%，县（市、区）级覆盖率超过91%，已基本形成了从国家到地方的三方机制组织体系。截至2016年底，河北、内蒙古、重庆等14个省（区、市）率先成立了协调劳动关系三方委员会，由同级政府领导担任委员会主任。

六、推进集体协商的制度机制逐步完善，协商成效不断增强

国家协调劳动关系三方联合开展了推进实施集体合同制度攻坚计划，着力扩大集体协商和集体合同覆盖范围，提升集体协商质量、增强集体合同实效。各地积极推进集体协商立法工作，取得了成效。截至2016年9月底，有29个省（区、市）人大或政府出台了40部集体协商地方性法规和政府规章；全国签订集体合同242.2万份，覆盖企业679.4万家，覆盖职工2.9亿人，分别比2012年同期增长8%、17.3%和8.6%；共签订行业集体合同25.7万份，覆盖企业135万家，覆盖职工4328.9万人。协商层次逐步拓展，职工对集体协商制度和企业工会的认可度显著提升。调查显示，分别有49.9%和32.5%的企业职工认为工资集体协商在维护职工权益方面发挥了非常有效和比较有效的作用。

七、农民工权益保障水平进一步提高

2017年，农民工月均收入保持平稳增长。农民工月均收入3485元，比上年增加210元，增长6.4%，增速比上年回落0.2个百分点。外出务工农民工月均收入3805元，比上年增加233元，增长6.5%；比本地务工农民工多632元，高20%，增速比本地务工农民工高0.2个百分点。西部地区农民工月均收入增长最快，在西部地区务工的农民工月均收入3350元，比上年增加233元，增长7.5%。在西部地区务工的农民工月均收入增速，分别比在东部、中部和东北地区务工的农民工高1.1、1.1和1.3个百分点。进城农民工人均居住面积有所提高，居住和生活设施进一步改善，人均居住面积为19.8平方米，比上年提高0.4平方米。随迁儿童教育得到较好保障，上学面临的问题有所缓解，在学校总体不受歧视。进城农民工对所在城市的归属感提

高。进城农民工中38%认为自己是所居住城市的“本地人”，比上年提高2.4个百分点。进城农民工依靠政府和法律维权的意识在增强，找工会、妇联和政府部门的占7.8%，找社区的占2.6%。其中找工会、妇联和政府部门以及找社区的农民工比重分别比上年提高1.0和0.3个百分点。2016年，被拖欠工资的农民工人数为236.9万人，比上年减少38.9万人，下降14.1%；养老保险和失业保险参保人数分别比2013年增长了5.4和7.6个百分点；农民工月从业时间平均为24.9天，日从业时间平均为8.5个小时，分别比2013年减少了0.3天和0.3小时。

第二节　职工民主政治权利有序实现

5年来，全国建立职工代表大会制度和实行厂务公开的企事业单位有较大幅度的增长，职工董事制度、职工监事制度深化发展，联席会议制度稳步推进。我国职工的知情权、参与权、表达权、监督权等民主权利得到了进一步保障，主人翁地位得到了进一步彰显，基层民主的活力不断迸发。

一、党和国家高度重视，职工民主政治权利实现和维护的顶层设计不断强化

党和国家把落实职工民主政治权利作为落实以人民为中心发展思想的具体体现，作为发展人民当家作主社会主义民主制度的重要举措，作为促进企业发展、维护职工合法权益、实现社会和谐稳定的重要制度安排。党的十八大明确指出：“全心全意依靠工人阶级，健全以职工代表大会为基本形式的企事业单位民主管理制度，保障职工参与管理和监督的民主权利。”党的十八届三中全会指出：“健全以职工

代表大会为基本形式的企事业单位民主管理制度，加强社会组织民主机制建设，保障职工参与管理和监督的民主权利。”党的十八大以来，中共中央下发的《关于加强社会主义协商民主建设的意见》《关于加强和改进党的群团工作的意见》，中共中央、国务院下发的《关于构建和谐劳动关系的意见》《新时期产业工人队伍建设改革方案》等重要文件，都对保证职工主人翁地位、维护职工民主政治权利提出了明确要求。

《关于构建和谐劳动关系的意见》

2015 年 3 月中共中央、国务院印发《关于构建和谐劳动关系的意见》，系统阐述了构建中国特色和谐劳动关系的重大意义、指导思想、基本原则、目标任务和政策措施，是指导劳动关系工作的纲领性文件。

《意见》指出，我国正处于经济社会转型时期，劳动关系的主体及其利益诉求越来越多元化，劳动关系矛盾已进入凸显期和多发期。我国必须加强调整劳动关系的法律、体制、制度、机制和能力建设，实现劳动用工更加规范，职工工资合理增长，劳动条件不断改善，职工安全健康得到切实保障，社会保险全面覆盖，人文关怀日益加强，有效预防和化解劳动关系矛盾，建立规范有序、公正合理、互利共赢、和谐稳定的劳动关系。

习近平总书记多次对全心全意依靠工人阶级、切实维护职工民主政治权利作出重要指示。2013 年 10 月 23 日，习近平同志在同全国总工会新一届领导班子集体谈话时指出，“要健全以职工代表大会为基本形式的企事业单位民主管理制度、厂务公开制度，组织职工依法实行民主选举、民主决策、民主管理、民主监督，使职工群众的知情权、参与权、表达权、监督权得到更充分更有效的保障”。2015 年 4 月 28 日，在庆祝“五一”国际劳动节暨表彰全国劳动模范和先进工作者大会上指出，“要推进基层民主建设，健全以职工代表大会为基本形式的企事业单位民主管理制度，更加有效地落实职工群众的知情权、参与权、表达权、监督权”。2016 年 10 月 10 日，在全国国有企业党的建设工作会议上指出，坚持全心全意依靠工人阶级的方针，是坚持党对国有企业领导的内在要求，要在政治上保证、制度上落实、素质上提高、权益上维护，不能当口号喊。要健全以职工代表大会为基本形式的民主管理制度，推进厂务公开、业务公开，落实职工群众知情权、参与权、表达权、监督权，充分调动工人阶级的积极性、主动性、创造性。这些重要论述，充分体现了以习近平同志为核心的党中央坚持以人民为中心的发展思想，充分体现了党的全心全意依靠工人阶级方针，为实现好、维护好、发展好职工民主政治权利指明了方向。

二、服务供给侧结构性改革各项任务，职工民主政治权利实现和维护的力度不断加大

随着供给侧结构性改革不断深化，新一轮国资国企改革全面推进，淘汰落后产能任务繁重，维护职工民主政治权利作为保证供给侧结构性改革平稳顺利进行、切实保障职工群众合法权益的有力举措被摆上突出位置。

一方面，各级工会组织加强对企业改革改制的源头参与，充分发挥企业民主管理制度的重要作用，以规范的民主程序确保改革的顺利进行。将工作重点放在推动坚持和规范转改制的民主程序上，把“审

议”企业改制方案和“审议通过”职工安置方案这两个重要的民主程序作为红线和底线，带动落实职工的知情权、参与权、表达权和监督权，凝聚共识、化解矛盾。调查中，75.7%的受访工会主席所在单位在“制定重大经营决策”时经过了职工代表大会审议，75.8%的受访工会主席所在单位在制定“涉及职工权益的解决方案，特别是职工安置方案”时经过了职工代表大会表决决定。另一方面，工会组织依托各级厂务公开协调领导机构，在企事业单位持续深入开展“公开解难题、民主促发展”主题活动，引导广大职工为企业转型升级多想招，为加快发展多出力。在一些地方开展了“厂务公开民主管理宣传月”“互动话公开、交流促民主”“优秀职工代表提案评选”“创建厂务公开民主管理示范单位、先进单位”“创建厂务公开民主管理示范班组”等一系列活动，为职工践行新发展理念，推动企业提质增效、创新发展凝聚智慧力量。

三、顺应多种所有制经济共同发展，职工民主政治权利实现和维护的领域全面拓展

随着社会主义市场经济体制的完善，多种所有制经济共同发展，各级工会组织主动作为、勇于创新，推动包括非公有制企业在内的所有企事业单位建立健全民主管理制度，使职工民主政治权利实现的领域得以不断延展。

根据全国总工会的统计，截至2016年9月，与2012年相比，全国已建立工会的企事业单位单独建立职工代表大会制度从404.9万家增加到515.4万家，增长了27.3%，职工代表2304万人，覆盖职工2.5亿人。全国已建立工会的企事业单位单独建立厂务公开制度的从395.5万家增加到504.7万家，增长了27.6%，覆盖职工2.4亿人。全国已建工会所在单位建立了职工董事制度的有17万家，职工董事

15.1万人；建立了职工监事制度的有16.5万家，职工监事14.8万人。全国31个省（区、市）都建立了政府和工会联席会议制度，7个驻会全国产业工会与相关部委、相关产业局（行业协会或联合会）建立了联席会议制度。数据显示，84.4%的工会主席所在企业建立了职工代表大会制度，74.2%的工会主席所在企业实行了厂务公开。

在巩固深化国有企业和事业单位民主管理建制成果的同时，全国总工会下发了《关于深入推进非公有制企业民主管理工作的意见》，指导推动各地下大力气推进非公有制企业民主管理工作。与2012年相比，单独建立职工代表大会制度的非公有制企业从335.8万家增加到426.6万家，建制率达到92.2%；单独建立厂务公开制度的非公有制企业从330.6万家增加到417.8万家，建制率达到90.3%；区域（行业）职工代表大会覆盖企业从158.6万家增加到183.3万家，增长了15.6%。5年间，非公有制企业民主管理建制工作得到了跨越式发展，不仅有量的突破，而且整体水平也显著提高，特别是规模以上、管理水平较高的非公有制企业，在学习借鉴国有企业经验基础上，结合企业自身特点创新发展，建立了一整套行之有效的民主管理制度，职工民主参与的程度可以与国有企业媲美。各地在推行区域（行业）职工代表大会制度的实践中进行了各具特色的探索，不断扩大包括劳务派遣工、农民工在内的各类人群参与面。

四、着眼中国特色现代企业制度建设，职工民主政治权利实现和维护的内容日益丰富

大量公司制企业积极推动民主管理与企业管理深度融合、与公司治理真正“嵌入”，把职工参与管理的方式从顶层治理到基层实践制度化、层次化、具体化，使职工参与从源头决策拓展到日常管理的各个层面。

一是以多层级职工代表大会制度为载体，推动职工民主管理融入公司治理。许多公司制企业把职工代表大会作为公司治理结构的重要组成部分，系统设计多级职工代表大会体系，与企业管理层级相衔接，上下贯通、协调联动，使职工民主管理与企业专业管理深度融合。

二是以落实职工代表大会职权为关键，充分发挥职工代表参政议政作用。许多公司制企业特别是国有公司制企业，能够抓住职工代表大会提案制度、涉及职工切身利益重大事项必须经职工代表大会审议通过制度、职工代表大会民主评议领导干部制度这 3 个关键环节，落实好职工代表大会的基本职权。调查显示，认为单位的职工代表大会对领导干部和经营管理人员开展的民主评议活动效果“有些作用，加强了对干部的民主监督”的占 74.5%。

三是以职工董事监事制度为平台，实现职工源头参与企业决策管理。全国总工会下发的《关于加强公司制企业职工董事制度、职工监事制度建设的意见》，突破了所有制限制，推动职工董事职工监事制度的规范运作，架起了职工代表大会与董事会、监事会之间的桥梁，极大地拓展了职工民主参与空间。调查中，在回答“您认为您工作单位的职工董事、职工监事在维护职工合法权益方面作用发挥如何”时，选择“非常好”“比较好”的共计 80.8%。

五、推动协商民主广泛多层制度化发展，职工民主政治权利实现和维护的渠道更加顺畅

各级工会组织积极发挥群团组织的传统优势，代表职工多层次多方位参政议政，大力推动协商民主广泛、多层、制度化发展，在探索实现人民当家作主方面进行了生动的实践。

在宏观层面，职工从源头上参政议政的渠道进一步畅通。一是各

级工会系统人大代表和工会界政协委员履职能力在不断提高，通过提案、书面意见以及政协双周协商专题会议，及时向党和政府反映职工的意愿和呼声。据统计，在第十三届全国人大代表中，来自一线的农民工代表人数占比 15.7%，比上届增长了 2.28%。各级工会在推进改革的过程中，明显提高劳模和一线职工在工会领导机构中的比例，全国总工会执委会委员中劳模和一线职工比例由 11.6% 增至 15.4%，主席团成员中劳模和一线职工比例由 9.9% 增至 13.5%，还选举了农民工兼职副主席，有力地提升了广大职工的政治地位。二是工会组织积极推动各层级联席（联系）会议制度的健全和完善。2014 年 5 月，全国总工会下发了《关于进一步推动完善政府和工会联席会议制度的意见》，促进了联席会议制度建设规范化制度化。大部分省（区、市）联席会议制度已经向县一级延伸拓展，进一步畅通了民意表达渠道、实现了职工有序政治参与。

在微观层面，在坚持职工代表大会为基本形式的同时，多种民主管理制度整体推进、创新发展。初步形成了以职工代表大会为基本形式，以厂务公开制度、职工董事制度、职工监事制度、平等协商集体合同制度为法定形式，以职工民主管理委员会、民主议事会、劳资恳谈会、民主协商会等为补充形式的企事业单位民主管理制度体系。职工民主参与的手段和载体也在随着时代的进步不断创新发展，新媒体、新平台都被广泛运用，职工民主管理参与的互动性进一步增强，成本进一步降低，参与度进一步提高。

六、大力推进基层民主制度建设，努力形成保障职工民主政治权利的工作合力

一是始终坚持党的领导，确保职工民主政治权利的实现和维护始终沿着正确方向。各地区紧紧依托厂务公开协调领导机构，积极争取

各级党委、政府的高度重视，推动健全完善党委统一领导、党政共同负责、有关方面齐抓共管、职工群众广泛参与的领导体制和工作机制，不断推动企事业单位民主管理工作有序深入开展。二是精准施策强化制度保障，不断推动维护职工民主政治权利的工作创新。全国总工会相继制定下发了多个文件，对不同类型企事业单位民主管理制度建设以及政府与工会联席会议制度提出明确要求。全国已有 28 个省（区、市）出台了 35 部有关企业民主管理的地方性法规，部分地方开始着手对已有的地方立法进行修订完善，为保障和实现职工民主政治权利提供了有力支持。三是深入开展示范单位创建，不断提升维护职工民主政治权利的规范化水平。调查显示，多数职工代表大会制度规范运作，87.4% 的工会主席所在单位能够按期召开职工（代表）大会，70.4% 的职工认为所在单位职工代表大会能够很好发挥作用。四是下大力气开展调查研究，不断扩大维护职工民主政治权利共识合力。在回答“对职工参与单位管理”的看法时，79.7% 的受访者认为“是职工应当享有的权利”，77.3% 的受访者认为“有利于促进单位的发展”，82.3% 的受访者认为“有利于维护职工利益”。五是抓好骨干力量队伍建设，不断推动职工代表参政议政能力建设迈上新台阶。各地区、各单位认真落实《2014—2018 年职工代表培训规划》，初步建立起一支民主管理培训的师资队伍，累计培训师资超过 5000 人次，绝大多数企事业单位职工代表在其履职期间都能够接受一次民主管理的培训，职工代表履职能力和综合素质得到不断提升。

第三节　职工精神文化权益有力发展

习近平总书记强调，要继续锲而不舍、一以贯之抓好社会主义精神文明建设，为全国各族人民不断前进提供坚强的思想保证、强大的精神力量、丰润的道德滋养。精神文化权益是职工的重要权益，维护职工的精神文化权益是工会组织的基本职责。调查显示，职工越来越重视精神文化权益，对休闲娱乐的诉求不断提高，青年职工呈现出多元化、个性化、非组织化倾向，职工精神文化权益保障取得新进展，也面临新情况。

一、职工精神文化生活丰富多元

职工主要通过手机和互联网获取新闻信息。职工了解新闻、获取信息的主要渠道，依次是微博微信（58.5%）、新闻网站（57.7%）、广播电视（32.1%）、手机资讯APP（28.9%），作为传统平面媒体的报刊，仅有7.5%的职工选择。使用过电子书报杂志的职工高达66.3%，而其中“经常用”的占25.7%，还有3.0%的职工有过兼职做自媒体、公众号的经历。相比2012年调查时仅有19.6%的职工通过手机获取信息、了解新闻，短短5年时间里，新媒体的发展和传播技术的进步给职工的精神文化生活方式带来了革命性的变化。调查显示，移动网络已经成为职工获取信息最主要的渠道，即使像手机APP这种近年才开始广泛普及的应用软件形式，在新闻、信息传播方面，已达到堪与传统的新闻传播阵地——广播电视“分庭抗礼”的程度（前者数据为28.9%，后者数据为32.1%）。这充分体现了互联网新媒体在新闻传播领域的明显优势。

互联网所具有的即时性、交互性、丰富性等特点，在新闻传播、信息发布、实时追踪更新等方面，都越来越居于得天独厚的地位，传统媒体面临被取代甚至被淘汰的危险。新闻宣传、舆论引导甚至意识形态工作的主要阵地已经转移到了互联网，其工作方式和手段，也已经发生了非常强烈的变化。这都是工会在顺应传播规律，找准工作抓手，切实保障和实现职工文化权益时，必须加以考量的形势和背景。

职工业余休闲活动更加健康多元。职工最喜欢的业余休闲活动，按选择多少的顺序排列，前 6 位依次为电影电视（52.6%）、读书看报（38.6%）、运动健身（36.7%）、旅游（32.2%）、上网（27.5%）、逛街购物（19.4%），值得注意的是，在可选的 14 个选项中（不含“其他”），有 16.5% 的职工选择了“睡觉”作为最喜欢的“业余休闲活动”，排在了第 7 位，说明确实有部分职工工作、生活压力比较大，身体和精神常常处于比较疲劳的状态。随着互联网的快速发展，广播电视、报纸杂志等传统媒体逐步式微，但电影、电视等艺术形式仍然是职工最主要的休闲娱乐方式，且明显领先其余选项。现实中我们也发现，电视广播节目的制作和播放，已经逐渐服从于吸引观众注意力、满足观众娱乐需求的“眼球经济”，服从于客户至上的市场经济逻辑，商业消费色彩逐渐取代了舆论宣传功能。

青年职工更愿意在休闲娱乐方面开销。调查显示，在上个月家庭支出方面，受访职工在休闲娱乐方面的平均支出为 419.6 元，占其收入比例的 11.6%，其中 18—30 岁的青年职工这一平均支出为 536 元，明显高于其他年龄段的职工，而农民工的这一数据明显低于平均值，为 332.4 元。职工的受教育程度也与休闲娱乐方面的开销高度呈正相关，学历越高的职工，在这方面的花费就越大。总的来说，职工在休闲娱乐方面的消费意愿和消费能力，在调查中都得到了一定体现。

二、职工乐于参加单位文体活动，且情况良好

职工愿意参加文体活动，对单位开展文体活动情况评价良好。调查显示，55.2% 的受访职工表示单位有文体活动场所，29.5% 的职工表示没有，9.1% 的职工不知道。有工会的单位有文体活动场所的比例明显高一些（62.6% 比 40.6%），公有制企业也明显好于非公企业（66.8% 比 55.2%），企业规模越大，职工收入越高，职工所在单位有

文体活动场所的比例也就越高。52.9%的职工愿意到单位的职工文体活动场所活动，且经常去，40.5%的职工愿意去但没有时间，合计占受访职工的93.4%。说明职工参与单位文体活动的意愿普遍积极强烈，但实际参与情况却只是差强人意。18—30岁的青年职工愿意到单位的职工文体活动场所活动的比例偏少，两项合计为84.8%，说明这类活动对青年人的吸引力稍有不足。在被问到“如果有人召集兴趣小组或其他组织、开展文体娱乐等活动，您是否愿意参加”，72.2%的职工表示愿意，还有22.1%的职工表示“只要花销不是太高就愿意”，只有5.7%的职工表示不愿意，说明职工参与文体娱乐活动的诉求很强烈，而且大多数职工具备了一定的文体娱乐方面消费的意愿和能力。18—30岁的青年职工参与这类活动的意愿要稍微低一些。超过7成（71.9%）的职工对单位开展的职工文体活动表示“很满意”（30.2%）或“比较满意”（41.7%），但仍有接近五分之一（17.7%）的职工表示本单位没有开展文体活动。

职工对工会认知不再仅限于文体活动。在问及“提到工会，会想到的和工会联系最密切的词（限选三项）”时，选择“旅游、文体活动”的占22.5%，在全部12个选项中排名第6，低于“职工代表”（63.2%）、“慰问送温暖”（35.8%）、“福利补助”（34.2%）、“劳动合同”（33.1%）等。改革开放近40年来，随着社会主义市场经济体制日益完善，工会在协调劳动关系、维护职工合法权益中发挥了重要作用。大多数职工已经逐渐改变了对过去工会“吹拉弹唱、打球照相”，以组织文体活动为主要功能的固定印象，对工会认知、态度、评价和角色期待有了明显更新。这也要求工会组织与社会主义市场经济的新形势相适应，与职工的实际诉求和生活习惯相匹配，不局限于传统的工作方式方法和格局，不断实现工作方式和内容的创新升级。

工会文化阵地建设仍有待加强。职工对本单位工会在丰富职工业余文化生活方面评分为7.7分，在受访工会主席回答“您单位是否设有下列职工文体活动阵地”时，表示有图书馆（室）的占46.3%，有健身房的占23.9%，有乒乓球、台球室的占55.5%，有羽毛球场（馆）的占28.3%，有篮球场、网球场的占35.1%，有瑜伽室、舞蹈室的占11.8%，这其中只有一项超过了半数。总的来说，企业工会的文体活动阵地建设还有很大空间，特别是近年新兴的、时尚的、比较受职工欢迎的一些活动设施，工会很难做到“紧跟潮流”，设有的还比较少，开展职工文体活动如果只靠工会本身的物质条件，是比较欠缺的。受访工会主席表示，单位设立职工文体协会或职工兴趣活动小组的占40.2%。在设立了职工文体协会或职工兴趣小组的单位中，单位对这类协会和小组全额资助的占51.1%，部分资助的占44.8%。84.2%的职工参加这些组织的活动不需要交费。

三、职工心理状态普遍积极乐观

职工普遍认可自己的心理健康情况。在评价自己的心理健康情况时，27.5%的职工认为“很好”，42.6%的职工认为“比较好，善于自我调整”，合计占70.1%，也有23.3%的职工表示“一般，有时会有情绪困扰”，说明大部分职工对自己的心理健康情况还是比较认可和有信心的。69.9%的职工感觉未来的生活“会越变越好”，84.1%的职工对生活“很满意”或“比较满意”，64.6%的职工认为和以前相比，现在人们的道德水平有所提高，78.8%的职工认为目前社会总体“很公平”或“比较公平”，都体现了职工较为积极正面、阳光进取的心理状况。

工会人文关怀和心理疏导工作有进一步提升空间。职工对本单位工会在做职工思想工作、进行心理疏导方面的评分为7.57分。34.8%的单位面向职工提供过心理咨询、婚姻家庭咨询等方面的免费或优惠的第三方咨询服务。73.5%的工会主席认为本单位工会在加强企业安全卫生管理和保护职工身心健康方面作用“很大”或“比较大”。在回答“希望本单位工会开展或加强哪些方面的职工服务（限选三项）”时，只有12.8%的职工选择了“心理咨询、婚姻家庭咨询等专业服务”，其中4.4%的职工首选了这一项，这两项数据在全部8个选项中全部排名最末。现代社会生活节奏快、压力大，职工在心理咨询、婚姻家庭咨询等方面都存在一定的需求，结合日常工作中的真实情况，他们在这方面的诉求，会更倾向于诉诸家庭、朋友、社区、社会服务机构等，甚至媒体、商业服务机构和网络等，而非传统的企业行政和工会组织。这一方面体现出大部分职工都在生活方式上逐渐完成着“单位人”到“社会人”的转变，另一方面也反映出工会组织在这方面的工作基础相对薄弱，服务能力相对不足，对职工也缺乏吸引力，职工对工会帮助解决这类问题也没有确实的心理期待。

四、职工普遍重视家庭且家庭和睦，高度认可家风建设

职工普遍能够家庭融洽，尊老爱幼。受访职工中，75%的职工家庭成员之间和睦融洽，22.4%的职工家庭成员之间比较融洽、偶有矛盾，合计高达97.7%，这充分体现出了家风建设、家庭和睦在职工心目中的重要价值，也彰显了中国人关心家庭、重视亲情的传统美德仍然具有强大的生命力。受访职工对美好和谐的“家庭、家教、家风”所应包括的内容中，认可度最高的依次是夫妻和睦（90.2%）、孝老爱亲（80.5%）、教子有方（53.2%）。对于容易引发家庭矛盾的主要原因，职工选择的前3项分别是：家庭收入较低、生活困难（51.4%）、子女教育分歧（48.2%）和“一方很少分担家务劳动（26.4%）”，说明经济收入水平仍然是决定职工生活幸福程度的最重要因素之一。

第十七章
前行路上的新问题

经济发展新常态下，随着新技术新业态新模式的大量涌现，移动互联网、大数据、云计算等信息技术的广泛运用，我国职工队伍内部结构、就业形态、技能素质、权益实现、利益诉求、入会动力等方面出现了一些新情况新问题。

第一节　职工队伍内部分化加大

市场经济条件下利益主体多元化，承认不同主体利益的差异性和自主性，使职工内部结构发生深刻变化，形成不同利益群体，这是经济社会发展的客观要求和必然趋势。不同阶层通过职业竞争激发的活力，成为社会主义市场经济的强大驱动力。然而，随着改革的不断深入，在新常态下，由于各种社会因素和经济因素的影响，各群体之间成员流动频率加快，出现分化的局面有加大的趋势，但各群体之间的界限、利益关系、总体格局已经基本确定，阶层向上流动受阻现象日益严重，对我国社会和谐稳定带来的影响也与日俱增。

一、职工队伍内部分层明显

随着市场经济的推进和产业结构的调整，职工职业结构趋向离散化，职工队伍内部公务员、经营管理人员、专业技术人员、新经济组织新社会组织群体、普通工人、困难职工、劳务派遣工和农民工等群体分化日益显著，各群体之间的界限、利益关系、总体格局逐渐明晰。调查显示，32%的职工认为社会“不太公平”或“很不公平”。职工认为社会“不太公平”或“很不公平”的主要原因前3项中，有收入分配不公平（65.8%）和“富二代”“官二代”特权（40.5%），与2012年调查结果一致，反映出社会阶层差距的显性化。阶层分化还表现为不同地区、不同行业、不同所有制、不同工种职工之间收入的差距，以及同一地区、同一行业、同一所有制、同一工种职工内部收入的差距。第八次全国职工队伍状况调查显示，对自己现在工资收入水平“满意”或“比较满意”的职工仅占32.2%。不同阶层的收入差距仍然较大，前月收入最高的管理人员平均工资是普通职工的1.8倍，2012年这个比例为1.9倍。职工队伍内部的分化更体现在思想意识层面的分化上。工人阶级内部阶层的分化，在一定程度上使整个阶级的认同感相对弱化，阶级意识趋于模糊，对计划经济时期那种工人阶级高度的同质性有所消解。一些工人往往在思想意识里把企业家和知识分子排斥在本阶级之外，以为工人阶级就是工人；一些企业家和知识分子也没有在思想上正确认识自己的阶级属性，往往在潜意识里自置于工人阶级之外。

二、职工队伍内部阶层流动受阻

一个良性的职工队伍，应该有良好的流动性。当职工队伍内部阶层形成固化，随之而来的可能是社会资本、资源流动的僵固，从而造成不同阶层之间的紧张关系，产生阶层摩擦与冲突，对社会持续健康发展是不利的。相关调研显示，从20世纪90年代到现在，与改革开放初期读书改变命运、经商积聚财富等阶层社会流动的有效途径相比，向上垂直流动的门槛逐渐提高，阶层流动通道也在一定程度上遇到堵塞，我国社会阶层封闭化程度逐渐提高，阶层固化的边界变得更为固定了。不同群体职工由于文化程度、技能素质等原因，在劳动岗位、劳动报酬、教育、医疗、居住等利益诉求方面的差异，阶层间的门槛开始出现，职工队伍内部流动性减弱，一些不利于阶层流动的倾向也日渐显现。比如，职工队伍中工人与管理人员、干部的身份界限并未完全打破。调查显示，认为在本单位发展“机会较少”或“没啥机会”的比例达20.7%，“机会一般”的比例为41%，感觉自己就业选择空间“比较小”或“很小”的占14.6%，说明职工认为改变现有身份的难度很大。

户籍制度对职工队伍内部阶层流动产生制约。国家资源的配置向城市倾斜，城市中的各项制度尤其是教育、医疗和社会保障等制度又都是建立在户籍制度的基础上，不能获得市民身份也就意味着不能获得相应的教育、医疗和社会保障。比如，由于户籍制度的影响，农民很难改变身份，难以真正融入城市，在受教育程度、党团组织率、身份认同度、社会事务参与度等方面都低于城市职工。

不同阶层职工在教育资源的占有上呈现出不平衡，教育对于阶层流动的作用日益弱化，影响了跨阶层流动。高等教育已不属于精英教育，大众化的高等教育已经不能很好地促进阶层流动。教育部数据显示，学生高考弃考率连续5年都保持在10%左右，56.8%的受调查者表示选择弃考的原因是“就业难，读了大学也没用”。

“身份”等家庭背景在当前社会流动中的作用越来越凸显。《民调蓝皮书：中国民生调查报告（2015）》显示，当前我国阶层流动受阻，在很大程度上与家庭背景的隐形门槛有着非常大的关联，尤其是家庭关系资本对社会流动的作用日益凸显。2004年中国社科院的《当代中国社会流动》报告显示：干部子女成为干部的机会，是非干部子女的2.1倍多。也有研究显示，父亲是科级以下职位的青年，获取副科级及以下职位的发生比是普通百姓家庭子女的1.98倍；而父亲是处级及以上职位的青年，获取科级职位的发生比是普通百姓家庭子女的1.55倍。

第二节 职工就业形态日益多样

互联网、人工智能等新技术革新及分享经济的发展，正在改变工业化基础上的传统就业方式，就业形态日益多样化，就业关系日趋复杂化，缓解了社会结构性失业问题，孕育自由灵活的就业创业形态，改变着职工就业生态。

一、互联网催生职工“原子化”现象

调查显示，有54%的职工认为基于互联网技术快速发展的“共享经济”“数字经济”等新业态带来更多就业选择机会。互联网行业的平台效应越来越明显，“平台型就业”浮现，“创业式就业”热潮发展，越来越多职工通过互联网平台寻找工作机会。“三新”下的就业呈现新的特点。一是组织方式平台化。随着移动互联网、APP、移动支付等新技术的出现，共享经济迅速发展，越来越多的平台组织出现，劳动者灵活就业实现的方式通过平台得到了全新的改变。二是全职就业兼职化，雇佣关系多重化。许多有正式工作的人群利用空闲时间兼职兼业，同时，一个劳动者可能与多个平台之间有业务联系。三是契约虚拟化。在大量的互联网就业中，通过一种虚拟的方式完成劳务工作，并没有任何书面的合同出现。四是工作地点灵活化，工作时间碎片化，收入不确定。五是关注度成为新的激励方式。劳动者（或雇主）的收入与其相应的关注度有着密切的关系。

麦肯锡全球研究院发布的报告显示，到2025年各种在线人才平台

有望贡献约2%的世界生产总值，并将创造7200万个就业岗位。阿里巴巴集团的淘宝平台除了直接创造就业（网店店主）外，还催生了网店客服、网店代运营、网店装修等大量新岗位。调查显示，48.3%的职工明确认为离开互联网无法或只能部分完成现在的工作，正在做、曾经做过互联网新兴工作的比例达16.6%，在正在或曾经做过各类互联网新兴工作的职工中，互联网新兴工作评价比较好的占47.7%。而通过本次网络调查得到的“我正在或曾经从事互联网新兴行业的工作”的比例高达59.9%。新就业形态以高开放性和包容性为不同社会阶层、不同特征群体提供公平和无差异的就业机会和就业收入。

产业组织形态发生巨大变化，原来以资本和生产线为中心的工厂制、公司制经济更多为以信息匹配为中心的平台经济、共享经济替代。随着中国产业结构的变革，灵活用工模式将会成为新常态。人力资源机构HRoot发布研究报告显示，2019年中国灵活用工市场规模将达到约476.2亿元人民币。许多人开始不再将自己束缚于某个公司或者机构，而更愿意“为自己工作”，将自己的知识和技能作为资源加入分享经济平台。产品与服务的生产更多地由平台组织如滴滴、Uber、猪八戒网等联接的自由职业工作者承担。2015年，全美自由职业者已达5300万人，占总劳动力的34%，预测2020年将有40%的劳动力是自由职业者。2016年我国共享经济就业人数达6000万人，比上年增加1000多万人。在一些领域一个职工可能对应多个职业，其身份难以用一种职业界定，单位的概念越来越模糊，职工呈现单枪匹马的“原子化”状态，并且这种趋势在不断增强。

二、职工就业压力明显增大

随着新技术新业态新模式的发展，劳动力市场需求出现结构性分化，职工群体特别是低文化程度、无技能的劳动者面临更多的就业压力。截至2015年3季度，求人倍率持续20个季度保持在1以上，而且自2008年、2009年触及0.85的低点后，求人倍率几乎每年上一个台阶，2014年底一度达到1.15的历史高点，表明100个人对应115个岗位，而2008年则是100个人对应85个岗位。2018年1至3月，全国城镇调查失业率分别为5.0%、5.0%和5.1%。城镇新增就业人数稳步增加，2018年一季度，全国城镇新增就业330万人，3月单月新增154万人，同比增多8万人。第八次全国职工队伍状况调查显示，担心和有点担心自己会失业的比例高达45.4%，有过下岗经历的职工占12.6%。

麦肯锡全球研究院近期的一份报告对全球800多种职业所涵盖的2000多项工作内容进行分析后发现，全球约50%的工作内容可以通过改进现有技术实现自动化。麦肯锡全球研究院的这份自动化研究报告指出，在现今所有工作内容之中，过半会在2055年左右实现自动化。《中国高技术产业统计年鉴》显示，2011—2015年，互联网及人工智能等相关产业的迅速发展，使得电子及通信设备制造业的产值占比从2011年的52%增长到2015年的60%。该产业扩张意味着未来机器对就业的挤出效应将会出现。一些地区纺织、制造、物流业开展较大规模的“机器换人”，很多企业结构性用工矛盾趋于常态化，大量劳动力被机器挤出原来的企业，出现中短期就业困难。调查显示，30.9%的职工认为基于互联网技术快速发展的“共享经济”“数字经济”等新业态对就业岗位有较大冲击。网络调查显示，有14.9%的网民认同随着人工智能快速发展，未来可能有很多就业岗位会被机器取代。银行业是“机器换人”现象最为突出的行业之一，2014年银行离柜业务替代率超过50%的银行仅有33家，而在2016年，离柜业务替代率超过70%的银行就有34家。咨询公司德勤发布的报告显示，人工智能已经在英国取代了80万个低技能工作岗位。有专家预测，未来10年人工智能的工作可替代率将从现在的9%上升至47%，即现在一半的工作岗位将可能被智能机器人替代。

在供给侧结构性改革中，钢铁煤炭等行业去产能、处置“僵尸企业”涉及一些企业的关停并转迁，大量职工面临安置分流。比如，2016年未安置职工88%在河北、吉林、黑龙江、湖南、陕西等5省，主要集中在煤炭钢铁产业单一城市、资源枯竭城市、独立工矿区等。2016年煤炭去产能过程中，解除终止劳动关系职工占44.2%，其中失业的占17.6%，联系不上的占12.3%，两者接近30%。中国劳动保障科学研究院调查发现，去产能企业未安置职工40岁以上的超过七成，大多文化程度偏低、家庭负担偏重、伤病偏多、技能单一，再就业能力较差。中国社科院调查显示，占城镇就业37%的农民工群体，劳动合同签订率仅约为40%。一些沿海地区流动人口比例大、周期性劳动力短缺和劳动力过剩问题交替出现。2018年一季度末，外出务工农村劳动力总量17441万人，比上年同期增加188万人，增长1.1%。

第三节　职工技术技能素质存在短板

技术工人总量不足，技能等级结构不合理，高技能人才缺乏，是近年来社会公认的职工队伍建设中的主要问题。

一、素质总体偏低、结构分布不合理

受教育程度是影响职工基本素质和基础技能的决定性因素。虽然随着九年义务制教育的普及和高等教育的发展，职工受教育程度有一定提高，但不同群体职工文化技术素质差异明显，普通职工特别是农民工的整体文化水平仍然偏低。调查显示，普通职工平均受教育年限为12.9年，其中22.4%的普通职工受教育程度在初中及以下，而专

业技术人员平均受教育年限为14.9年，非机关单位一般管理人员平均受教育年限为14.1年，中层管理人员为14.4年，高层管理人员为14.5年，公务员达15.7年。农民工队伍日益壮大，目前已达2.87亿，但其整体受教育水平明显低于城镇职工。调查表明，农民工平均受教育年限比城镇职工少1.8年；28.2%的农民工文化程度在初中及以下水平，城镇职工仅为8%；农民工中大专及以上文化程度也比城镇职工低29个百分点。

占职工人数最多的制造业职工的受教育年限整体较低，平均受教育年限为12.7年，在各个行业中处于倒数第3位，其中具有大学及以上文化程度的从业人员比例为16.4%，在各个行业中处于倒数第2位；大专（高职）文化程度的比例为26.2%；高中（职高）文化程度的比例为20%；而初中及以下文化程度的为23.2%，在各个行业中比例较高，位列第3位，仅低于住宿和餐饮业（30.1%），农、林、牧、渔业（24.1%）。这种情况显然难以适应发展实体经济、实施“中国制造2025”、建设制造强国战略的需要。第八次全国职工队伍状况调查显示，在结束上一份工作后，没有接受职业技能培训的达66.6%；最近一年偶尔参加单位组织培训的职工占19.8%，没参加过的占2.2%；在是否参加过所在单位开展的劳动和技能竞赛（技术比武、岗位练兵等）活动方面，没参加、单位没开展过、不清楚的占66%。

领英发布的《全球AI领域人才报告》显示，截至2017年一季度，基于领英平台的全球AI（人工智能）领域技术人才数量超过190万人，其中美国相关人才总数超过85万人，高居榜首，而中国的相关人才总数也超过5万人，位居全球第七。第八次全国职工队伍状况调查的普通职工中，技术工人仅占27%，且结构不合理，高技能人才比例偏低，与发达国家的橄榄型结构（初级工占15%以下，中级工为

50%，高级工达35%）相比差距明显。人社部数据显示，全国的就业人员有7.7亿人，技术工人1.65亿人，其中高技能人才4791万人，技术工人占就业人员比重约为20%，高技能人才只占6%。除总量严重不足外，结构性问题也很突出，人才断档现象严重。尤其是在先进制造业和现代服务业中技能人才短缺的情况更为突出，企业急需的高技能高素质复合型人才缺口很大。从劳动力市场供需情况看，近年来我国技能劳动者的求人倍率（指劳动力市场在一个统计周期内有效需求人数与有效求职人数之比）一直在1.5以上，高级技工的求人倍率甚至高达2以上，高端技术工人需求缺口一直居高不下。在非公企业、小微企业，技术工人更是严重匮乏。第八次全国职工队伍状况调查显示，无技术等级的比例达72.8%，没有专业技术职称的达61.3%，有高级职称的职工仅为4.5%，与2012年相比没有明显改善，仅提高0.5个百分点。据河南省统计，截至2016年底，专业技术人员只有34%分布在企业，这一数字与发达国家70%的专业技术人员分布于企业形成鲜明对比，知识分子过多地集中在非生产领域，而生产领域人才缺乏。调查发现，是否存在技术工人招聘难的问题，主要取决于企业的实力，国有企业和效益好的私营企业基本不存在此问题，国有企业高技能人才短缺或流失的情况较多，中小企业则不同程度存在招收技术工人难的现象，尤其是招收高技能人才更难。而刚从职业院校出来的毕业生由于实操能力差，还需要经过相当一段时间培养之后才能上手。

二、职工提升技术技能缺乏激励保障机制

职业技能培训是提高职业技术技能水平的重要途径。第八次全国职工队伍状况调查显示，56.7%的职工表示参加了单位培训并没有增加收入，57.7%的职工表示没有因参加培训得到工作岗位的提升，培

训在收入提升、职务晋升上的作用并不明显。高级技师上月从单位获得的到手全部货币收入均值为3742元，而单位一般管理人员、中层管理人员、高层管理人员收入均值分别为3785元、4736元、5535元，说明高级技能人才的工资收入在企业中仅与一般管理人员持平，与中层管理人员和高层管理人员有一定差距，技术职称对职工的吸引力不足。技术工人特别是高技能人才在收入分配上没有体现出优势，发展存在“天花板”效应。由于长期以来形成的干部和工人的“身份界限”，工人晋升只能通过初级工、中级工、高级工、技师、高级技师的等级体系，在收入待遇、社会地位上与工程师、高级工程师等工程系列专业技术人才形成了一定差距。在与职工个别访谈时，有许多职工反映，因身份区隔等原因，当技能等级达到可评定的最高级别后，在岗位、身份和收入上都很难再有提升。

职业技能培训在部分企业未能得到足够重视，部分企业投入不够。一些企业没有落实按职工计税工资总额的1.5%—2.5%足额提取职工教育经费有关规定。据第八次全国职工队伍状况调查对企业工会主席的问卷调查统计，企业提取职工培训经费占职工工资总额比例低于1.5%为18.2%，没有提取或表示“不知道”的占34.6%；职工培训经费用于一线职工培训的比例“未达到60%”、“没有用于一线职工”和“不知道”的占30%；企业对加强技术工人队伍建设态度属于“一般，差不多够用就行”的占10.3%，“不太积极，培养好了就跳槽”的占2.7%，“基本不培养，就从市场招人”的占1.8%。从地方调查的情况看，国有及国有控股企业从机构部门的设置，到职业教育培训经费的提取、使用，都有一套较为完善的机制，基本能保证相关经费用在生产一线职工教育培训上。外资及集体所有制企业在职工教育培训上就出现时间安排、经费使用有折扣等问题，而许多民营企业表现出重使用轻培训，或只使用不培训现象，甚至有的企业将职工教育培训经费提取后，不用于职工教育培训。

普通职工、农民工参加培训的机会少，技术培训针对性不强。第八次全国职工队伍状况调查显示，普通职工参加培训的比例为72.8%，明显低于专业技术人员（86.4%）和单位（不包括机关单位）管理人员（一般管理人员、中层管理人员、高层管理人员分别为83.1%、88.6%和84.5%）。调查显示，27%的本地农业户口职工没有参加过培训，比本地非农户口职工高6.8个百分点；22.6%的外地农业户口职工没有参加过培训，比外地非农户口职工高4.1个百分点。私有、个体单位职工参加培训比例较低。国有单位职工参加过职业技能培训的比例为84.3%；私有单位为75.4%，比国有单位低8.9个百分点。租赁和商业服务业，农、林、牧、渔业，水利、环境和公共设施管理业，制造业和房地产业职工培训比例偏低。从行业上看，教育、金融行业职工参加培训的比例分别为92.7%、91.6%；卫生和社会工作、电力、热力、燃气及水生产和供应业，科学研究和技术服务，交通运输、仓储及邮政等行业职工参加培训比例均超过80%，分别为87.1%、84.6%、84.1%和81.4%；职工培训率位居最后3位的行业是租赁和商业服务业，农、林、牧、渔业，水利、环境和公共设施管理业，分别为69.4%、73.1%和73.9%，制造业和房地产业并列倒数第四，为74.3%。根据国家统计局的农民工监测调查，2016年接受过农业和非农职业技能培训的农民工占32.9%，比上年下降0.2个百分点。其中，接受过农业技能培训的占8.7%，接受非农职业技能培训的占30.7%，均与上年持平；农业和非农职业技能培训都参加过的占6.5%，比上年提高0.2个百分点。许多地方政府开展了对农民工的免费技能培训，但政策限制条件多，导致很多农民工因不符合条件而享受不到免费培训补贴；部分培训机构课程针对性不强，技能操作教学“走过场”，有的为完成培训任务、套取政府补贴，采取免收培训学费、强拉培训对象、发放小礼物等方式吸引学员，导致培训“专业户”现象频现。

第四节　职工利益诉求日趋多元

当前，职工利益诉求的内容日趋多元多样，表达诉求的方式日趋活跃，解决诉求的期待日趋强烈，职工群众的权利意识、公平意识、民主意识、法治意识不断增强，对促进社会公平正义、实现安居乐业的要求越来越高。

一、职工对于社会状况、基本权利的认知和自身利益的诉求差异较大

近年来，房价、物价上涨，教育、就医支出加大，成为不少职工的普遍感受，广大职工更多关注与自身利益有关的现实问题。2013 年以来全国总工会对职工思想状况进行的专题调研显示，部分职工表示，当前的收入水平与消费水平无法匹配，特别是对居高不下的房价表示相当不满。部分职工对医疗制度改革的效果提出异议，认为不但开销增加了，“看病还变麻烦了”，有些职工因病致贫，生活困难，现有医疗保障制度显得杯水车薪。部分职工表示，教育资源分配不均，高考地域化差异大，子女教育开销太大，甚至是“无底洞”，牵扯个人精力过多，常常搞得身心俱疲。一些职工虽然已经生了二胎，但认为国家在配置与二胎政策相适应的相关法律法规和配套制度方面，存在不足和滞后。职工高度关注延迟退休政策，认为不同岗位、不同技术类型的工作，在延迟退休问题上不应该“一刀切”，应该区别对待。特别是一部分对体能、视力等身体素质要求较高的工作岗位，现有的退休年龄已经偏高，更不宜延迟退休。延迟退休问题是连续几年调研

中一直受到很高关注的一个问题。职工期盼大力改善民生，减轻住房、医疗、就业等方面的压力。第八次全国职工队伍状况调查显示，91.5%的职工认为自己生活压力很大或有一定压力，职工感觉压力最大的前5项分别是“收入低”“房价越来越高”“看病就医费用高”“子女教育”“养老”，占比分别为63.4%、49.4%、40.6%、39.5%、24%。这与2012年相比没有变化。45.2%的职工认为脱贫解困、农村人口市民化等具体政策与自己关系不大；35%的职工认为加大党风廉政建设和反腐败斗争与自己关系不大；31.8%的职工对是否希望成为劳动模范表示不希望或没想过。职工对供给侧结构性改革存在心理上的波动和迷茫，体现在部分职工对供给侧结构性改革缺乏深入全面的认知，对供给侧结构性改革的前景缺乏足够的信心。只有不到三分之一的企业曾经以供给侧结构性改革为主题开展过形势政策教育活动。

基于前期改革历史遗留问题与市场经济条件下新出现的矛盾相互交织，劳动关系的主体及其利益诉求越来越多元化。一些职工思想状况表现为“三转变”，即从被动维权向主动诉求转变，从追求生存权益向追求发展权益转变，从追求物质权益向追求精神权益、民主权利转变。随着职工生活水平的提高，精神文化生活、休闲娱乐生活的质量，成为越来越多职工生活品质的重要考量。2013年以来全国总工会对职工思想状况进行的专题调研显示，职工越来越重视精神文化权益，对休闲娱乐的诉求不断提高。特别是青年职工的精神文化诉求较为强烈，参与文化体育活动和休闲娱乐活动的愿望十分强烈。在一些特定的时点和场合，这种需求甚至比劳动经济权益方面的诉求更加迫切和直接。调查还发现，国有企业职工参与企业、工会、社区组织的各种文化娱乐活动的机会也较多。而非公企业的许多职工坦言，“8小时之外”就不知道去哪里消磨时间，有的职工表示

“下了班就没人管”，和企业之间的联系比较松散，个人的生活圈子和发展空间较为狭窄。

二、职工民主参与渠道有待拓展

一些地方职工群众进入“两代表一委员”（党代会代表、人大代表，政协委员）的比例相对较少，尤其是人数庞大的农民工、劳务派遣工和一线工人等群体缺乏参政议政、反映意见的合法渠道。第八次全国职工队伍状况调查显示，仅有34.5%的职工参加过最近一次的人大代表选举投票。部分职工代表的身份大都被企业经营管理者替代，普通职工对宏观政策制定的影响较小。许多职工认为打工的目的是赚钱，企业管理是老板的事，意见提得再多，老板也不会听，搞不好还会丢饭碗。数据显示，12.4%受访职工认为“单位领导不太可能真正让职工参与管理”，5%的受访职工认为“职工只要干活挣钱，没必要参与单位管理”。

以职代会为基本形式的企事业单位民主管理制度一定程度上存在着形式化倾向，一些企业执行厂务公开制度较为随意，一些企业在改革改制过程中履行职工代表大会民主程序打折扣，一些企业职工董事、职工监事制度运作不规范，职工董事、职工监事的数量和比例达不到要求等，导致职工民主权利难以落实到位。调查还显示，对单位经营管理和自身权益发表意见或反映愿望表示没有机会或说不清的占39.6%，20.2%的职工表示规章制度由单位领导个人说了算，30.4%的职工表示规章制度由管理部门单独制定，导致劳动关系双方制度化的沟通渠道不畅，职工权益和诉求得不到及时解决。

当前，80后、90后新生代职工日益增多。这些职工民主意识、参与意识强，对公平公正的愿望更加强烈，调查显示，78.2%的职工希望担任职工代表，但职工代表素质不高的问题已成为影响其民主政治权利实现的主要原因。部分职工代表缺乏必要的业务知识，往往想参与却又无从下手，存在着“不会说”“不敢说”“说不好”的问题。国有企业的职工董事和职工监事是由职工选出来的，职工期望其能够真正代表职工的利益，为职工说话办事。但一些职工董事“不懂事”、职工监事“不管事”的现象一定程度上存在，对本企业经营管理状况不够熟悉，影响职工参政议政监督作用的发挥。

互联网技术应用对职工民主参与行为的影响亟须加强引导。在调查中了解到，已经有一些企业实行了网上职工代表大会、网络投票表决，但也引发了职工对意愿表达真实性、隐私性和安全性的担忧。一些职工特别是青年职工在通过正常渠道表达利益诉求受阻后，往往选择通过 QQ 群、微信群、朋友圈、微博等表达不满情绪，容易诱发群体性事件。

第五节　职工保障水平亟待提高

传统领域劳动关系规范性稳定性加强，劳动力市场灵活性需求日趋增加，经济模式和社会形态的变化给职工劳动经济权益带来新情况新问题。由中国保险行业协会、全国总工会劳动关系研究中心、中国社科院世界社保研究中心、平安养老保险股份有限公司 2016 年 12 月联合发布的《2016 中国职工福利保障指数报告》显示，2016 年我国职工福利保障指数为 70.4，保障状况处于基础水平。

一、收入分配不合理

收入分配问题直接关系亿万职工切身利益，多年来一直是社会关注的重点。从职工收入分配状况指数看，2000—2016 年，职工收入增长达到与经济增长同步，但职工群体之间及其内部存在的收入分配不平衡问题需要引起高度重视。

普通职工工资总体偏低且增长缓慢。中低收入群体占比大、收入长期偏低，抵御风险能力弱。2016 年，全国城镇非私营单位就业人员年平均工资为 67569 元，扣除物价因素，实际增长 6.7%。城镇私营单位就业人员年平均工资为 42833 元，扣除物价因素，实际增长 6.0%。第八次全国职工队伍状况调查显示，全国职工月平均工资 3000 元以下占比 48.8%。49.9% 的职工认为自己的工资收入水平在所在城市属于中等偏下甚至低收入。统计数据显示，最近一次涨工资平均上涨 360.7 元，其中 50.9% 的职工在 200 元以内；有 21.1% 的职工 2014 年以来没涨过工资。2013 年以来全国总工会对职工思想状况进行的专题调研显示，收入在 2000 元以下的低收入职工中，反映过去 3 年收入下降的比例高达 43.5%；而一线职工工资下降比例（35.4%）也明显高于技术岗位职工（27.3%）。1969 年以前出生的年长职工是工资下降的主要人群（39.1%）。

收入差距缩小态势仍不稳定。从职工队伍的整体构成看，构成职工队伍的城镇单位就业人员、城镇私营单位就业人员和农民工这 3 大群体之间的收入差距较大。国家统计局 2017 年 5 月发布的数据显示，2016 年，城镇单位就业人员的年平均工资为 67569 元，城镇私营单位就业人员为 42833 元，外出农民工为 42864 元。各省、区、市内城镇单位职工与城镇私营单位职工之间的收入差距普遍较大的情况没有得到改变，2016 年有 25 个省区的差距超过了 1.5 倍。从不同职工群体之间的行业收入水平看，收入差距仍然较大。2016 年，城镇单位职工年均收入在国民经济 19 个行业中，最高的信息传输、软件和信息技术服务业为 122487 元，最低的农、林、牧、渔业为 33612 元。19 个行业门类中，城镇非私营单位就业人员平均工资最高行业是最低行业的 3.64 倍。企业内部职工收入分配差距较大，收入分配向管理等岗位倾斜，存在同工不同酬、工资结构不合理的现象，一线职工的劳动价值没有得到合理体现。第八次全国职工队伍状况调查显示，普通职工上月从单位获得的到手全部货币收入均值为3113元，为各序列职工的最低。在年终奖发放上，普通职工平均拿到4150元，而高层管理人员则为18061元，差距也十分明显。在回答“单位经营管理者和普通职工关系不够融洽的主要原因”时，排在前两位的分别为“职工收入低”（57.2%）、“收入和福利待遇差距大”（41.4%）。

侵犯职工劳动报酬权益问题依然存在。企业工资拖欠现象抬头。拖欠时间少则一两个月，多则半年甚至更长，不少企业只能部分开支。第八次全国职工队伍状况调查显示，拖欠工资特别是拖欠农民工工资案件数量和欠薪金额上升明显，单位拖欠工资的比例为3.6%，平均拖欠10367.2元，拖欠工资的数额在1万—5万元的达20.1%。一些职工在座谈和访谈时直言：“当工人真不如农民啊，农民还有地，工人没活干就什么都没有了！”

全国总工会公布10起劳动违法典型案件

2015年2月，全国总工会公布了10起劳动关系领域的违法案件和劳动事件，涉及侵犯女性平等就业权、非法使用童工、讨薪农民工被殴打、辞退怀孕女工等。

这10起案件和事件是：浙江新东方烹饪学校侵犯女性平等就业权；深圳可立克科技股份有限公司、德林克电子有限公司非法使用童工；安徽青山水电设备安装有限公司拒绝与劳动者签订书面劳动合同；四川遂宁四坚建筑装饰工程有限公司要求员工签订不平等承诺书；福建畅丰车桥制造有限公司违反最低工资标准的规定；陕西省宜君县讨薪农民工被殴打；江苏昆山中荣金属制品有限公司发生重大安全生产责任事故；江苏鹏越电子科技有限公司辞退怀孕女工；哈尔滨百事可乐有限公司违法解除工会主席劳动合同；广东东莞裕元鞋厂少缴社会保险费。

普通职工对自己的收入满意度不高。第八次全国职工队伍状况调查显示，认为自己的工资收入水平在所在的城市属于中等偏下、低收入的普通职工占54.1%。23.6%的普通职工2014年以来没涨过工资，这个比例高于专业技术人员（15.2%）及各类管理人员（一般管理人员20.8%、中层16.2%、高层18.9%）。有62.8%的普通职工认为物价上涨对生活影响很大。在回答“哪些问题让您感到压力最大”时，职工选择“收入低”的比例占了63.4%，远远高于其他选项。

二、社会保障水平不高

城镇不同人群的社保分割严重、统合性差，部分职工未纳入制度覆盖范围。不同单位、职业身份职工享有社会保障权益存在较大差异，农民工参加城镇职工基本养老和医疗保险的比例依然较低，跨省转移接续难。

部分企业特别是非公企业普遍存在社保未缴费、不足额缴费、不按时缴费的现象。从第八次全国职工队伍状况调查看，很多非公企业由于各种原因不参保或将职工推向城乡居民社会保险，且多不依法足额缴费，还有部分困难企业、微利企业由于经营困难无力缴纳社保，仍存在有政策但落实不到位的情况，职工社会保险权益诉求日益增加与参保意识较低现象并存。调查显示，职工劳动合同中没有（包括不清楚）对社会保险有明确规定的达24.8%；没有办理（包括不知道）

失业、工伤保险的职工比例分别达31%和23.6%。不同所有制单位的职工参加社保情况差别较大，以养老保险和医疗保险为例，公有制单位职工参加基本养老和医疗保险的分别占90.1%和91.7%，非公有制单位分别为73.3%和74.9%，相差在15个百分点以上。近年来社会保障类信访数量不断上升，2016年，全国市（地）以上工会共受理社保类信访事项6.39万件，占职工信访总量的19.98%。困难企业和破产改制企业职工社保问题亟须解决。在供给侧结构性改革过程中，部分困难企业拖欠和欠缴职工保险现象较为普遍，直接造成职工转岗离岗和退休时难以办理社保关系转移接续手续，不能享受社保待遇，生病不能报销医疗费用等。部分困难企业和破产改制企业长期拖欠社会保险费，造成职工医疗费无法报销，部分解除劳动关系的职工失业证不能办理，部分已到退休年龄的职工退休手续无法办理等，损害了职工的合法权益。

地区间保险制度覆盖面不平衡的现象较为明显。多数中东部省份的参保率高于全国平均水平，而西部不发达地区参保率则普遍低于全国平均水平。此外，不同群体间的参保情况也有较大差异，流动性大的职工群体参保意愿和参保率均十分低。以农民工为例，全国平均参保率低于20%。由于转移接续政策不完善，且有最低缴费年限的要求，短期务工的农民工即便参保，也难以满足制度要求，在退休后难以享受城镇职工养老保险待遇，因此，农民工的参保意愿普遍较低。早在1991年，国务院就出台了《关于企业职工养老保险制度改革的决定》，规定企业可根据自身经济情况，自愿建立企业补充养老保险。但由于缺乏配套政策，各地发展并不规范。目前，企业年金参保人数占城镇职工基本养老保险参保人数的比例尚不足10%。

“老有所养”难度越来越高。随着我国人口老龄化形势愈发严峻，养老保险的抚养比持续下降，对养老保险基金支付压力、可持续发展都带来严峻挑战。2016 年，我国全年基本养老保险基金收入 37991 亿元，比上年增长 18%，全年基本养老保险基金支出 34004 亿元，比上年增长 21.8%。近年来，随着人口老龄化及流动性加剧，养老金的区域不平衡、部分地区收不抵支问题凸显。

三、职业危害问题仍然较重

一些行业和企业劳动条件和作业环境改善落后于经济社会发展，煤炭、建筑等高危行业职工特别是农民工的生命安全健康权益受到侵害。第八次全国职工队伍状况调查显示，工作岗位或工作环境存在高低温作业风险，并且防护措施不够或没有的占 7.3%，噪声污染占 10.9%，粉尘污染占 10.7%。由于“三新”经济发展的初级阶段性，职工的户外和企业外劳动保护基本上处于自发状态，面临较长劳动时间、较高劳动强度和更多职业健康风险。劳动安全保护措施的缺位，使得越来越多奔波于户外职工的劳动安全风险大大增加。据第八次全国职工队伍状况调查，互联网新兴工作职工没有患过职业病也没有受过工伤的人占 85.9%，低于全国职工 6.2 个百分点（全国平均为 92.1%）。在互联网新兴工作职工中，认为自己的工作岗位或工作环境存在隐患且“防护措施不够”和“没有防护措施”的占 7.2%，高出全国职工 0.8 个百分点；反映“治疗职业病或工伤”“难以负担，为治病欠下很多债”的高达 33.3%，其中专职工作者高达 39.2%，这一比例是全国平均水平 9.2% 的数倍；面对如此高的劳动安全风险，互联网新兴工作职工中参加商业医疗保险的仅占 27%，参加职工医疗互助活动的也只有 25.6%。据北京市总工会对“您从事网约工作最担心的问题是什么”的调查，“交通、治安、工伤或其他意外事故”已经成为网约工仅次于“收入不稳定”和“客户不稳定”之后的第 3 位“最担心问题”。北京市总工会调查显示，在北京市网约工中，平台为其提供标准化生产工具的只有19.36%（主要是网约家政人员和美容师等），提供劳动保护用品的只有13.9%，提供商业意外险的只有16.44%。

劳动定额的不规范导致超时加班。部分职工劳动定额主要还是企业单方说了算。相关调查研究表明，很多企业并没有依据相应的岗位基础来实施劳动定额标准制定，而是在获取高额利润的基础上，要求职工在规定的工作时间内完成不可能完成的定额指标。职工为了获得相应的报酬，只好出现无偿超时加班的现象。调查显示，工作单位在制定劳动规章制度时，由领导（老板）个人说了算、管理部门单独制定的占54.6%。只有47.1%的职工每周工作时间在40小时以内，31.3%的在41—48小时，48小时以上的占21.6%，表示加班加点按劳动法规定足额拿到加班费，或按加班时间安排相当时间倒休的仅占44%；互联网新兴工作职工周均工作5.58天（全国职工平均为5.57天），周均工作45.69小时（全国职工平均为45.34小时）。在是否愿意加班方面，表示因为没有补偿或补偿很少而不愿意加班的占28.5%。在休息休假方面，表示没有享受带薪年假、没有补偿的占35.1%；享受了带薪年假，但没有达到规定天数的占6.8%。如果按行业类别划分，既没有享受带薪休假也没有得到补偿比例最高的是住宿和餐饮业，达到24.3%。

四、困难职工和农民工群体生产生活问题突出

城市困难群体特别是困难职工不容忽视，仍具有一定规模。据全国总工会统计，截至2017年底，全国工会建档的困难职工家庭247.24万户，其中因病致贫、因病返贫占三分之一多，呈逐年上升趋势。老工业基地、三线地区、资源枯竭型城市、独立工矿区等领域困难职工人数较多，且呈现集中连片趋势，容易形成贫困固化和

代际传递。城市贫困群体特别是困难职工游离于现行扶贫政策之外，城市社会救助主要依据贫困家庭的人均收入，没有考虑“支出型贫困”，低保边缘户、“夹心层”难以进入救助范围。除医疗和教育问题外，住房问题也成为职工最关注最无奈的问题，正在还房贷的占28.4%，无房职工近35%，按目前的收入和房价买不起房的职工占27.5%。

农民工市民化进程较缓。据统计，2017年全国农民工总量达到2.87亿人，比2012年增加2391万人，年均增加480万人，年均增长率达到1.8%；全国户籍人口城镇化率从2012年的35.3%增长到2017年的42.35%，8000多万农业转移人口成为城镇居民。农民工多流向经济发达、用工需求多的地区或行业，加剧了基本公共服务投入压力与市民需求的矛盾，导致了城市社会歧视农民工现象的出现，在事实上造成农民工群体在经济、政治、文化、社会等领域被边缘化。由于户籍原因，扶贫政策尚未覆盖到长期生活在城市的农民工，在遭遇困难时，既无法享受城市低保，也无法享受农村低保。国家统计局数据表明，进城农民工中，38%认为自己是所居住城市的“本地人”。农民工在受教育程度、党团组织率、身份认同度、社会事务参与度等方面都低于城市职工，农民工难以真正融入城市。农民工法律意识相对淡薄，中国社科院调查显示，占城镇就业37%的农民工群体，劳动合同签订率仅约为40%。

第十八章

在推动“五大建设”中展现新作为

着眼于全面建成小康社会、实现社会主义现代化和中华民族伟大复兴，以习近平同志为核心的党中央对推进中国特色社会主义事业作出“五位一体”总体布局和“四个全面”战略布局。习近平新时代中国特色社会主义思想对全面推进新时代中国特色社会主义经济、政治、文化、社会、生态文明建设等一系列重大问题作了重要论述，提出了重大举措。广大职工围绕统筹推进“五位一体”总体布局和协调推进“四个全面”战略布局，充分发扬主人翁精神，勇担历史使命，汇聚磅礴力量，在实现中华民族伟大复兴中国梦的征程中体现价值、展现作为。

第一节　在经济建设中创业创新创优

党的十八大以来，面对世界经济复苏乏力等外部环境，面对我国经济发展进入新常态等一系列深刻变化，以习近平同志为核心的党中央坚持稳中求进工作总基调，励精图治，奋发有为，勇于实践，善于创新，不断深化对经济社会发展规律的认识，以新思想引领新常态，以新理念指导新实践，以新战略谋求新发展，推动我国经济发展取得历史性成就、发生历史性变革。经济实力再上新台阶，经济结构出现重大变革，经济更具活力和韧性，成为世界经济增长的主要动力源和稳定器。党的十八大至党的十九大的5年来，中国GDP年均增速超过7.2%，远高于同期世界2.5%和发展中经济体4%的平均增长水平，在世界主要国家中名列前茅，成为世界经济增长的第一引擎。2017年12月联合国发布的《2018年世界经济形势与展望》认为，2017年全球经济增长的1/3依仗中国。5年来，中国对世界经济增长的年均贡献率达30.2%，超过同期美国、欧元区和日本贡献的总和，2017年中国经济总量占全球的比重达15%，比5年前提高3.5个百分点。党的十九大作出中国特色社会主义进入了新时代的重大论断，我国经济发展也进入了新时代，已由高速增长阶段转向高质量发展阶段。

2018年庆祝“五一”国际劳动节暨“当好主人翁、建功新时代”劳动和技能竞赛推进大会

2018年庆祝“五一”国际劳动节暨“当好主人翁、建功新时代”劳动和技能竞赛推进大会4月28日在北京人民大会堂举行。全国人大常委会副委员长、中华全国总工会主席王东明出席并讲话。

王东明向全国各族工人、农民、知识分子和其他各阶层劳动群众致以节日问候。他指出，广大职工要自觉用习近平新时代中国特色社会主义思想武装头脑，坚守政治信念，推动高质量发展，积极投身改革，弘扬民族精神，不断提升素质，在新时代的广阔舞台上大显身手。

99个集体和697名个人分别获全国五一劳动奖状、奖章，799个集体获全国工人先锋号。32个集体、99名个人分别获全国工会系统先进集体、劳动模范和先进工作者称号。

广大职工积极投身经济建设，在供给侧结构性改革、振兴实体经济中切实发挥主力军作用。广大职工围绕“一带一路”建设、京津冀协同发展、长江经济带发展等国家战略，积极参加劳动和技能竞赛、技术革新、技术协作、发明创造、合理化建议等活动，为推动经济保持中高速增长、产业迈向中高端水平建功立业。

5 年来，我国创新指数排名上升 3 位，成为唯一进入前 25 名集团的中等收入国家；专利申请量等指标继续位居第 1 位；具有世界先进水平的重大科技创新成果不断涌现，一批分布在高端装备、战略性新兴产业、信息化等方面的重大工程惊艳全球。特别是在港珠澳大桥、天眼、蛟龙、墨子号、神舟、高铁、北斗、大飞机等重大项目工程中，广大职工锐意创新、争创一流，在伟大历史进程中镌刻了工人阶级的无上荣光。5 年来，职工参加劳动和技能竞赛达 4.6 亿人次，开展技术革新、发明创造分别达 329.5 万项、94.1 万项，提出合理化建议 5816.6 万件，推广先进操作法 89.9 万项；2016 年，全国职工提出合理化建议 1091.3 万件，技术革新项目 64.2 万项，发明创造项目 20.7 万项，荣获国家专利项目 13.5 万项，推广先进操作法项目 18.5 万项，为产业创新发展、企业技术进步贡献了聪明才智。第八次全国职工队伍状况调查显示，71.9% 的工会主席认为本单位大多数职工都积极参加劳动和技能竞赛。全国总工会设立职工创新补助资金，出台《职工创新补助资金管理办法（试行）》，为职工开展技术创新活动提供资金支持和创新指导。据中国职工技协 2017 年 7 月的数据，2015 年以来，创新补助资金累计支出 915 万元。2011 年至 2016 年，全国开展岗位练兵、技能带头人选树活动的企业分别达到 235.8 万家和 62.8 万家，选树技能带头人 277.9 万人，师徒结对 407.5 万对。

在供给侧结构性改革中，广大职工坚决拥护党中央各项决策部署，用实际行动支持改革、参与和推动改革。最近 5 年有过下岗、待岗、安置转岗经历的职工占40.2%，仅2016年就有72.6万名职工发扬传统、顾全大局，接受分流安置，以实际行动支持改革。

第二节　在政治建设中体现领导阶级本色

党的十八大以来，以习近平同志为核心的党中央，推进中国特色社会主义政治建设发展，开创了中国政治建设的新阶段和新格局。党的十八届六中全会明确习近平同志为党中央的核心、全党的核心，反映了全党的共同意志，反映了全党全军全国各族人民的共同心愿。党的十九大选举产生了以习近平同志为核心的新一届中央领导集体，再次明确了习近平总书记在全党的核心地位，这是实现“两个一百年”奋斗目标、实现中华民族伟大复兴的中国梦、实现人民对美好生活的向往的希望所在、力量所在、胜利所在！

5年来，人民代表大会制度始终与改革同步，与发展相融。人民民主不断扩大，保证了人民在日常政治生活中的持续参与权利。十二届全国人大五次会议表决通过关于十三届全国人大代表名额和选举问题的决定草案，在全国人大代表中增加了一线工人、农民、专业技术人员代表的比例和农民工代表人数，切实保证人民当家作主的主体地位。特别是代表列席常委会会议、参加执法检查、参与专门委员会和工作委员会活动日渐常态化。党的十八大以来，全国人大常委会共邀请人大代表1440多人次列席常委会会议、1230多人次参加执法检查等活动。重点领域立法迈出新步伐，法律体系进一步完善。截至2017年9月，我国现行有效法律261件，行政法规751件，地方性法规10500余件。十八大以来党中央、国务院或委托中央统战部召开的政党协商会议（包括协商会、座谈会、情况通报会）共计112场，就经济社会发展中的重大问题充分听取意见建议。

广大职工积极参与政治建设，听党话跟党走，凝聚力进一步增强。广大职工不断增强“四个自信”，牢固树立“四个意识”，坚决维护习近平同志在党中央和全党的核心地位，坚决维护党中央权威和集中统一领导，在思想上政治上行动上始终同以习近平同志为核心的党中央保持高度一致。第八次全国职工队伍状况调查显示，广大职工对我国全面建成小康社会充满信心，积极参与国家和社会事务管理，高度评价并大力支持党中央坚定不移推进全面从严治党、推进反腐倡廉。69.9%的职工对2020年全面建成小康社会“充满信心”或“比较有信心”；91.4%的职工对坚定不移推进全面从严治党、大力推进反腐倡廉的做法“非常支持”或“比较支持”；80.8%的职工认为“中央八项规定”政策出台以来贪污腐败情况减少；66.6%的职工认为近年来工人社会地位“有很大提高”或“有所提高”。各级工会系统人大代表和工会界政协委员通过提案、书面意见以及政协双周协商专题会议，及时向党和政府反映职工的意愿和呼声。从近年各级工会系统人大代表和工会界政协委员所提的建议和议案来看，他们的履职能力在不断提高，视野不断拓宽，反映的问题更具普遍性，提出的建议更具可操作性，“中国式民主”的智慧不断闪光，“人民当家作主”的质量日益提升。

第三节　在文化建设中树立良好形象

党的十八大以来，按照党中央总体部署，宣传文化战线坚定文化自信，增强文化自觉，紧紧围绕文化小康目标，坚持把社会效益放在首位、实现社会效益和经济效益相统一，推动文化改革发展各项任务落地见效，文化创新创造活力极大激发，社会主义文化强国建设迈出坚实步伐。

“最美职工”

2014年4月，中宣部与全国总工会首次联合发布10位“最美职工”。这些“最美职工”个人和群体来自基层一线，他们的事迹令人鼓舞、感人至深。他们因坚守职业的高地，用一点一滴的汗水浇灌出璀璨的“劳动之花”，而赢得了人们的尊重和褒扬。他们用自己的实际行动模范践行了社会主义核心价值观，弘扬了伟大的创造精神、奋斗精神、团结精神和梦想精神，倡导了劳动光荣、创造伟大的社会风尚和精益求精、埋头苦干的敬业风气，展现了中国工人阶级的时代风采，不愧为新时代的“最美职工”。

2018年“五一”国际劳动节来临之际，中央宣传部、全国总工会在中国文明网向全社会公开发布一批“最美职工”的先进事迹。孙丽、林鸣、徐州、谭文波、王俊堂、李杰、冯世毅、梁庆莲、郭玉全、杨发英等10名个人和贵州乌江水电开发有限责任公司构皮滩发电厂保护班，都是常年工作在基层生产一线，作出突出贡献的技术工人和群体，是辛勤劳动、诚实劳动，刻苦钻研、追求卓越的新时代产业工人的代表。

广大职工积极推动文化建设，积极参与中国特色社会主义理想信念教育，牢固树立中国特色社会主义共同理想，践行社会主义核心价值观的积极性、主动性、自觉性越来越强。第八次全国职工队伍状况调查显示，46.7%的职工对社会主义核心价值观“非常了解”或“比较了解”，社会主义核心价值观已经融入到职工的政治立场、价值追求、职业操守、精神境界等各个方面。广大职工投身社会公德、职业道德、家庭美德、个人品德建设，积极弘扬劳模精神、劳动精神、工匠精神，叫响做实“大国工匠”品牌，职工中全国道德模范及最美教师、最美医生、最美司机等最美人物不断涌现，5年来，先后涌现出2064名全国劳模、904名先进工作者和40名“最美职工”代表。第八次全国职工队伍状况调查显示，64.6%的职工认为，现在和以前相比人们的道德水平“有所提高”；多数职工对“如何看待学习雷锋”都表现出积极态度，91.8%的职工认同雷锋精神的社会价值；82.4%的职工表示遇到摔倒的老人会帮忙。广大职工注重美好和谐的“家庭、家教、家风”，97.7%的职工家庭生活“和睦融洽”或“比较融洽”。

第四节　在社会建设中展示中坚力量

党中央坚持以人民为中心的发展思想，把解决好人民群众最关心、最直接、最现实的利益问题作为重中之重，一大批惠民政策举措紧锣密鼓、落地生根，突破了一些过去想突破而未突破的关口，办成了一些过去想办而未办成的大事，人民生活不断改善，获得感、幸福感、安全感明显增强，脱贫攻坚战取得决定性进展，基本公共服务均等化程度不断提高，形成了世界上人口最多的中等收入群体。2017年前三季度，全国居民人均可支配收入19342元，实际增速7.5%，比人均GDP增速快1.2个百分点，城乡居民收入差距继续缩小。2017年前11月，全国城镇新增就业1280万人，再创历史新高。

全球著名商业教育机构瑞士洛桑国际管理学院发布的《2017年度世界竞争力报告》显示，在许多国家失业率居高不下的情况下，中国就业指标排名世界第一。2013年至2016年，全国累计减贫5564万人，年均减贫1391万人。国际知名杂志《经济学人》撰文点赞：“中国是世界减贫事业的英雄。”2017年，我国贫困人口再减少1300万人左右。2017 年，1 亿多退休人员基本养老金水平总体上调 5.5% 左右，养老金实现“十三连增”。职工医疗保险、居民医疗保险、失业保险、生育保险等各类社保水平也稳步提高，我国逐步织密世界上覆盖人群最多的社保安全网。2017 年前 11 月，教育支出 26625 亿元，增长 8.1%；医疗卫生与计划生育支出 13329 亿元，增长 9.5%；社会保障和就业支出 22751 亿元，增长 15.7%。前 10 月棚户区改造开工 600 万套，1400 万住房困难群众改善了住房条件。

职工队伍成为建设和谐社会的中坚力量。广大职工积极参加以职代会为基本形式的企事业单位民主管理，推进公司制改制，积极参加集体协商，以劳动关系和谐促进社会和谐稳定。截至 2016 年底，全国签订集体合同 242.2 万份，覆盖企业 679.4 万家，覆盖职工 2.90 亿人；签订行业集体合同 25.7 万份，覆盖企业 134.8 万家，覆盖职工 4328.9 万人。总的来看，我国职工的知情权、参与权、表达权、监督权等民主权利得到了进一步保障。第八次全国职工队伍状况调查显示，已建职工（代表）大会制度单位 78.2% 的职工愿意担任职代会的代表，57.5% 的职工有机会对工作单位的经营管理和自身权益发表意见或反映愿望。

5 年来，广大职工坚决拥护党中央各项决策部署，积极支持、参与、推动全面深化改革，正确认识和对待社会关系和利益格局调整，依法有序表达利益诉求，自觉维护工人阶级团结统一，充分发挥了维护社会和谐稳定的中流砥柱作用。

第五节　在生态文明建设中发挥带动作用

党的十八大明确提出大力推进生态文明建设，努力建设美丽中国，实现中华民族永续发展。党的十八大以来，以习近平同志为核心的党中央坚定不移推进生态文明建设，把生态文明建设作为统筹推进“五位一体”总体布局和协调推进“四个全面”战略布局的重要内容，谋划开展了一系列根本性、开创性、长远性工作，推动生态环境保护发生历史性、转折性、全局性变化。这短短5年多时间，是我国生态文明建设力度最大、举措最实、推进最快、成效最好的时期：发布实施大气、水、土壤污染防治三大行动计划，污染治理力度之大前所未有；环境基础设施建设加速推进，成为全世界污水处理、垃圾处理能力最大的国家。蓝天在增多，河流在变清，绿色在扩展，生态环境状况明显好转，清新空气、青山绿水等优质生态产品越来越多，大气、水、土壤污染防治行动成效明显，人民群众的“蓝天幸福感”不断提升。“绿水青山就是金山银山”理念深入人心，生态文明顶层设计和制度体系建设加快推进，污染治理强力推进，绿色发展成效明显，生态环境质量持续改善，一幅美丽中国新画卷正徐徐展开。2017年1—11月，我国生态保护和环境治理业、公共设施管理业、农业投资同比分别增长23.6%、23.3%和16.6%，快于全部投资16.4、16.1和9.4个百分点。

广大职工积极参与生态建设，践行绿色发展理念，推动建设美丽中国。积极参与新技术、新设备、新工艺的推广应用，参加节能减排活动，在淘汰落后产能、推动工业结构优化升级、促进低碳循环发展、降低单位产品能耗等方面作出了重要贡献。2012年，中国经济总量约占全球11.5%，却消耗了全球21.3%的能源、45%的钢、43%的铜、54%的水泥，排放的二氧化硫、氮氧化物总量居世界第一。2016年，单位GDP能耗、用水量分别比2012年下降17.9%和25.4%，主要污染物减排效果显著。与2013年相比，2016年京津冀地区PM2.5平均浓度下降了33%、长三角区域下降31.3%、珠三角区域下降31.9%。广大职工积极弘扬生态文明主流价值观，认真履行环境保护义务，带动全社会形成勤俭节约、绿色低碳、文明健康的生活方式和消费模式。

结　语

这是一个伟大的时代。中国特色社会主义进入新时代，掀开了实现中华民族伟大复兴的新篇章，开启了中国工人阶级发展壮大的新画卷。

这是一个伟大的阶级。我国工人阶级始终走在时代前列、勇挑历史重担，是作为国家主人和真正英雄推动历史前进的强大力量。

新时代赋予新使命。把蓝图变为现实，是一场新的长征。这是全党全国人民的共同任务，更是工人阶级作为改革开放和现代化建设主力军的历史使命。

新使命呼唤新作为。迈入新时代的中国，是充满无限可能的“梦工厂”，为工人阶级发挥作用提供了广阔舞台。工人阶级要做新思想的坚定信仰者、新精神的积极践行者、新时代的优秀奋斗者、新征程的有力推动者，再上新台阶，再铸新辉煌。

一代人有一代人的使命，一代人有一代人的担当。展望未来，中国工人阶级一定能以永不懈怠的精神状态和一往无前的奋斗姿态，创造属于新时代的新奇迹。中华民族伟大复兴的中国梦，必将在一代代包括中国工人阶级在内的中华儿女的接力奋斗中变为现实。

主要参考文献

1.《习近平谈治国理政》，外文出版社，2014。

2.《习近平谈治国理政》（第二卷），外文出版社，2017。

3.《党的十九大报告辅导读本》，人民出版社，2017。

4.《习近平关于工人阶级和工会工作论述摘编》（内部学习资料），2018。

5. 北京市劳动和社会保障法学会：《新法下劳动关系与争议处理前沿问题解析》，法律出版社，2009。

6. 陈骥：《改革中的工会和工会的改革》，中国工人出版社，1999。

7. 陈骥主编：《中国工会十五年（1978—1993）》，中国工人出版社，1993。

8. 陈述：《江泽民：承前启后、继往开来的引路人》，《中国党政干部论坛》，2011 年 6 月 13 日。

9. 陈四清：《对 2008 年金融危机的再认识》，《银行家论坛》，2013 年第 4 期。

10.《当代中国工人阶级和工会运动》编辑委员会编：《当代中国工人阶级和工会运动》，当代中国出版社，1997。

11. 丁泽英：《加入 WTO 对中国职工的影响与工会对策》，《工会论坛》，2001 年 6 月。

12. 国务院研究室课题组编：《中国农民工问题调研报告》，中国言实出版社，2006。

13.《改革开放以来的中国工人阶级和工会事业》，中国工人出版社，2015。

14. 高爱娣编著：《中国工人运动史》，中国劳动社会保障出版社，2008。

15. 高建华：《互联网时代我国意识形态面临的机遇与挑战研究》，南开大学博士学位论文。

16. 李玉赋主编：《新的使命和担当——〈新时期产业工人队伍建设改革方案〉解读》，中国工人出版社，2017。

17. 吕国泉、张妍延、李羿：《改革开放以来工会调研工作回顾与前瞻》，《中国劳动关系学院学报》，2017（6）。

18. 李永乐、吴群：《我国房价与房地产投资的相关性研究——基于2004—2012年35个大中型城市的数据分析》，《财经市场》，2013年第11期。

19. 牛丽宇：《关注职工心理健康　促进社会和谐发展》，《天津市工会管理干部学院学报》，2009年第3期。

20. 全国总工会政策研究室编：《1997中国职工状况调查》（综合卷），西苑出版社，1999。

21. 陶志勇：《1978—2018：回溯中国工会理论创新四十年》，《中国工运》，2018年第3期。

22. 王永玺、赵巧萍主编：《新编中国工会史》，中国工人出版社，2013。

23. 王永玺编：《中国工人运动史研究》，中国工人出版社，2013。

24. 王永玺：《中国工会史》，中共党史出版社，1992。

25. 王渔、李双寿、尚鸿志、张伯亭主编：《当代中国工人阶级和工会运动纪事》，辽宁大学出版社，1989。

26. 王澜明：《改革开放以来我国事业单位改革的历史回顾》，《中国行政管理》，2010年第6期。

27. 王全兴：《〈劳动争议调解仲裁法〉的出台背景》，《人力资源》，2008年6月上。

28.《新时代新使命新作为——深入学习贯彻习近平总书记关于工人阶级和工会工作的重要论述（第2版）》，中国工人出版社，2017。

29. 中共中央书记处研究室编：《关于当前我国工人阶级状况的调查报告》，中共中央党校出版社，1983。

30. 中共中央党史研究室：《中国共产党的九十年》，中共党史出版社、党建读物出版社，2016。

31. 中共中央党史研究室：《中国共产党简史》，中共党史出版社，2001。

32. 中华全国总工会、中共中央文献研究室编：《毛泽东邓小平江泽民论工人阶级和工会工作》，中央文献出版社，2002。

33. 中华全国总工会编：《工会宣传教育工作概论》，中国工人出版社，2013。

34. 中华全国总工会编：《工会保障工作概论》，中国工人出版社，2013。

35. 中华全国总工会编：《工会经济技术工作概论》，中国工人出版社，2013。

36. 中华全国总工会编：《中国特色社会主义工会发展道路学习读本》，中国工人出版社，2012。

37. 中华全国总工会编：《中国工会运动史料全书》（光盘），中国职工音像出版社，2002。

38. 中华全国总工会编：《全心全意依靠工人阶级》，中国工人出版社，1997。

39. 中华全国总工会编：《中华全国总工会七十年》，中国工人出版社，1995。

40. 中华全国总工会编：《邓小平论工人阶级与工会》，中国工人出版社，1994。

41. 中华全国总工会编：《走向社会主义市场经济的中国工人阶级——1992年全国工人阶级队伍状况调查文献资料集》，中国工人出版社，1993。

42. 中华全国总工会编：《中国职工队伍状况调查（1986）》，中国工人出版社，1987。

43. 中华全国总工会办公厅编：《中国工会年鉴》，中国工人出版社，1995—2016，共22卷。

44. 中华全国总工会办公厅编：《建国以来中共中央关于工人运动文件选编》（上下册），中国工人出版社，1989。

45. 中华全国总工会编辑组编：《纪念中华全国总工会成立90周年文集（报告篇）》，中国工人出版社，2015。

46. 中华全国总工会研究室编：《工会调查研究理论与实务》，中国工人出版社，2017。

47. 中华全国总工会研究室编：《中国工会理论研究文集》，中国工人出版社，2000—2012。

48. 中华全国总工会研究室编：《第五次中国职工状况调查》，中国工人出版社，2006。

49. 中华全国总工会研究室编：《第六次中国职工状况调查》，中国工人出版社，2010。

50. 中华全国总工会研究室编：《第七次中国职工状况调查》，中国工人出版社，2014。

51. 中华全国总工会研究室编:《第八次中国职工状况调查(报告卷)》,中国工人出版社,2017。

52. 中国工运研究所编:《新编中国工人运动史》(上下卷),中国工人出版社,2016。

53. 中国工运研究所编:《中国工人运动简史培训教材》,中国工人出版社,2015。

54. 中国工运研究所编:《中国工会读本》(修订版),中国工人出版社,2014。

后　记

为庆祝改革开放40周年，中华全国总工会研究室组织编写了《中国工人阶级四十年（1978—2018）》，力求系统回顾40年来中国工人阶级走过的光辉历程，展望中国工人阶级未来的光明前景。书中所涉文件、资料等截止时间为2018年5月，为体现时代特点，书中有关提法基本保持原貌。

本书编写人员有（按姓氏笔画为序）：王娇萍、吕国泉、阳万雄、李羿、李睿祎、步志昊、吴斌、邹广子、逄国君、陶志勇、赖金金、廖枢权。本书由中华全国总工会研究室主任吕国泉统稿审定，中华全国总工会研究室副主任陶志勇组织协调。

在编写过程中，我们学习借鉴了大量有关中国工运史方面的研究专著、文章，党政机关、工会组织和科研教学机构专家学者的研究成果，限于篇幅不一一列举，特此说明和致谢。在此，我们向为本书提供指导帮助的各位领导、专家学者等社会各界同仁一并表示谢忱。

本书内容涉及时间跨度较大，史料众多，一些观点尚未形成定论，加之编写者水平有限，难免存在不妥之处，敬请广大读者批评指正。

中华全国总工会研究室

2018年8月